해빙 퓨처

《当世界无法改变时改变自己》

作者：高原

오늘이 어제와 같다면 다른 내일을 꿈꿀 수 없다

해빙 퓨처

가오위안 지음 ┃ 송은진 옮김

책들의정원

더 나은 내일을 원한다면
당신을 변화시켜라

세상에서 변하지 않는 단 하나, 그것은 바로 변화다! 사람은 살면서 수많은 문제에 부딪힌다. 회사가 도산할 수도 있고, 해고될 수도 있으며, 경제적인 문제에 맞닥뜨리기도 한다. 건강에 이상이 생길 수도 있고, 우울함에 빠질 수도 있으며, 사랑하는 이와 헤어질 수도 있다. 세상이 자신이 생각하던 것과 다른 모습이 되었을 때, 우리는 어떻게 대처해야 할까? 이렇게 어지러운 세상에서 어떻게 자신을 보호할 수 있을까?

원하는 대로 세상을 바꿀 수는 없지만, 우리는 적어도 스스로 변화할 수 있다. 우리 안의 마음가짐이나 관념을 변화시킨다면 이로부터 세상도 변화할 것이다. 비가 내린 후에 날이 개듯, 변화의 고통을 겪은 후에는 세상도 우리가 원하는 모습이 되어 있을 것이다.

나는 이 책에 독자들이 스스로 변화하는 방법을 담고자 했다. 여기에 개인과 세상의 상호 작용, 성공과 실패에 대처하는 방법, 그리고 수많은 위인의 경험을 더했다. 또한 잠재의식의 개념을 통해 더 깊은 의미로 자아를 초월하고 변화시키는 방법을 설명했으며, 심리학의 관점에서 부정적인 감정과 고쳐야 할 나쁜 습관에 대처하고 뿌리 뽑는 방법을 제안했다. '나를 바꾸고 세상을 바꾸는' 과정에서는 심리적으로 복잡한 변화가 일어날 수 있다. 독자들은 이 책에서 심리적 변화 속에서 자신을 지키는 비결, 잠재 능력을 자극해 발휘할 수 있게 하는 방법, 꼭 알아야 할 성공의 법칙, 셀프 업그레이드 방법을 배울 것이다!

나는 이 책을 쓰면서 나와 주변 친구들의 성공 경험과 전 세계 수많은 유명인의 사례를 수집했다. 또 잠재의식에 관한 어려운 심리학 개념을 단순하게, 실용적으로 설명하려 했다. 진정으로 변화하고 싶거나 성공을 갈망하는 사람이라면 이 책에서 성공의 길을 찾을 수 있을 것이다.

나는 이 책을 읽는 모든 독자가 사회에서 당당히 생존하고 성공하기를 바란다. 또 세상과 자아를 올바르게 인지하고, 원하는 모습으로 자아를 변화시키기 바란다. 아울러 청소년, 대학생, 직장인, 기업인 등 치열한 경쟁 사회에서 살아남기 위해 애쓰는 모든 사람이 이 책을 읽고 깊은 생각에 빠져보기를 권한다. 이 책을 통해 당신의 심리, 관념, 운명, 그리고 삶 전체가 변화할 것이다.

가오위안

목차

004 _____ **서문** 더 나은 내일을 원한다면 당신을 변화시켜라

1장

인생의 가장 큰 적은
내 안에 있다

013 _____ 신념이 없는 자는 스스로 무너진다

016 _____ 환경을 탓하는 사람이 만나는 무조건적인 한계

019 _____ 운명의 방향키는 오직 당신의 손에 있다

025 _____ 부정적인 사람이 결코 성공하지 못하는 이유

030 _____ 성공을 부르는 포지티브 마인드셋 실천법

2장

어제의 나를 초월하는
잠재력의 힘

045 _____ 수천 명의 인생을 뒤바꾼 '생각 체계' 프로젝트

053 _____ 성장하는 자아의식을 만드는 다섯 가지 방법

060 ————————— 타인의 눈에 비친 당신의 모습을 파악하라

064 ————————— 더 높은 목표를 위한 셀프 업그레이드

070 ————————— 황무지에 홀로 남겨져도 반드시 살아남는 사람

080 ————————— 더 많이 의심하고 더 많이 질문하라

088 ————————— 당신은 몇 점짜리 진취력을 가졌는가

3장

당신이 상상한 미래가
곧 당신이다

099 ————————— 10년 후, 당신이 원하는 미래가 온다

103 ————————— 당신을 정상으로 데려다 줄 단 한걸음

109 ————————— 한 마리의 새를 향해 방아쇠를 당겨라

113 ————————— 기적을 만드는 최강의 목표 설정

4장

성공하는 사람의 하루는
남보다 길다

121 ————————— 당신이 무엇을 계획하든 지금 당장 시작하라

127 ————————— 빠른 행동력은 두려움과 게으름을 극복한다

135 ————————— "기억하세요, 시간은 돈입니다"

142 ————————— 하루가 두 배로 길어지는 최고들의 일정 관리법

153 ————————— 성급한 판단으로 손해 보고 싶지 않다면

160 ————————— 미루기 천재들과 시간 도둑들의 회의

5장

모든 역경은
극적인 성공을 위한 소품이다

169 　　　　　　　　　　　　　　　백 번 넘어지면 백 번 일어나라

178 　　　　　　　　　　　　　　　　펑계 없는 무덤은 없다

184 　　　　　　　　　　　　　좌절을 딛고 일어서는 최후의 용기

188 　　　　　　　　　반복되는 실패에도 절대 무너지지 않으려면

193 　　　　　　　　　열정적인 태도를 만드는 열한 가지 방법

202 　　　　　　　　　당신의 모든 것을 완벽히 컨트롤하라

206 　　　　　　　　　우리를 무너트리는 비이성적인 감정들

212 　　　　　　　집중하면 난관을 헤쳐 나갈 모든 방법이 보인다

6장

똑똑한 사람들의
합리적인 생각법

227 　　　　　　　　　수십 개의 일 중 단 하나의 가장 중요한 일

231 　　　　　　　　　　실패를 이겨내는 절대적인 공식

236 　　　　　　　　인생을 뒤바꿀 혁신은 상상에서 시작한다

242 　　　　　　　논리 · 비판 · 창조가 만들어내는 성공의 가능성

247 　　　　　　　　　당신을 속박하는 낡은 생각을 버려라

7장

협동은 성공에 이르는 시간을
절반으로 줄여준다

257 —————————————————— 기러기는 언제나 V 자로 비행한다

262 ————————— 모든 일을 혼자서 해낼 수 있을 거란 거대한 착각

267 ————————— 방해꾼을 내 편으로 만든 벤저민 프랭클린

277 ————————————— 타인의 마음을 끌어당기는 단 한마디

8장

또 다른 미래를
만들고 싶다면 변화하라

287 ————————————— 백만장자와 빈털터리의 결정적 차이

294 ——————————————————— 투자하고 또 투자하라

301 ————————— 무너진 건강 위에 성공의 깃발을 꽂을 수 없다

9장

어떻게든 성공해내고야 마는
사람의 비밀

309 ————————————— 목표를 달성해내는 사람들의 공통점

315 ——————————————— 한계를 초월해 성공한 사람들

320 ————————— 경쟁 사회에서 살아남는 빛나는 리더의 자질

326 ————————————— 진정한 성공의 의미를 재정의하라

HAVING FUTURE

1장

인생의 가장 큰 적은
내 안에 있다

마음가짐은 성공과 실패를 결정한다. 그러므로 성공하고자 한다면 어떤 상황에서든지 마음가짐만큼은 언제나 긍정적이어야 한다. 그래서 부정적인 마음가짐 탓에 성공을 향한 열정이 사라지지 않도록 항상 주의해야 한다. 긍정적인 마음가짐은 자신에게 잠재한 역량을 찾아내고 발휘하게 하여 어려움을 해결하고 성공하도록 도와주어 우리가 더 빠르게 성공을 쟁취하도록 만든다. 하지만 부정적인 마음가짐은 비관적이고 소극적인 행동을 유발해서 한번 시도해보려는 마음조차 들지 않게끔 만들어 매번 헛되이 기회를 날려버리고 결국 우리를 실패로 이끌 뿐이다.

신념이 없는 자는
스스로
무너진다

　사람들은 언제나 "어떻게 해야 성공할 수 있을까요?"라고 질문한다. 이런 사람들은 성공하는 기술에만 지나치게 집중한 나머지 성공하는 데 필요한 자질은 알려고 하지 않는 오류를 범한다. 이는 어떻게 하면 내가 산 주식의 가격이 오를까만 생각하고 해당 기업의 내부 상황이나 발전 가능성은 알아보려고 하지 않는 것과 마찬가지다.

　성공한 사람과 건실한 기업의 공통점은 바로 건강한 영혼, 즉 '신념'이다. 신념은 입으로 떠들어댄다고 해서 생기는 것이 아니다. 그것은 잠재의식 깊은 곳에 숨어서 온몸을 흐르는 피 속에 녹아 있으며 영혼의 일부분으로서 삶을 이끈다. 위대한 흑인 지도자 마틴 루서 킹*Martin Luther King, 1929~1968*은 신념의 중요성을 강조하면서 "당신에게 강한 신념이 있다면 당신을 무너뜨릴 사람은 없습니다"라고 말했다.

성공하기 위해 자신을 담금질하는 사람들은 모두 강한 신념이 있다. 골격이 그 사람의 체격과 건강 상태, 외부에 대한 저항력 등을 결정 짓는 중요한 요소인 것처럼 신념은 그 사람의 성공 여부를 결정한다. 사람들은 종종 도중에 문제가 생겨서 포기할 수밖에 없었다고 생각한다. 하지만 사실은 끝까지 파고들 신념이 없었거나 있더라도 약했기 때문에 스스로 포기하고 실패한 것이다. 다시 말해 기술적인 실수가 발생해서 실패한 것이 아니라 신념이 흔들리자 바로 포기했기 때문에 실패한 것이다. 그들이 실패의 이유로 드는 기술적인 실수는 그저 핑계에 불과하다. 신념이 있는 사람은 어려움에 부딪혀도 포기하지 않고 끝까지 나아가 결국 원하는 것을 얻어낸다.

사실 어려움이나 난관 그 자체에는 사람을 무너뜨릴 만한 위력이 없다. 사람이 그것을 과도하게 두려워하다가 스스로 무너지는 것뿐이다.

내가 월가Wall Street에 머물 때 한 투자은행가에게서 들은 실화다. 아프리카의 어느 광산에서 광부 여섯 명이 석탄을 캐고 있었다. 그들이 갱도를 따라 깊은 곳까지 들어갔을 때, 갑자기 갱도가 무너져 출구가 막혀버렸다. 전에도 이런 일이 일어난 적이 있었기 때문에 광부들은 재빨리 상황을 파악했다. 경험으로 미루어 가장 큰 문제는 산소였다. 갇혀 있는 곳의 산소량으로는 3시간밖에 버틸 수 없는데, 구조대가 오기에는 너무 짧은 시간이었다.

광부 여섯 명 중에 손목시계를 찬 사람은 한 명뿐이었기 때문에 30

분이 지날 때마다 그가 동료들에게 시간을 알려주기로 했다. 30분이 지나자 손목시계를 찬 광부가 힘없이 말했다. "30분 지났어." 그는 동료들에게 죽을 시간이 얼마 남지 않았다고 알려야 하는 것이 무척 괴로웠다.

그러다가 동료들이 고통스럽게 죽음을 맞지 않게 해야겠다고 생각했다. 그래서 두 번째 30분이 지났을 때는 아무 말도 하지 않다가 15분이 더 지나서야 "1시간 지났어"라고 말했다. 실제로는 75분이 지난 때였다. 이때부터 다시 1시간이 흘렀을 때는 "1시간 30분째야"라고 말했다. 동료들은 그때까지 90분이 흘렀다고 생각했다. 실제로는 135분이 지났다는 사실을 아는 사람은 손목시계를 찬 광부뿐이었다.

사고가 일어난 지 4시간이 흐른 후에야 구조대가 간신히 현장에 도착했다. 구조대원들은 광부 여섯 명 중에 다섯 명이나 살아 있는 것을 보고 무척 놀랐다. 산소 공급이 차단된 상황에서는 절대 불가능한 일이었기 때문이다. 그들 가운데 목숨을 잃은 단 한 사람은 바로 손목시계를 차고 있던 광부였다.

기적은 이렇게 만들어진다. 어떤 것이 정말로 존재한다고 굳게 믿으면 사람들은 그 믿음으로 현실도 변화시킬 수 있다. 설령 그것이 허상이었다 할지라도 말이다. 이것이 바로 신념의 위대한 힘이다. 우리 주변에는 언뜻 봐도 실현 불가능한 일에 도전하는 사람이 종종 있다. 하지만 그 사람에게 무엇과도 비교할 수 없는 강한 신념이 있다면 모두를 놀라게 할 엄청난 성과를 얻을 수도 있다.

환경을 탓하는 사람이 만나는 무조건적인 한계

　　성공한 사람과 실패한 사람은 같은 곳에서 출발하지만 그 결과는 완전히 다르다. 이런 결과의 차이는 바로 마음가짐에서 비롯한다. 마음가짐의 차이는 완전히 다른 결과를 이끌어낼 수 있다. 마케팅 분야에서 널리 알려진 이야기를 들어보자.

　　유럽의 영업 사원 두 명이 현지인들에게 구두를 팔기 위해 아프리카로 떠났다. 그들은 비행기에서 내리자마자 현지인들은 날씨가 너무 더워서 애초에 신발을 신지 않는다는 사실을 알게 되었다. 그러자 한 명은 "흠, 이 사람들한테 구두를 파는 건 어렵겠어"라며 실망해서 바로 되돌아갔다. 그러나 다른 한 명은 매우 기뻐하며 "아무도 신발을 안 신는단 말이지? 이 기회를 절대 놓치지 않겠어!"라고 소리쳤다. 그리고 최선을 다해 현지인들에게 신발을 소개하고 온갖 방법을 동원해서 그들이 신발을 사게끔 했다. 결국 그는 엄청난 성공을 거두었다.

똑같은 상황을 보고 한 사람은 실패할 것으로 생각했고, 다른 한 사람은 넘치는 자신감과 적극성으로 최선의 방법을 찾아 새로운 시장을 개척했다. 이것이 바로 마음가짐의 차이다.

실패한 사람들은 일을 시작하기도 전에 마음이 먼저 실패한다. 그들은 어려움이 닥치면 "너무 어려운 일이야. 난 못할 것 같아"라며 노력해보지도 않고서 자신은 할 수 없다고 단정한다. 이런 일이 여러 번 반복되면 실패라는 늪에 빠져들게 된다. 반대로 성공하는 사람들은 항상 긍정적인 마음가짐으로 인생을 대한다. 그들은 어려움을 만날 때마다 스스로 "난 해낼 수 있어!"라고 말한다. 그리고 이런 자기 암시로 맞닥뜨린 어려움을 두려워하지 않고 방법을 찾아서 해결하며, 멈추지 않고 목표를 향해 나아간다.

자신이 성공하지 못한 이유를 주변 환경 탓으로 돌리는 사람들이 있다. 많이 배우지 못했다거나, 친구가 없다거나, 운이 없다고 투덜거린다. 그리고 자신에게 일어나는 모든 일에 아주 부정적이고 소극적으로 대처한다. 또한 어리석게도 현재의 상황이 자신의 미래를 결정할 것이라고 생각한다. 이런 마음가짐으로는 무슨 일을 해도 원하는 결과를 얻을 수 없다. 그렇게 되면 그들은 역시 자신의 생각이 맞았다고 여기고, 나중에 외부 환경이 변화하더라도 아랑곳하지 않고 그 생각을 고수한다.

이런 사람들은 자신이 실패한 원인은 환경이 아니라는 사실을 깨달아야 한다. 성공과 실패는 당신이 어떠한 어떤 태도로 환경을 받아들이는지, 어떤 마음가짐으로 인생을 사는지에 따라 결정된다. 나치의 유대인 수용소 아우슈비츠에서 살아남은 정신과 의사이자《죽음의 수용소에서》의 저자인 빅토르 프랑클*Viktor Emil Frankl, 1905~1997*은 이런 말을 했다. "어떤 상황에서든 가장 마지막으로 누릴 수 있는 자유는 바로 자신의 태도를 선택하는 것이다."

또 독일의 저명한 심리학자 칼 마르베*Karl Marbe, 1869~1953*는 이렇게 말했다. "가장 자주 일어나고 동시에 가장 대가가 큰 잘못은 바로 성공이 특별한 천재성, 특별한 매력, 또는 자신이 가지지 못한 무언가에 달렸다고 생각하는 것이다." 그렇다. 성공 여부를 결정짓는 요소는 아주 간단하다. 바로 자신의 마음가짐이다.

한 사람의 심리, 감정, 정신 등을 모두 포함하는 마음가짐은 어떤 태도로 환경을 대하는가에 달렸다. 복잡한 외부 환경을 바꾸는 것은 쉬운 일이 아니므로, 외부 환경을 개선하는 데 초점을 맞춰서는 안 된다. 그렇게 하면 외부 환경을 바꾸기는커녕 다른 사람을 원망하거나 자신에게 실망하는 일이 더 많아질 것이기 때문이다. 물론 긍정적인 마음가짐만으로 성공할 수 있는 것은 아니다. 그러나 긍정적인 마음가짐은 사고방식과 습관을 바꾸어 성공에 더욱 가까이 갈 수 있게 한다. 반면에 부정적인 마음가짐을 지닌 사람은 절대 성공할 수 없다. 운이 좋아서 일시적으로 어느 정도 성과를 거둔다고 할지라도 그 후에 문제가 생기면 곧 무너지고 말 것이다.

운명의
방향키는
오직 당신의 손에 있다

　　　긍정적인 마음가짐은 어떤 방식으로 행동에 영향을 미칠까? 행동심리학의 관점에서 볼 때 사람의 심리는 특정한 행동으로 표현되며, 이런 행동은 다시 심리를 더욱 확고하게 한다.

　자신감이 넘치고 회사에서 전폭적인 지원과 기대를 받는 사람이 있다. 이런 사람은 자신이 맡은 일을 잘 수행할 수 있다고 스스로 믿으며, 이런 믿음은 고스란히 행동으로 나타난다. 이 사람이 하는 일은 모두 자신만만하고 긍정적인 마음가짐의 영향으로 뛰어난 성과를 거둘 것이 분명하다. 그리고 이에 대한 주변 사람들의 긍정적인 반응을 통해 이 사람의 자신감은 더욱 높아진다. 다시 말해 마음가짐이 행동을 만들고, 그 행동이 마음가짐을 더욱 강화하는 것이다.

　어떤 사람에게 호감을 느끼고 적극적으로 다가가서 이야기를 나누어보니 생각보다 장점이 더 많은 사람이라는 것을 알게 되면 호감은 더욱 커질 것이다. 이것이 바로 심리와 행동이 일치했을 때 나타나는 현상이다. 또한 잠재의식의 특징 중 하나이며, 삶의 질을 결정하는 중요한 요소다. 이런 현상은 자신을 대할 때도 마찬가지다. 자기 자신을 좋아하거나 좋아하지 않는 심리는 모두 행동에 그대로 반영된다. 그리고 행동은 심리를 더욱 강화한다.

울면 울수록 더욱 슬퍼졌던 적이 있을 것이다. 울어서 나쁜 기분을 해소해버린다는 사람도 있지만, 실제로 우는 행동은 부정적인 마음가짐을 일으킨다. 그래서 오래 울다 보면 울게 된 진짜 원인을 잊은 채 그저 슬프기만 하다. 이런 부정적인 마음가짐은 울음을 그친 후에도 점점 커져서 그 사람의 정신을 뒤덮어 결국에는 아무런 희망도 없다고 생각하게 한다.

항상 당당하고 자신의 능력을 확신하는 사람은 언제나 자신에게 유리한 요소가 매우 많다고 생각한다. 또 열심히 노력해서 능력을 발휘하면 충분히 성공할 수 있다고 여긴다. 그리고 실제로 성공을 거둔다. 이렇듯 나를 바꿀 수 있는 것은 나 자신뿐이다.

기억하자. 가장 큰 적은 언제나 나의 마음가짐이다. 마음가짐 외에 나를 무너뜨릴 것은 없다. 불리한 환경이라고 할지라도 긍정적인 마음가짐으로 노력한다면 충분히 성공할 수 있다. 반면에 아무리 유리한 환경이라도 비관적이거나 소극적인 태도로 행동한다면 실패가 불 보듯 뻔하다.

긍정적인 마음가짐이 성공으로 이끈다는 것을 보여주는 사례는 무척 많다. 다음은 미국의 전 대통령 시어도어 루스벨트Theodore Roosevelt, 1858~1919의 이야기다.

시어도어 루스벨트는 어린 시절 무척 소심한 아이였다. 선천적으로 허약했던 루스벨트는 항상 놀란 표정으로 무언가를 두려워하는 것 같았고, 숨 쉬는 것조차 힘들어 보였다. 사람들은 언제나 그를 불쌍하게 여겼다. 선생님이 글을 읽어보라고 시키면 루스벨트는 언제나 두 다리가 후들거리고 입술이 떨려서 제대로 읽지 못했다. 질문에 대답할 때도 항상 우물거리며 똑바로 말하지 못해 친구들의 놀림을 받았다. 얼굴이라도 잘생겼다면 그나마 다행이었을 텐데 그는 뻐드렁니가 무척 심했다. 삐뚤빼뚤 고르지 않은 치아 때문에 그의 얼굴은 더욱 미워 보였다.

일반적으로 이런 아이들은 무척 예민하고, 열등감을 느끼며, 친구들과 동떨어져서 사교 활동을 피하려 한다. 그러나 루스벨트는 달랐다. 그는 비록 건강하지 않았지만 마음가짐만큼은 무척 긍정적이었다. 무슨 일이든 열심히 했고, 자신의 신체적 부족함에 열등감을 느끼고 뒤로 물러서거나 하지 않았다. 신체적인 부족함은 오히려 루스벨트를 더욱 적극적으로 만들었다. 그는 무슨 일이든 두려워하지 않고 다른 친구들과의 차이를 줄이려 항상 노력했다. 이런 그를 조롱하는 사람들도 있었지만, 아무도 그의 용기와 신념을 무너뜨리지는 못했다. 그렇게 시간이 흐르면서 긴장으로 불안정하던 호흡은 차츰 안정되었고, 불안한 목소리도 자신감 넘치고 힘 있게 변했다. 또 말할 때 항상 정확하게 발음하려고 노력했다. 루스벨트는 이렇게 마음속의 두려움을 조금씩 극복해나갔다.

그는 변하기로 마음을 정한 순간부터 단 한 번도 뒤로 물러서지 않았다. 신체적인 부족함은 그의 총명함을 가리지 못했고 오히려 성공의 밑거름이 되었다. 미국인들은 신체적으로 부족함에도 긍정적인 마음가짐으로 꾸준하게 끊임없이 노력한 그를 진심으로 존경했다. 그리고 그는 마침내 미국인이 가장 사랑하는 대통령이 되었다.

하지만 현실에는 안타깝게도 루스벨트처럼 성공에 따르는 행복을 느끼는 사람이 그다지 많지 않다. 그와 비슷한 처지에 있는 사람은 그저 자기 비하와 고통을 견뎌내는 편을 택한다. 그러나 루스벨트는 주변 사람들이 동정해도 절대 자신을 불쌍히 여기지 않았다.

많은 사람의 존경과 사랑을 받은 루스벨트가 이처럼 힘든 어린 시절을 보냈으리라고 누가 쉽게 짐작할 수 있겠는가? 어린 시절 루스벨트가 자신의 신체적 부족함에만 집중했다면, 그는 아마 일생의 많은 시간과 생각을 이 부족함을 메우는 데 허비했을 것이다. 어쩌면 오로지 건강해지기 위해서 평생 온천에서 요양하거나, 시간에 맞춰 영양제를 먹고, 햇볕을 쬐고 있었을지도 모른다. 그러나 루스벨트는 자신을 허약한 아기처럼 다루지 않았다. 그는 건강한 다른 아이들과 마찬가지로 수영, 승마, 사냥 등 다양한 격렬한 스포츠를 즐겼고 학교 수업에 열중했다. 그리고 그 모든 것을 매우 잘하게 될 때까지 쉬지 않고 열심히 연습했다.

　이런 과정을 거치면서 루스벨트는 자신이 매우 용감한 사람이라고 여기게 되었다. 또 자신처럼 용감하고 긍정적인 친구들과 어울리며 더욱 열심히 생활했다. 더 이상 자괴감을 느끼지 않았고, 다른 사람을 두려워하지도 않았다. 그는 이제 불쌍한 아이가 아니라 자신감과 적극성, 긍정적인 태도로 다른 사람들을 즐겁게 하는 사람이었다.

　피곤한 줄도 모르고 운동과 훈련을 계속한 루스벨트는 마침내 건강해졌다. 대학 시절에는 방학 때마다 사냥을 다녔다. 애리조나에서 소 떼를 몰고, 로키산맥에서는 곰을, 아프리카의 대초원에서는 사자를 사냥했다. 심지어 아메리카·스페인 전쟁 중에는 기마병의 대장이 되기도 했다. 이렇게 활동적인 루스벨트를 보며 그가 말하는 어린 시절을 의심하는 사람도 있었지만, 그는 분명히 겁이 많고 두려움에 떨던 허약한 어린아이였다.

　루스벨트의 성공 방식은 사실 매우 간단하며 누구든지 할 수 있는 것이다. 그의 성공 비결은 바로 긍정적인 마음가짐과 노력이다. 그리고 이 두 가지 중에서 마음가짐이 더욱 중요하다. 그는 신체적으로 부족한 자신에게 도전하는 마음으로 필사적으로 노력했기에 불행의 늪에서 벗어나 성공의 봉우리에 올라설 수 있었다.

　운명의 주인은 누구도 아닌 바로 자신이라는 것을 믿어야 한다. 내 영혼의 진정한 주인인 나만이 나를 변화시킬 수 있다. 성공하고자 한다면, 더 나은 삶을 살고자 한다면, 가장 먼저 태도와 마음가짐을 결정해야 한다. 이 두 가지야말로 운명을 결정하는 기초이기 때문이다.

마음가짐이 행동에 드러나 현실까지 바꾼다는 것이 믿기는가? 스스로 가난하다고 여기는 사람은 끝까지 아무것도 얻지 못한다. 반대로 스스로 부유하다고 느끼는 사람은 실제로 부유해질 수 있다.

사람들은 다른 사람보다 뛰어나거나 무언가 특별한 것이 있어야 성공할 수 있다고 믿는다. 하지만 성공한 사람과 그렇지 못한 사람의 가장 큰 차이는 긍정적인 마음가짐의 유무일 뿐이다. 이는 누구든지 매우 쉽게 지닐 수 있지만, 동시에 많은 사람이 알면서도 실천하지 못하는 일이다. 긍정적인 마음가짐만 있다면 앞길을 가로막는 모든 어려움은 순리대로 해결될 것이다.

부정적인 사람이 결코 성공하지 못하는 이유

| 일생일대의 기회를 날릴 것인가

마음가짐은 성공과 실패를 결정한다. 그러므로 성공하고자 한다면 어떤 상황에서든지 마음가짐만큼은 언제나 긍정적이어야 한다. 그래서 부정적인 마음가짐 탓에 성공을 향한 열정이 사라지지 않도록 항상 주의해야 한다. 긍정적인 마음가짐은 자신에게 잠재한 역량을 찾아내고 발휘하게 하여 어려움을 해결하고 성공하도록 도와주어 우리가 더 빠르게 성공을 쟁취하도록 만든다. 하지만 부정적인 마음가짐은 비관적이고 소극적인 행동을 유발해서 한번 시도해보려는 마음조차 들지 않게끔 만들어 매번 헛되이 기회를 날려버리고 결국 우리를 실패로 이끌 뿐이다.

마음가짐이 긍정적인지 그렇지 않은지를 판단하는 기준은 아주 간단하다. 조금 손해 보는 것 같은 일이라도 기꺼이 하겠는가? 대답이 '그렇다'라면 앞으로 좋은 일만 생길 것이다. 신은 언제나 이런 사람들에게 먼저 행운을 선물하기 때문이다. 긍정적인 마음가짐은 필요할 때 꺼내어 잠깐 사용하는 것이 아니라 항상 갖추어야 할 일종의 가치관이다.

어떤 사람들은 적극적이고 긍정적으로 생각하고 행동하다가도, 예상치 못한 문제에 부딪히면 금세 자신감을 잃고 긍정적인 마음가짐 따위는 아무 도움이 되지 않는다고 결론을 내린다. 그리고 소극적이고 부정적인 사람이 되어 다시는 새로운 일에 도전하지 못한다.

부정적인 마음가짐의 사람은 항상 '자신이 생각하기에' 정확한 기준으로 행동한다. 그래서 기회가 눈앞에 있을지라도 부정적인 마음가짐이 그의 두 눈을 가려서 보지 못한다. 그래서 눈앞에 있는 기회를 활용하지 못할 뿐만 아니라 부정적인 생각과 소극적인 태도가 점점 굳어져 영원히 앞으로 나아가지 못한다.

| 자신감과 희망을 지켜라

봄이 올 것이라는 희망으로 겨울의 엄동설한을 이겨낼 수 있다. 마찬가지로 사람들은 무언가에 대한 기대감이 있으면 지금 상황이 힘들고 어려워도 나중을 위해 쉬지 않고 노력한다. 반대로 희망이 없으면 노력해야 할 근거도 없는 것이다.

존 그리어는 큰 경마 대회에서 여러 차례 좋은 성적을 거둔 유명한 경주마였다. 1902년 7월에 열린 드빌 경마 대회에서 사람들은 모두 존 그리어를 유력한 우승 후보로 예상했다. 존 그리어는 이 대회를 앞두고 많은 사람의 정성스러운 보살핌과 체계적인 훈련을 받았다. 또한 각종 매스컴이 그의 컨디션을 취재했고, 드빌 경마 대회의 관계자들은 존 그리어의 참가 소식을 대대적으로 홍보했다. 이 대회는 존 그리어가 가장 큰 라이벌인 전사戰士를 이길 가장 좋은 기회였다.

대회가 열리는 날, 관중 만여 명의 눈과 귀가 한곳에 집중된 가운데 존 그리어와 전사는 드디어 승부를 겨루게 되었다. 두 말은 매우 침착하게 출발선 앞에 나란히 섰고, 그 모습을 지켜보는 관중은 손에 땀을 쥐었다. 출발을 알리는 총성이 울리자 경주마들이 힘차게 뛰어나갔다. 존 그리어와 전사는 트랙의 4분의 1을 돌 때까지 거의 나란히 뛰었다. 반을 돌았을 때도, 4분의 3을 돌았을 때도 여전히 우열을 가리지 못했다. 결승선이 얼마 남지 않았을 때까지도 누가 우승할지 아무도 알 수 없었다.

이때 존 그리어가 바짝 힘을 내서 조금 앞으로 치고 나갔다. 그러자 전사의 기수가 손에 든 채찍으로 안장을 세게 내리쳤다. 이에 자극을 받은 전사는 더욱 맹렬하게 돌진해서 존 그리어를 따라잡았을 뿐만 아니라 더욱 앞서 나가며 조금씩 간격을 벌렸다. 결국, 전사가 존 그리어를 크게 앞서며 우승했다.

매우 뛰어난 종마였던 존 그리어는 참가한 거의 모든 시합에서 승리했다. 그런데 전사에게 패한 후로는 한참이 지나도 도무지 컨디션이 회복될 기미가 보이지 않았다. 전문가들은 존 그리어가 심리적으로 큰 충격을 받았기 때문이라고 진단했다. 단 한 번의 실패로 유망하던 경주마는 우울감에 빠져서 헤어 나오지 못했다. 이후 존 그리어는 단 한 번도 우승하지 못했다.

이렇듯 부정적인 마음가짐은 희망을 삼켜버리고 자신감을 무너뜨리는 가장 큰 원인이다. 그래서 이런 마음가짐의 사람은 앞으로 나아갈 힘을 잃고 성공에서 점점 멀어지게 된다.

| 잠재 능력을 제한하지 마라

사람의 심리 상태는 행동으로 드러난다. 스스로 낮게 평가하는 사람은 항상 소심하고 걱정만 할 뿐 난관을 헤쳐 나가지 못한다. 그들의 눈에는 불리한 외부 환경과 자신의 가장 나쁜 면만 보인다. 또 자신은 새로운 계획을 세울 능력도 없고, 실패에 따르는 위험에 맞설 용기도 없기 때문에 애초부터 성공과 거리가 멀다고 단정 짓는다. 그래서 언제나 낡은 틀에 갇힌 채 근본적인 문제를 개선하려고 하지 않고, 각종 변명거리를 만들어 새로운 생각과 변화를 받아들이기를 거부한다.

기원전 10세기 이스라엘의 위대한 왕 솔로몬은《성경》의 잠언 제 23장 7절에서 이렇게 말했다. "대저 그 마음의 생각이 어떠하면 그 위인도 그러한즉" 다시 말해 어떤 결과가 있을 것이라고 굳게 믿으면 실제로 그런 결과를 얻을 수 있다는 뜻이다.

　　목표가 정확하고 그것을 달성하고자 하는 마음이 확고한 사람만이 그에 상응하는 성과를 얻을 수 있다. 성과를 거둘 수 없다고 생각하면서 그것을 얻으려 시도하는 사람은 없을 것이다. 꿈과 희망은 사람을 움직이는 힘인데, 이런 꿈도 아예 꾸지 않을 정도로 부정적인 사람은 자기 자신에게 어떤 기대도 하지 않게 마련이다. 성공하리라는 신념이 없고 성공을 위한 노력도 하지 않는 사람은 실제로 능력이 퇴보해서 결국 아무것도 이룰 수 없게 된다. 그뿐만 아니라 무한한 잠재 능력도 발휘할 수 없다. 이것은 쇠붙이를 사용하지 않으면 녹이 스는 것과 같은 이치다.

　　부정적인 마음가짐은 우리를 실패로 이끈다. 의식이나 관념의 힘을 정확히 예측하는 것은 어렵지만, 긍정적 혹은 부정적인 마음가짐이 사람에게 큰 영향을 미치는 것만은 분명하다. 그러므로 부정적인 마음가짐을 극복해 그것이 일으키는 나쁜 영향을 차단한다면, 비관이나 의기소침, 우울함, 상실감 등을 피할 수 있다. 그러면 실의에 빠진 실패자가 되는 일은 절대 없을 것이다.

성공을 부르는
포지티브 마인드셋
실천법

어떻게 하면 우리를 성공으로 이끌 긍정적인 마음가짐을 기를 수 있을까? 여기에 소개하는 몇 가지 방법을 실천해보자.

○ 긍정적인 말과 행동을 유지하라

심리 상태는 주기적으로 변화한다. 그래서 모든 것이 귀찮다가도 갑자기 흥이 나서 일하거나, 반대로 열정적으로 일에 몰두하다가 갑자기 흥미를 잃고 일을 손에서 놓아버리기도 한다. 그러나 엄밀히 말해서 이것은 행동과 심리의 본말本末이 전도된 상황이다. 반드시 행동이 먼저 움직이고 심리가 이를 따라오도록 해야 한다. 다시 말해, 먼저 행동을 적극적이고 능동적으로 바꾸면 곧이어 의기소침, 나른함, 우울, 비관 등의 부정적인 마음가짐에서 벗어날 수 있다.

마음가짐이 행동에 영향을 주는 것이 아니라 행동이 마음가짐에 영향을 준다. 말과 행동을 긍정적으로 하다 보면 마음도 긍정적으로 변할 수 있지만, 말과 행동을 부정적으로 하면서 마음가짐이 변화하기를 기다리기만 하면 영원히 그 상태에 머물 뿐이다. 이런 사람은 영원히 긍정적인 마음가짐을 가질 수 없다.

○ 긍정의 에너지를 발산하자

긍정적이고 적극적인 사람은 어디서나 환영받는다. 특유의 밝은 분위기와 흡인력으로 주변 사람들까지 기분 좋게 하기 때문이다. 그들의 좋은 마음가짐은 행동으로 드러나며, 그 행동은 언제나 만족스러운 반응을 얻는다. 이러한 만족감은 다시 그들의 자신감을 몇 배로 커지게 한다. 이런 순환이 계속되다 보면 그 사람이 추구하는 목표는 더욱 구체적이고 명확해질 수 있다.

긍정적인 사람은 주변의 다른 사람에게 일종의 에너지, 다시 말해 자신감과 목표를 향한 적극성을 전달할 수 있다. 이 에너지는 묘사하기 어려울 만큼 강렬하며, 이로써 주변 사람들의 호응을 얻고 항상 주변에 사람들이 모인다. 그 사람들과 좋은 영향을 계속 주고받으면 긍정적인 마음가짐은 더욱 강해진다.

○ 반드시 해낼 수 있다고 믿어라

미국의 저명한 기업가이자 뛰어난 리더십으로 유명한 앤드류 카네기*Andrew Carnegie, 1835~1919*는 이렇게 말했다. "한 사물을 완전히 지배할 수 있는 사람만이 그것을 소유할 권리가 있다. 마찬가지로 자신의 심리를 완벽하게 통제할 수 있는 사람만이 자기 자신에 대한 권리가 있다. 긍정적인 마음가짐으로 스스로 성공했다고 여길 때 비로소 성공이 시작되는 법이다."

성공하고 싶다면, 경험 많은 농부가 농사를 짓는 것처럼 행동해야 한다. 훌륭한 농부는 씨를 뿌릴 때 몇 알을 뿌렸는지 일일이 확인하지는 않는다. 그저 씨앗을 뿌리고 흙으로 잘 덮은 후, 물을 주고 기다린다. 그리고 얼마 후 싹이 나면 비료를 주고, 잡초를 뽑거나 벌레를 잡을 뿐이다. 그렇게 묵묵히 하다 보면 그의 밭은 어느새 풍성해진다. 만약 농부의 노력이 없다면 농작물은 영양이 부족하거나 말라서 죽어버릴 것이다.

농부가 밭에 씨를 뿌리듯이 우리는 마음에 긍정의 씨앗을 심어야 한다. 그리고 그 씨앗이 뿌리를 내리고 싹을 틔워서 차츰 마음속에 가득 찰 정도로 자라나 애초에 부정적인 생각이 자리 잡을 공간을 없도록 해야 한다. 긍정적인 생각에는 물과 비료를 주어 자라게 하되, 부정적인 생각을 기르지 않도록 주의해야 한다. 반드시 해낼 수 있다는 긍정적인 마음가짐을 기르는 것을 항상 명심해야 한다.

○ 모두에게 중요하고 필요한 사람이 되자

사람과 사람 사이는 상호적이다. 누군가가 당신을 중요하게 생각하면 당신도 그를 중요하게 생각하기 마련이다. 그러므로 당신이 다른 사람을 어떻게 대하느냐에 따라 그 사람이 당신을 대하는 방식도 달라질 것이다.

사람들은 모두 타인에게 관심을 받고 그들에게 중요한 존재가 되기를 바란다. 또 타인에게 자신이 필요하다는 사실을 알게 되면 그들에게 미칠 수 있는 영향력을 의식한다. 그리고 매우 긍정적인 마음가짐으로 상대방을 대할 것이다. 그러면 상대방도 자신이 중요한 존재라는 것을 느끼고 같은 태도로 행동할 것이다. 이렇게 해서 서로 좋은 영향을 주고받는 상황이 계속되는 것이다. 19세기 미국의 유명한 사상가이자 문학가인 랠프 왈도 에머슨*Ralph Waldo Emerson, 1803~1882*은 이렇게 말했다. "인생의 가장 멋진 점은 다른 사람을 진심으로 돕는 것이 결국 자신을 돕는 것이라는 사실이다."

○ 항상 감사하라

눈물이 흐르는 눈으로는 온 하늘에 가득한 별을 볼 수 없듯이, 마음에 미움과 원한이 가득한 사람은 인생의 아름다움을 발견할 수 없다. 누구나 사는 것이 항상 순조롭지만은 않다. 수입이 적거나 자녀의 성적이 좋지 못해서 속상할 수도 있고 배우자가 미워질 때도 있으며 노부모를 모시는 것이 힘들 수도 있다. 최선을 다해서 일했지만 인정받지 못하거나 자신의 재능을 알아보는 사람이 없을 수도 있다.

이런 일이 반복되거나 오래 지속되는 사람은 점차 비관적이고 소극적으로 바뀌어 항상 환경을 원망하고 자신이 가진 것에 감사할 줄 모르게 된다. 반대로 감사하는 마음이 있는 사람은 자신이 얼마나 많은 것을 가졌는지 알고 있다. 지금 가진 것을 잃고 나서 후회하지 않으려면, 언제나 그것을 소중하게 여기고 감사해야 한다. 그래야만 비로소 인생의 아름다움을 발견하고 행복해질 수 있다.

자신에게 닥친 일은 사실 따지고 보면 그다지 큰일이 아닐 수도 있다. 어쩌면 당신의 문제는 이미 가지고 있는 것에 주의를 기울이지 않았기 때문일 수도 있다. 주변을 둘러보면 당신이 가진 것을 부러워하는 사람이 있을 것이다. 귀 기울이는 사람만이 새 지저귀는 소리를 듣는 것처럼 항상 감사하는 마음으로 사는 사람만이 인생의 아름다움을 만끽할 수 있는 법이다.

○ 칭찬하는 법을 배워라

칭찬만큼 중요한 것은 없다. 상황에 알맞고 진심에서 우러나오는 칭찬을 한다면, 상대방은 분명히 일종의 성취감을 느끼고 더욱 친근하게 다가올 것이다. 미국을 대표하는 사상가이자 심리학자 윌리엄 제임스*William James, 1842~1910*는 이렇게 말했다. "인성의 가장 깊은 곳에서 갈망하는 것은 바로 다른 이의 평가다." 또 영국 최고의 극작가 윌리엄 셰익스피어*William Shakespeare, 1564~1616*는 "찬미는 영혼에 비추는 햇빛이다. 우리는 햇빛이 없으면 성장할 수 없다"라고 말했으며 영국의 정치가 윈스턴 처칠*Winston Churchill, 1874~1965*은 이렇게 말했다. "상대방의 우수한 점을 파악하고 그에 알맞은 칭찬을 아끼지 말아야 한다."

진심에서 우러난 칭찬은 상대방의 가치를 인정하는 것이다. 칭찬은 듣는 사람의 마음을 편안하게 할 뿐만 아니라 불가사의한 힘까지 발휘하게 할 수 있다. 칭찬을 받은 사람은 기대에 부응해야 한다는 일종의 책임감을 느끼고 칭찬받은 모습을 유지하기 위해 노력할 것이다. 그리고 이 노력은 점점 커져서 마침내 뛰어난 성과를 거둘 수 있다. 설령 칭찬이 사실이 아니라고 해도 상대방을 고무시킬 수 있다. 이런 경우 칭찬을 받은 사람은 상대방이 기대하는 모습이 되기 위해, 그리고 더 많은 칭찬을 받기 위해 최선을 다할 것이다.

당신이 건넨 칭찬은 상대방을 기쁘게 해서 긍정적이고 적극적으로 변화시킬 수 있다. 상대방의 이런 변화는 당신에게 긍정적인 영향을 미쳐 당신에게서도 즐거운 변화를 이끌어 낸다. 그러면 당신과 상대방의 사이에는 더욱 돈독한 우정을 쌓일 것이다. 그래서 다른 사람을 칭찬하면 당신도 그 뿐만 아니라 당신도 즐거워질 수 있다.

○ 미소를 지어라

영국에 이런 말이 있다. '잘생긴 얼굴은 훌륭한 소개장이다. 그리고 미소 띤 얼굴은 훌륭한 그림과 같아서 보는 사람을 즐겁게 한다.' 미소 띤 얼굴은 상대방에게 자신감과 호감, 긍정과 강한 의지 등을 전달할 수 있다. 당신의 자신감, 우호적인 감정, 인성 등을 가장 간단하고 빠르게 전하는 방법은 바로 아름다운 미소다.

항상 미소 짓는 사람은 타인에게 개방적이고 자신감이 넘친다. 이런 사람과 함께 시간을 보내다 보면 자신도 모르게 즐거워지면서 그 사람의 매력에 빠지게 된다. 사람은 언제나 아름다운 것과 가까이하고 싶어지기 마련이므로 미소 띤 얼굴과 그에 어울리는 선한 마음은 성공적인 인간관계를 쌓는 데 큰 도움이 된다.

미소는 사람 사이의 냉랭한 분위기를 녹여 거리를 좁혀준다. 그래서 미소로 시작된 우정은 관계가 순조롭게 이어질 수 있다. 의식적으로 미소를 지으면 마음가짐이 긍정적으로 바뀔 수 있다. 따라서 미소는 모든 사람이 잊지 말아야 하는 신체적 언어다.

○ 사소한 일에 연연하지 마라

온종일 해야 하는 일이 많아도 하루에 쏟아부을 수 있는 사람의 에너지는 한정적이다. 그러므로 중요하지 않은 일에 시간을 낭비하면 정작 중요한 목표를 위해 해야 할 일을 못 할 수 있다. 긍정적인 마음가짐의 사람은 절대 이런 상황에 이르도록 하지 않는다. 일의 중요도를 정확하게 이해하고, 절대 중요한 일을 버려둔 채 사소한 일에 매달리는 잘못을 저지르지 않는다.

성공하는 사람은 가장 중요한 일, 가장 큰 가치를 만들어낼 수 있는 일을 우선시하고 중요하지 않은 일은 내버려 둔다. 이렇게 해서 한정적인 시간과 에너지를 충분히 이용하는 것이다. 긍정적인 마음가짐의 사람은 또한 도량이 넓어서 절대 사소한 일에 화를 내고 흥분하지 않는다. 주변 사람이 어떤 일에 화를 내는지 관찰해보면 그 사람의 마음가짐이 어떤지도 알 수 있다.

○ 도움의 가치를 깨달아라

노벨평화상 수상자 알베르트 슈바이처*Albert Schweitzer, 1875~1965*는 이렇게 말했다. "내 인생의 목표는 다른 사람을 위해 봉사하고, 돕고자 하는 바람과 그 감동을 드러내는 것이다." 그의 관점에서 볼 때 성공이란 타인에게 공헌하는 것이다. 긍정적인 마음가짐의 사람은 기꺼이 다른 사람에게 주려고 하며, 이것은 모든 성공한 사람의 공통점이다. 타인을 위해 자신을 바치는 사람이야말로 더 많은 것을 얻을 수 있다.

우리에겐 하겐다즈로 유명한 미국의 식품 대기업 제너럴밀스의 회장직을 역임한 해리 불리스*Harry Bullis, 1890~1963*는 영업사원들에게 이렇게 말했다. "맡은 일만 생각하지 말고, 고객을 위해 어떤 서비스를 할 수 있을지 생각해야 한다."

당신이 영업사원이라면 매일 아침 일을 시작하기 전에 '오늘은 어떻게 하면 물건을 더 많이 팔 수 있을까?'가 아니라 '어떻게 하면 더 많은 사람을 도울 수 있을까?' 하고 생각해보자. 언뜻 보면 영업사원이 해야 할 일에서 벗어난 것처럼 보일 수도 있다. 하지만 영업이란 기본적으로 고객의 소비 욕구를 만족시켜야 하는 분야다. 그러므로 그들을 돕겠다는 마음가짐으로 행동한다면 금세 새로운 판로를 뚫고 계약을 성사시킬 수 있을 것이다. 실적이 좋지 않은 영업사원들의 문제는 바로 자신만 생각하고 타인의 이익은 생각하지 않기 때문이다. 이와 반대로 유능한 영업사원은 먼저 타인의 입장에서 생각하고, 그러다 보면 자연스레 자신의 이익을 얻게 된다. 이것이 바로 영업 고수들의 최고 비결이다.

○ 자신의 잠재 능력을 썩히지 마라

시도하기도 전에 불가능하다고 생각하지 말자. 언제나 나는 할 수 있다고 생각해야 한다. 설령 한 번에 성공하지 못할지라도 포기하지 말고 두 번, 세 번, 아니 그보다 많이 끝까지 시도하다 보면 할 수 있다는 것을 깨닫게 될 것이다.

사람들은 모두 무한한 잠재 능력과 가능성을 지니고 태어난다. 이것은 조물주의 큰 축복 중 하나다. 하지만 자신이 할 수 있다고 믿는 사람만이 그 잠재 능력을 충분히 발휘해 성공을 이룰 수 있다. 안타깝게도 현실에서는 많은 사람이 소극적이고 부정적인 마음가짐으로 스스로 정한 한계의 굴레에 자신을 가두고 조물주가 내린 축복을 발휘하지 않는다.

○ 낙관적으로 살아라

낙관적으로 세상을 바라보면 인생의 진정한 가치를 느끼고 뚜렷한 목표를 세울 수 있다. 낙관적인 사람들은 자신이 무엇을 해야 할지, 또 무엇을 잘할 수 있을지 고민하지 않는다. 스스로 짜놓은 그물에서 걸어 나와야 더 넓고 탁 트인 인생을 마주한다. 이렇게 낙관적이면서 동시에 현실적인 사람과 친분을 쌓고 공동의 관심사와 목표를 찾아보자. 비관적인 사람은 되도록 멀리하는 것이 좋다. 그들은 당신의 인생까지 소극적이고 부정적으로 만들 뿐이다.

신은 모든 사람에게 똑같은 불행을 주었다. 그 불행의 고통을 견뎌 내는 사람만이 인생의 진정한 행복을 느낄 수 있다. 불행과 난관이 눈앞에 닥쳐도, 자신을 강하게 단련한다면 운명도 바꿀 수 있다. 안 좋은 일이 생겼을 때 사람들은 흔히 '욕심을 버리고' '모든 것을 놓고'라고 말하면서 스스로 위로한다. 그러나 그보다는 "상황이 나쁘기는 하지만 더 나빠질 수는 없으니 괜찮을 거야"라고 말하는 것이 낫다. 이런 낙관적인 마음가짐은 난관을 헤쳐 나가는 데 큰 도움이 될 것이다.

○ 자기암시를 멈추지 마라

자기암시를 할 때 하는 말에는 딱히 정해진 것이 없다. 그저 긍정적인 마음가짐, 낙관적인 태도를 유지하도록 도와줄 수 있는 말이라면 무엇이든 가능하다. 꾸준하게 자기암시를 하다 보면 매일 자신에게 속삭이던 말이 어느새 실현된 것을 발견하게 될 것이다. 긍정적인 자기암시의 예를 보자.

· 나는 상상하는 모든 것을 해낼 수 있다.
· 내가 믿는 그대로 실현될 것이다.

- 생각이 성공을 부른다. 내가 마음먹은 대로 될 것이다.
- 나의 생활은 나날이 나아지고 있다. 나는 나의 생활에 만족한다.
- 몽상은 현실이 아니다. 현재에 집중하자.
- 예전의 모습과 현재의 모습이 어떠하든, 긍정적인 마음가짐으로 살면 내가 바라는 그 모습이 될 수 있다.
- 나는 건강하고 즐거운 사람이다. 이것은 최고의 가치다.

마치 자신을 격려하고 응원하는 것 같은 이런 자기암시는 매일 꾸준히 하는 것이 중요하다. 자기암시는 긍정적인 마음가짐을 유지하도록 해주고 그런 마음가짐이 행동으로 드러나도록 한다. 또 자신도 모르게 생길 수 있는 여러 소극적이고 부정적인 생각을 억눌러 최종 목표에 도달하도록 도와준다. 자기암시의 말들은 점점 행동으로 드러나고, 그러다 보면 점차 운명까지도 바꿀 수 있다.

HAVING FUTURE

2장

어제의 나를 초월하는
잠재력의 힘

사람은 항상 똑같은 방식으로만 살 수 없다. 급변하는 사회에 적응하려면 새로운 시각으로 세상을 꿰뚫어보는 동시에 자신의 능력을 드러내고 그것을 증명해 보여야 한다. 물론 이런 사실을 알고는 있어도 그 구체적인 방법을 몰라 시도조차 하지 못하는 사람도 있을 것이다. 그럴 때는 완전히 새로운 사고방식으로 대단한 성과를 거둔 나를 상상해보자. 그리고 그 성과를 통해 용기를 얻은 내 모습을 머릿속에 그려보자. 그런 용기는 쉽게 얻을 수 없는 것이다.

수천 명의
인생을 뒤바꾼
'생각 체계' 프로젝트

| 너 자신을 알라

고대 그리스의 철학자 소크라테스는 "너 자신을 알라"라고 말했다. 이 말은 곧 자아를 의식하라는 뜻이다. 세상의 모든 성공과 부유함은 바로 자아의식에서부터 시작된다. 자아의식이란 자신의 몸과 마음의 상태, 주변 사람과의 관계에 대한 인식과 경험, 그리고 기대를 의미한다. 자아의식은 자아인식, 자아수용, 자아통제 이렇게 세 가지로 표현된다.

먼저 자아인식이란 '나는 누구인가' '나는 어떤 사람인가'에 관한 문제다. 이것은 주관적인 자아가 객관적인 자아에 대해 내리는 평가로 자아의식의 핵심이라고 할 수 있다. 자신에 대해 비교적 정확하게 평가하는 사람, 다시 말해 자아인식이 잘 정립된 사람이 인간관계를 원만하게 이어갈 수 있다.

자아수용은 '나는 나에게 만족하는가' '나는 어떤 가치가 있는가' '나는 나를 받아들일 수 있는가'와 같은 문제에 관한 것이다. 객관적인 자아가 주관적인 자아의 기대를 만족시키면 긍정적 자아수용, 반대의 경우는 부정적 자아체험이라고 한다. 자아수용이 긍정적인지 부정적인지는 보통 과거의 성공과 실패 경험, 타인의 반응과 평가, 타인과의 비교, 주변과의 협력 정도 등을 토대로 결정된다. 특히 어린 시절의 경험은 자아수용의 형성에 중요한 영향을 미친다.

마지막으로 자아통제란 '나의 운명을 책임질 수 있는가'와 관련된 문제이다. 이는 주위 환경에 구애되지 않고 자신의 운명을 책임지는 태도를 의미하는데, 주변 사람이나 조건에 좌우되지 않는 독립심의 기반이 된다. 자아통제가 뛰어난 사람은 자신감이 강하며, 자신의 생활에 영향을 미칠 수 있는 사람은 오로지 자기 자신뿐이라고 생각한다. 보통 학교 성적이나 회사에서의 실적이 높으며, 문제 해결 능력이 뛰어나다.

| 성공과 실패를 결정하는 자아의식

이러한 자아의식이 확고한 사람은 심리적인 고비마다 자신을 잘 조절할 수 있다. 또한 주관적인 자아가 기대하는 바에 도달하기 위해 객관적인 자아를 더욱 개선하고 발전시키려 한다. 자아의식은 형성된 순간부터 모든 생각과 행동에 매우 큰 영향을 미친다. 사람들은 자신의 자아의식을 완벽하게 신뢰하여 혹시 이것이 잘못된 것은 아닐까 하고 의심하는 일은 거의 없다. 자아의식이 긍정적으로 형성되어 드러나는 것을 자아긍정, 그 반대의 경우를 자아부정이라고 한다. 이렇듯 자아의식은 스스로 그리는 자화상과 같다.

자신이 성공할 것이라고 굳게 믿는 사람은 쭈뼛거리나 주저하지 않고 거침없이 행동하며 필요한 것을 얻고자 용감하게 도전한다. 이런 사람은 끊임없이 자기 자신에게 "나는 지금 잘하고 있어. 앞으로는 더 잘할 거야"라고 말한다. 이런 긍정적이고 적극적인 자기암시로 자신감은 더욱 높아지고 자신의 가치와 존엄에 대한 확신도 커진다. 이렇게 긍정적인 자아의식을 갖춘 사람은 강한 추진력을 발휘하여 자신이 믿은 대로 결국 성공을 쟁취할 것이다.

자아의식은 인생의 방향키와 같아서 성공과 실패를 결정하는 중요한 요소다. 이런 자아의식의에는 두 가지 특징이 있는데, 아래로 살펴보자.

○ 감정과 행동으로 드러나는 자아의식

지능은 선천적으로 결정되는 것으로, 명석한 두뇌를 타고나는 사람은 지극히 소수다. 그래서 많은 사람이 자신은 머리가 좋지 않아서 일을 뛰어나게 처리할 수 없다고 여긴다. 그러나 우수한 두뇌를 타고나지 않았어도 스스로 노력해서 우수해지는 사람들이 있다. 이런 사람들은 선천적인 한계를 넘어서 상상하지도 못했던 성공을 거두기도 한다.

자신이 어떤 사람이라고 생각하면 점차 그 모습에 맞는 행동을 하게 된다. 그렇게 시간이 흐르다 보면 실제로 그렇게 되기도 한다. 스스로 생각하기에 많은 노력을 기울였는데도 원하는 결과를 얻지 못했다면, 분명히 긍정적인 자아의식이 형성되지 않은 까닭일 것이다. 스스로 수학을 못한다고 생각하는 아이는 언제나 낮은 점수를 받는다. 이런 아이들은 예전의 성적표를 근거로 이미 미래까지 결정하고 그에 맞추어 행동하기 때문이다.

자아의식은 모든 일의 전제다. 자신감 있는 사람은 무슨 일을 하든 과감하고 결단성 있으며 거침없이 추진한다. 자신이 친절하다고 생각하는 사람은 누구에게나 친근하게 다가간다. 또 자신의 잘못에 지나치게 신경 쓰는 사람은 언제나 좌절하고 우울한 기분에 빠져 있다. 스스로 새로운 환경에 잘 적응한다고 생각하는 사람은 실제로 어느 곳에 가든 빠르게 적응하고 일의 주도권을 잡는다. 반대로 자신은 능력이 없어서 중요한 일을 해낼 수 없다고 생각하는 사람은 한쪽에 웅크린 채 성공과 점점 멀어진다. 긍정적이고 적극적인 자아의식을 정립한 사람은 자신에게 변화와 발전을 요구하고, 그에 맞추어 기꺼이 변화한다. 그러나 자아의식이 부정적이고 소극적으로 형성된 사람은 마음속에 실패의 씨앗만 견고하게 뿌리를 내린다. 기업가, 교사, 학생 등 어떤 일을 하든 긍정적이고 적극적인 자아의식을 갖추었다면 성공은 자연스레 따라올 것이다.

○ 자아의식도 변화한다

오랜 습관이나 개성을 바꾸는 것도 무척 어려운 일이지만, 이런 표면적인 변화만으로 자아의식을 완전히 새롭게 형성하는 것은 거의 불가능하다. 그런데 심지어 전문적인 심리상담사조차 특정한 외부 환경, 성격적 결함, 생활 습관을 바꾸는 방법만 제시한다. 그러나 이런 방법은 사실 일시적인 효과만 있을 뿐 근본적인 변화를 일으키지 못한다. 가장 중요한 것은 의식의 가장 아래층까지 변화시키는 것이다.

자아의식 심리학의 선구자인 프레스콧 레키*Prescott Lecky, 1892~1941* 박사는 인격을 서로 일치하는 생각들이 모인 체계라고 보았다. 그의 주장으로는 이미 정해져 자리 잡은 '생각 체계'는 그것에 일치하지 않는 생각이 들어오면 거부하고 밀어내려고 한다. 그래서 새로운 생각은 아무런 효과도 일으키지 못하고 밀려나가고 만다. 반대로 기존의 '생각 체계'와 일치하는 생각은 적극적으로 수용되며 행동에까지 영향을 미친다. 이런 '생각 체계'의 가장 중심에 있는 것이 바로 그 사람의 자아의식이다. 레키는 학생 수천 명을 대상으로 실험을 진행해 자신의 이론을 증명하고자 했다.

레키는 많은 학생을 인터뷰하고 그들의 자아의식을 개선하려 했다. 그 결과 1학년 때는 단어 시험에서 절반도 맞히지 못하던 학생이 2학년이 되어서는 학교에서 가장 우수한 학생이 되었다. 성적이 좋지 않아서 학교를 그만두었지만 나중에 유명 대학에 입학한 학생도 있었다. 어떤 학생은 라틴어 시험에 네 번이나 불합격했지만 레키와 여러 차례 상담한 후 우수한 성적을 거두었다. 또 한 학생은 '언어 능력이 현저히 떨어진다'는 평가를 받았지만 1년 후 학교의 문예 장학생 후보에 올랐다.

사실 이런 예는 주변에서 종종 볼 수 있다. 학생들에게 이렇게 엄청난 변화가 생긴 것은 갑자기 지능 혹은 학습 능력이 발달해서가 아니다. 바로 이전의 잘못된 자아의식이 개선되었기 때문이다. 성적이 좋지 않았던 시절에 그들은 언제나 "난 망했어" 또는 "나는 낙제생이야"라고 말했다. 하지만 이런 상황에서는 "'이번 시험'은 망쳤네" 또는 "'이 과목'은 낙제야"라고 말해야 한다. 그들이 자신을 부정하는 방식으로 말한 것은 마음속 깊은 곳에서 이미 자신을 잘못된 인간이라고 규정했기 때문이다. 그렇게 되면 눈앞에 직면한 문제를 있는 그대로 보지 못하고 자신에 대해서도 객관적으로 평가하지 못한다.

레키는 학생이 어느 과목에서 성적이 좋지 않은 것은 그 과목이 너무 어려워서가 아니라 학생 스스로 자신은 그 과목에 맞지 않다고 여기기 때문이라고 보았다. 이렇게 부정적인 자아의식이 변화한다면, 그 과목에 대한 태도도 함께 변화할 것이다. 그래서 레키는 상담을 통해 학생들이 긍정적인 자아의식을 형성할 수 있도록 도왔다. 이로써 그는 자신의 자아의식 이론을 뒷받침하는 수많은 실증 사례를 얻을 수 있었다.

긍정적인 자아의식을 형성하는 것은 끊임없는 과정이다. 그러므로 가장 합당하고 현실적인 자아의식을 형성할 수 있도록 꾸준히 최선을 다해야 한다. 그러려면 먼저 자신을 받아들일 줄 알아야 한다. 우수하든 그렇지 않든 관계없이 자신을 있는 그대로 진실하게 받아들여 자존감을 높이고 명확한 목표를 세워야 한다. 그리고 최악의 상황이 닥쳐도 반드시 이겨낼 수 있다는 것을 믿으며, 자신의 가치를 존중하고 끊임없이 확인해야 한다. 언제나 자신을 일깨우고 드러내 보이자. 절대 진실한 나를 숨기거나 도망쳐서는 안 된다.

자신의 자아의식이 어떤지 알고 싶다면 먼저 스스로 잘 관찰해야 한다. 전문적인 심리상담사의 도움을 받는 것도 좋다. 그래서 자신의 장단점을 충분하게 파악한 다음에 적극적으로 대응할 방법을 찾아야 한다.

자신을 정확히 파악하고 문제점을 개선하면 자아의식은 더욱 완전하고 견고해질 것이다. 그러면 자신감은 더욱 커져서 스스로 인정한 '내 모습 그대로' 행동하게 된다. 반대로 자아의식 속에서 자신을 부정하는 사람은 자꾸만 자신을 감추려고 한다. 이 경우 '외재한 나'가 '진짜 나'를 억압해서 둘 사이의 차이가 점점 커지게 된다. 그러면 정상적인 인간관계를 형성하는 것도 어려워진다.

모든 사람은 행복하고, 성공적이며, 항상 즐겁고, 안정된 인생을 추구한다. 그런데 사실 이런 기쁨과 만족감은 그것을 추구하는 과정에서 더 많이 느낄 수 있다. 잠재 능력을 발휘하여 최선을 다할 때 스스로 느끼는 기쁨과 만족감은 그 무엇과도 비교할 수 없다. 최종 결과가 성공인지 실패인지는 그다지 중요하지 않다. 중요한 것은 실패를 겪더라도 자신을 책망하거나 비하하거나 한없이 우울함에 빠져들지 않는 것이다. 자신의 능력을 부정하고 그것을 사용하지 않는 것만큼 큰 낭비는 없다.

이런 사람은 원하는 것을 절대 얻지 못하고 그저 평생 우울함과 공포 속에서 살아가게 된다.

성장하는 자아의식을 만드는 다섯 가지 방법

앞서 자아의식 또한 노력을 통해 변화할 수 있다고 말했다. 하지만 긍정적인 자아의식을 기르는 것은 하루아침에 되는 일이 아니다. 여기에서 소개하는 규칙과 방법을 꾸준히 실천하면 분명히 성공할 수 있다.

○ 자신을 사랑하라

모든 사람은 다른 사람에게 사랑받고 싶어 한다. 그런데 정작 당신은 자신을 사랑하는가? 스스로 자기 자신을 소중히 여겨야 다른 사람들도 나를 가벼이 여기지 않는 법이다. 누구든 자신이 높은 가치로 평가받기를 원할 것이다. 그러므로 '나'라는 상품을 시장에 내놓기로 했다면 그 가격이 적어도 수천, 수만 달러, 아니 그 이상이 되어야 한다.

그러면 누구도 당신을 불량품이라고 여기지 않을 것이다.

제2차 세계 대전 시대의 핀업걸 베티 그레이블*Betty Grable, 1916~1973*은 '백만 불짜리 다리'로 유명하다. 그녀가 직접 자신의 다리에 백만 달러의 보험을 들었기 때문이다. 그녀의 다리가 다른 핀업걸들의 다리와 비교해 특별한 점이 있었던 것일까? 그렇지 않다. 다른 점이라면 베티 그레이블은 자신의 두 다리에 백만 달러의 가치를 부여했다는 것이다.

지구에는 수천, 수만의 생명체가 살고 있고, 그 가운데 당신은 유일무이한 존재다. 그러므로 당신은 다른 사람으로 대체될 수 없는 자신만의 가치가 있다. 조물주는 우수한 누군가를 만드는 동시에 당신도 만들었다. 그리고 다른 사람에게는 없는 무언가 특별한 재능을 당신에게 부여했을 것이다. 조물주에게는 우수한 누군가와 당신 모두 똑같은 존재일 뿐이다. 모든 사람은 이 세상에 존재하는 의미가 있다. 그러므로 이제 당신이 할 일은 자신을 사랑하고 귀하게 여기는 것이다.

○ 저속함을 멀리하라

모든 사물은 인지하는 순간 긍정적인 혹은 부정적인 영향을 일으킨다. 긍정적인 영향을 일으켜 창조성을 발휘하게 하고 열정을 불타오르게 한다면 무척 좋은 일이다. 하지만 부정적인 영향을 일으켜 원래 있었던 성공의 희망마저 사라지게 할 수도 있다.

과도하게 잔혹하거나 성적인 영화나 텔레비전 프로그램을 보고 강렬한 심리적 충동이 인 경험이 있을 것이다. 작품 속의 인물에 당신이 동화되어 함께 무언가를 파괴하거나 혹은 파괴되는 것 같은 느낌이다. 저속한 콘텐츠에 지속적으로 노출되면 올바른 가치 관념과 심리적 방어선마저 무너져버릴 수도 있다. 이런 종류의 영화는 흔히 '성인 엔터테인먼트'의 명분으로 미성숙한 관중에게 무차별적으로 노출되고 있다. 이것은 일종의 정신적인 폭력이며, 이런 작품에 장기간 노출되면 부정적인 영향을 받기 쉽다.

또한 현대에도 점술사를 찾는 사람을 자주 볼 수 있는데, 점술사의 말은 사실 그다지 신빙성이 없지만, 그럼에도 사람들은 여전히 그것에 빠져든다. 마치 그들의 말을 종교의 경전이라도 되는 듯 떠받들기까지 한다. "오늘은 먼 길을 떠나서는 안 된다"라는 점술사의 말을 듣고 정해진 계획을 변경하기도 하고, 타로 카드 몇 장의 해석을 근거로 중요한 결정을 내리기도 한다. 점술은 사물에 대한 인식이 부족했던 고대 사람들이 만들어낸 것이다. 그런데 과학이 매우 발달한 오늘날까지 이런 터무니없는 말을 신봉한다는 것은 그저 웃기는 일일 뿐이다.

○ 실패를 딛고 성공한 사람들을 기억하라

성공은 손이 닿지 않는 먼 곳에 있는 것이 아니다. 하지만 강한 의지가 강한 사람만이 손을 뻗어 그것을 잡을 수 있다. 그 사례들을 살펴보자.

전 세계인의 존경을 받는 미국의 16대 대통령 에이브러햄 링컨 *Abraham Lincoln, 1809~1865*은 가난한 농부의 아들로 태어나 사업 실패와 파산, 일곱 차례의 선거 낙선을 겪는 등 많은 실패를 겪었지만 단 한 번도 자신을 실패자로 여기지 않았다. 또한 발명왕 토머스 에디슨_Thomas Alva Edison, 1847~1931_은 어렸을 때 열등생으로 불렸고 발명에 성공할 때까지 1만 4,000번이나 실험에 실패했지만 절대 포기하지 않았다. 노벨상을 받은 물리학자 알버트 아인슈타인_Albert Einstein, 1879~1955_은 수학 과목에서 낙제한 학생이었고 포드 자동차를 창립한 헨리 포드_Henry Ford, 1863~1947_는 마흔 살이라는 중년의 나이에 파산한 적이 있다.

이처럼 성공한 사람들도 모두 실패를 겪고 흐느껴 울거나 괴로워한 적이 있다. 그러나 그들은 단 한 번도 실패에 좌절하지 않았다. 끊임없는 노력과 강한 의지, 자신감으로 마침내는 성공을 거두었다. 성공한 사람은 무언가 다를 것이라 생각하지 말자. 그들도 우리와 똑같은 기회와 권리를 받으며, 똑같이 실패를 겪었다. 중요한 것은 실패의 구렁텅이에서 어떻게 벗어나느냐다. 진정한 실패자는 실패를 극복할 생각이 없는 사람이다.

성공한 사람이라고 해서 반드시 대단한 지혜와 능력이 있는 것은 아님을 알아야 한다. 이 깨달음으로 당신은 자신감을 얻을 수 있으며, 다시 한 번 실패를 겪어도 자신에게 이렇게 말할 수 있다. "이 정도 문제는 성공한 사람들이 다 겪었던 거야. 별거 아니지. 나도 그 사람들과 다를 바 없어. 나는 반드시 이겨낼 수 있어!"

○ 좋은 친구를 사귀어라

친구와 동료는 우리 삶에 반드시 필요한 존재다. 나보다 선하고, 뛰어나고, 적극적인 사람과 함께하면 좋은 영향을 받아서 성공할 확률이 자연히 높아질 것이다. 어울리는 사람을 따라 변화하는 것은 모든 인간관계의 규칙이다.

나는 미국과 중국에서 회사를 경영하며 각 분야의 사람들을 만났다. 그중에서 처음 영업사원이 된 사람들은 남녀 모두 내성적이고 수줍음이 많으며 자신감이 부족했다. 그러나 몇 주 정도 흐르면 과감하게 생각하고 시도하기 시작했다. 또 넘치는 자신감으로 능력을 한껏 드러내 회사에 큰 이익을 가져다주기도 했다.

그들이 이렇게 변화한 원인은 무엇일까? 아마 그들은 줄곧 소극적이고 피동적인 생활을 해왔기 때문에 자신을 표현하는 데 두려움이 있었을 것이다. 그러던 중에 새로운 직장에서 열정이 충만한 사람들을 만났고 동료와 상사들은 적극적으로 영업한 사례들, 성공 경험과 거기에서 비롯된 기쁨과 만족감에 대해 듣게 되었다. 또 무엇을 해야 할지, 어떻게 하면 성공할 수 있을지에 대해 끊임없이 서로 의견을 나눌 수 있었다. 이런 환경에서 사람들은 작은 성공 하나를 경험하고, 자신이 잘하는 것을 알게 된다. 작은 성공이 몇 번 반복되면 드디어 자신을 사랑하고 긍정하게 된다. 그러면 점차 소극적인 자세를 버리고 적극적이고 긍정적인 사람이 되어간다.

다행스럽게도 우리는 주변 환경과 만나는 사람을 선택할 수 있다.

행동이 바르고 생각이 건전하고 사물의 밝은 면을 보려고 하는 사람들과 교류하다 보면 놀라울 정도로 많은 것을 얻을 수 있을 것이다.

○ 할 수 있다고 믿어라

아무리 일이 많거나 힘들어도 하고 싶은 일이라면 해낼 수 있다. 실패하는 것은 대부분 의지가 부족하거나, 그 일에 대한 이해가 부족한 나머지 방법적인 문제가 발생하기 때문이다. 어려운 일을 시작할 때, 잠재의식에 '불가능' 또는 '안 된다'라는 말이 자리를 잡은 적이 있는가? 그러면 일이 안 되는 것이 아니라 생각이 일을 안 되게 만들어버린다. 모든 일은 마음먹기에 달렸다는 것을 잊지 말자. 당신 안에는 아직 사용하지도 않은 잠재 능력이 가득하다. 스스로 할 수 있다고 믿을 때 생각이 명확해지고 해야 할 일을 꿰뚫어볼 수 있으며, 나아가 해결 방법도 찾을 수 있다.

생각하는 대로 될 것이라 굳게 믿고 자신의 능력을 효과적으로 발휘하면 기대한 목적을 이룰 뿐만 아니라 기적을 만들 수도 있다. 자신이 재능이 넘치고 똑똑한 사람이라고 굳게 믿으며 큰소리로 "나는 내가 해야 할 일들을 알고 있다! 나는 할 수 있다!"라고 외치는 것도 좋은 방법이다. 여러 번 반복해서 외치다 보면 이 말은 곧 당신의 의식에 자리 잡을 것이다. 그리고 당신은 어느새 자신감 넘치는 사람이 되어 있을 것이다. '불가능'이나 '안 된다'는 말이 의식 속에 나타나지 않도록 주의하자. 이런 말들은 마치 악마처럼 긍정적이고 적극적인 마음을 집어삼켜 버려서 당신을 부정적이고 소극적인 사람으로 만들 것이다. 당신의 의식 속에는 '나는 할 수 있어'라는 긍정적인 암시만 가득해야 한다. 인간의 능력은 종종 상상을 초월하므로 최선을 다해서 이 능력을 발휘한다면 분명히 대단한 성공을 거둘 수 있을 것이다.

당신의 의식 안에서 '불가능'이라는 말을 걷어냈다면, 이제 해야 할 일을 냉정하게 바라보자. 그러면 그동안 어렵다고 말하던 것이 사실은 그저 마음먹기에 달린 문제였음을 깨닫게 될 것이다. 주관적인 추측과 심리에만 근거한 생각을 없애고 실사구시의 자세로 문제를 바라보면 분명히 돌파구가 보일 것이다. 그러면 전에는 '불가능'하다고 생각한 문제들을 극복할 수 있다. 성공하지 못한 사람은 자신을 위해 수만 가지 핑계를 댄다. 그들이 성공하지 못한 것은 바로 약한 마음가짐을 이겨내지 못했기 때문이다. 기억하자. 이 세상에는 당신을 제외한 그 누구도, 어떤 일도 당신을 무너뜨릴 수 없다.

타인의 눈에 비친 당신의 모습을 파악하라

| 타인의 눈으로 당신을 관찰하라

자신을 공정하면서 정확히 파악하는 것은 대단한 능력인 동시에 긍정적인 자아의식을 형성하는 기초가 된다. 자아인식은 자아에 대한 자신의 평가와 타인의 평가로 이루어진다. 자아를 정확하게 분석하고 인식하고자 한다면 마음속 깊은 곳에서 들려오는 목소리에 귀 기울여야 한다. 우선 가능한 한 많은 단어를 사용해서 자신을 묘사해보자. 그러면 평가가 극단적이거나 어느 한 방면에 치우치는 것을 피할 수 있다. 이어서 타인의 눈에 비친 자신을 관찰해보자. 부모님, 선생님, 배우자, 형제, 친구 등 주변 사람들에게 당신은 각각 다른 모습으로 비칠 것이다. 그리고 이 모습들 속에서 공통분모를 찾아보자. 이때 묘사하는 말이 많으면 많을수록 자아를 정확하게 인지하는 데 도움이 된다.

한 기업의 직원들은 크게 두 가지 성격 유형, 즉 '추진형'과 '분석형'으로 나눌 수 있다. 추진형에 속하는 사람은 항상 적극적이고 일에 열정적이다. 언제나 일정이 빽빽하고 무슨 일을 하든 적극적으로 참여한다. 반대로 분석형에 속하는 사람은 앞에 나서기보다는 일을 전반적으로 관리하면서 계획을 세우거나 더욱 효율적인 방법을 찾는 데 익숙하다.

당신이 일하는 분야에서 일정한 직위에 오르고 싶다면, 먼저 자신이 어떤 유형의 사람인지 알아야 한다. 그래야 자신에게 적합한 일을 찾고, 시간과 재능을 낭비하는 상황을 피할 수 있다. 예를 들어 무척 꼼꼼하고 생각이 많으며 혼자 일하는 것을 좋아하는 사람이 시장에 나가서 물건을 파는 일을 한다면 별다른 성과를 거두지 못할 것이다. 반대로 언제나 활발하고 다른 사람과 어울리는 것을 좋아하는 사람은 판촉이나 서비스업에 적합하다. 열정적이고 새로운 것을 두려워하지 않는 사람에게 종일 사무실에서 서류를 들여다보는 것만큼 괴로운 일은 없다. 이런 사람들은 더욱 도전적인 일을 시도해서 일에 대한 욕심을 만족시키는 것이 좋다.

더욱 효율적으로 일하려면 자신의 유형뿐만 아니라 동료나 부하직원의 유형도 파악해야 한다. 그들의 성격 유형에 따라 일을 분배하면 각자 맡은 일에 능력을 발휘해서 좋은 결과를 이끌어낼 수 있을 것이다. 회계나 관리직으로 일하다가 회사의 공금을 횡령하는 사람들은 대부분 추진형에 속한다. 만약 그들에게 자신의 열정을 드러낼 수 있는 업무를 맡겼다면 잘못된 선택을 하지 않았을 것이다.

좋아하는 일을 하면 누가 시키지 않아도 전심전력을 다하게 마련이다. 여기에 알맞은 성격 유형과 능력이 결합하면 효과는 배가 되고 늘 즐겁게 일할 수 있을 것이다. 그러나 안타깝게도 이런 즐거움을 느끼는 사람은 그다지 많지 않다. 직업을 선택하거나 사업을 시작할 때 자신의 성격 유형과 능력의 결합 정도가 아니라 금전적인 이익을 얼마나 많이 얻을 수 있는지에만 집중하기 때문이다.

오로지 금전적인 이익에 근거하여 선택하더라도, 열심히 일한다면 어느 정도 부와 명예를 얻을 수 있다. 그러나 이런 물질적인 성과는 인생의 최종 목표가 될 수 없다. 진정한 성공은 자신의 천부적인 재능을 충분히 발휘하고 이를 통해 마음의 안정과 평안을 얻는 것이다. 그러려면 자신의 성격 유형이나 능력에 적합한 동시에 좋아하는 일을 해야 한다.

| 단점을 인정하고 장점에 주목하라

자신을 정확하게 파악했으면, 이제 그런 자신을 수긍하고 받아들여야 할 차례다. 냉철한 눈으로 파악한 자신의 장점과 단점을 긍정적으로 받아들여야만 자신을 효과적으로 제어할 수 있다. 자신을 있는 그대로 받아들이는 사람만이 스스로 무엇을 할 수 있는지, 무엇을 하고자 하는지, 무엇을 해야 하는지 정확히 알 수 있다. 과거의 실패를 회피하지 말고 그 경험에서 교훈을 얻자. 또한 과거에 이룬 성공을 떠올리며 즐거움과 만족감을 느끼자. 두 가지 모두 당신이 기억해야 하는 것이다.

이때 중요한 것은 장점에 주목하는 것이다. 장점들이 서로 영향을 주고받아 시너지 효과를 일으킨다면 당신이 성공하는 데 중요한 자산이 될 것이다. 물론 누구에게나 단점은 있으며, 그것을 피하거나 개선하는 것은 무척 어려운 일이다. 하지만 단점에 지나치게 주목하면 머릿속은 더욱 어지러워지고 무슨 일을 해야 할지도 모르게 될 것이다. 그래서는 성공은커녕 지금 맡은 일조차 제대로 해낼 수 없다.

더 높은
목표를 위한
셀프 업그레이드

| 끊임없는 도전이 주는 기회

자신의 발전을 막는 가장 큰 장애물은 바로 자기 자신이다. 발전을 멈추지 않는 사람들은 모두 끊임없이 현재의 자신을 뛰어넘으면서 더 나은 자신을 만들어 나간다. 하지만 대부분 사람은 눈앞에 닥친 어려움을 해결하고 다른 사람보다 앞서 나가려고만 하지 현재의 자신을 넘어서야겠다는 생각은 하지 못한다. 잊지 말자. 성공을 향한 여정에서 가장 큰 장애물은 바로 자기 자신이다. 그러므로 성공하고 싶다면 그 장애물에 끊임없이 도전하고 넘어서야만 한다.

실력이 비슷한 두 사람 중에 한 명을 선택해야 한다면 어떤 사람에게 마음이 기울까? 당연히 어려움을 이겨낼 수 있다는 자신감과 열정,

반드시 해내고 말겠다는 의지가 강하고 새로운 일에 도전하려는 진취적인 사람일 것이다.

그러므로 항상 스스로 새로운 도전 과제를 제시하고 끊임없이 더 높은 목표를 세워야 한다. 어제의 성공은 어제의 일일 뿐이니 현재를 넘어 미래에 도전해야 한다. 그래야만 또 다른 빛나는 성공을 거둘 수 있다. 이런 과정을 계속하다 보면 자신의 잠재 능력이 무한하다는 사실을 깨닫게 될 것이다. 성공을 향해 나아가는 과정은 등산하는 것과 비슷하다. 숨이 턱까지 차오를 정도로 힘들지만, 한 발 한 발 내디딜 때마다 방금 전보다 높은 곳에 설 수 있다. 마침내 정상에 올랐을 때 주위를 둘러보면 더 높은 산봉우리가 보일 것이다. 그렇다면 여기에 만족하지 말고 다시 용기를 내어 저 멀리 더 높은 산봉우리까지 올라야 한다. 오늘의 성공에 만족한 채 편안함에 안주해서는 안 된다. 스스로 일종의 위기감을 느끼고 항상 자신을 단련하는 기회를 만들자.

| 인생의 파도를 헤쳐 나가는 셀프 업그레이드 8계명

하나, 감정을 분출할 방법을 찾아라.

살면서 항상 즐겁거나 의욕이 넘칠 수는 없다. 누구에게나 불행한 일이 생길 수 있고, 이때 슬프거나 속상한 감정이 들 수 있다. 마음이 아플 때는 눈물을 흘리는 것만으로도 슬픈 감정을 어느 정도 해소할 수 있다.

눈물을 흘리는 데 익숙하지 않은 사람이라면 운동으로 감정을 분출할 수도 있다. 조깅 같은 운동을 해서 땀을 흘리고 나면 지금의 상황이 이전과는 조금 다르게 보일 것이다. 운동으로 안 좋은 감정을 해소하는 사람은 소극적으로 자신을 숨기려 하지 않는다.

둘, 사람들을 만나라.

현재 상황을 바꾸기로 했다면, 우선 무슨 일을 해야 하는지 생각해야 한다. 이때, 현재 당신의 상황을 이미 겪은 사람들이 큰 도움이 될 것이다. 같은 업계나 비슷한 환경의 사람이 많은 모임에 참여해서 당신과 같은 상황인 사람들 혹은 그런 상황을 이미 겪은 사람들과 접촉할 기회를 만들자. 직접적인 도움을 얻지 못하더라도, 그저 이야기를 들어줄 사람이 생기는 것만으로 큰 도움이 될 것이다.

셋, 책을 읽어라.

책은 가장 좋은 친구이자 선생님이다. 책만큼 알차고 도움이 되는 동료는 없다. 좋은 책을 읽으면 성공적인 인생을 위한 힌트를 얻을 수도 있고, 영혼을 맑게 할 수도 있다. 다른 사람이 보기에 가장 안 좋은 상황에서도 마음을 가라앉히고 독서하는 사람은 충분히 존경받을 만하다.

괴테는 "좋은 책 한 권을 읽는 것은 수많은 뛰어난 사람과 이야기하는 것과 같다"라고 말했다. 이처럼 책은 아주 좋은 친구가 될 수도 있다. 특히 연설가나 교육가들의 글을 많이 읽다 보면 곤경에서 헤어 나오는 힘이 생길 것이다. 책 한 권, 연설 한 토막, 그림 한 폭, 영화 한 편, 이 모든 것을 가까이하도록 하자.

넷, 일기를 써라

'일기 쓰기'라는 좋은 습관은 기나긴 인생에 큰 도움을 줄 수 있다. 자신이 불행하다고 여겨질 때 그 일들을 구체적으로 일기장에 죽 써내려 간 후, 다시 그것을 읽으면서 얼마나 심각한지 살펴보자. 몇 번 반복해서 읽다 보면 불행의 정도가 생각한 것보다 그리 심각하지도 않을뿐더러 얼마든지 돌파구가 있다는 것을 깨닫게 될 것이다. 작은 성공을 이루어냈을 때도 그 과정과 성취감을 일기장에 죽 써 내려가 보자. 나중에 좌절했을 때 이런 내용을 읽어보면서 위안과 용기, 지혜를 얻을 수 있다.

다섯, 바쁘게 움직여라.

눈코 뜰 새 없이 바쁠 때는 잡생각이 나지 않는다. 세상에는 해볼 가치가 있는 일들이 수없이 많다. 여행이 그 대표적인 예다. 더 미루지 말고 여행 가방을 메고서 출발하자! 새로운 일에 도전해서 용감하게 앞으로 나아가면 다시 한 번 성공을 거둘 수 있다.

여섯, 새로운 것을 배워라.

틀에 박힌 생활과 관습에 자신을 가두어서는 안 된다. 언제나 새롭고 산뜻한 느낌을 유지하는 것을 명심하자. 생활이 무미건조하다고 느끼면 무언가 새로운 것, 예를 들어 테니스를 치거나 시를 쓰는 일 등에 도전하는 것이 좋다. 새로운 취미는 생활을 활기차게 하고, 그로써 삶의 기쁨을 만끽하게 될 것이다.

일곱, 자신을 칭찬하라.

어떤 일을 할 때 얻을 수 있는 가장 큰 만족감은 타인의 인정과 칭찬에서 비롯한다. 다른 사람의 인정과 칭찬을 얻기 전에 스스로 자신을 인정하고 칭찬해보자. 극도로 고통스러운 상황에 처하면 식사나 목욕 같은 일상생활에서도 괴로움을 느낄 수 있다. 그럴 때는 괴롭더라도 힘을 내어 자신을 위한 멋진 저녁 식사를 준비하고 그 일을 해낸 자신을 칭찬해보자.

여덟, 빨리 고통에서 벗어나라.

고통을 매섭게 노려보면 노려볼수록 그것은 사라지기는커녕 더 커질 것이다. 진정으로 고통에서 벗어나고 싶다면, 그것을 버려두고 다른 일을 시작하면 된다. 삶의 고통을 겪은 사람들은 어느 정도 시간이 흐르면 무언가 적극적으로 할 일을 찾아서 의식을 변화시켜야 한다. 모임을 계획하거나, 글을 쓰거나, 혹은 공공 활동에 참여하는 것도 좋은 방법이다. 이런 일들을 하는 과정에서 다른 사람을 돕는 즐거움을 얻을 뿐만 아니라 자신의 고통을 잊을 수 있다.

사람들은 모두 성공하고 더 많은 것을 얻기를 바란다. 다른 사람들에게 비난받고 소극적으로 사는 인생을 원하는 사람은 없다. 그러니 가장 먼저 할 일은 자신에게 용기를 주어 좌절을 이겨내는 것이다. 자신을 믿고 자신감을 키운다면 이 세상에 불가능한 일은 없다.

인생의 좌절과 고통을 극복해본 적이 있는 사람은 그것이 결코 두려워할 대상이 아니라는 것을 알고 있다. 생각해보자. 당신은 미래의 자신을 새롭게 만들어갈 용기가 있는가? 당신은 할 수 있다. 용기, 의지, 그리고 자신감만 있다면 당신은 반드시 성공할 수 있다. 성공으로 가는 길은 끊임없이 실패를 겪는 과정이라는 점을 명심하자. '실패―성공―재실패―재성공', 이것은 성공하는 사람들이 겪는 영원불변의 공식이다.

황무지에
홀로 남겨져도
반드시 살아남는 사람

| 잠재 능력이란 무엇인가?

사람들은 모두 저마다의 잠재 능력이 있다. 문제는 당신이 그것을 꺼내어 사용할 생각이 있는가에 달렸다. 토머스 에디슨은 이렇게 말했다. "할 수 있는 모든 일을 다 한다면, 자신이 매우 경이롭게 느껴질 것이다." 이 말을 곱씹어 생각해보자. 당신은 스스로에게 경이로움을 느껴본 적 있는가?

앞에서 이야기한 것처럼 긍정적인 마음가짐을 갖춘 사람만이 성공한다. 긍정적인 마음가짐은 잠재 능력을 충분히 발휘하게 하고, 이 잠재 능력이 일으키는 효과는 종종 상상을 뛰어넘기 때문이다. 부정적인 마음가짐은 잠재 능력을 발휘하는 것을 방해할 뿐이다.

여러 원인으로 억제되어 있던 잠재 능력은 호시탐탐 기회를 엿보다가 적당한 자극을 받으면 충분히 드러난다. 당신의 상황이 아무리 좋지 않아도 자신의 능력을 믿고 그 능력을 충분히 발휘한다면, 생각한 것보다 훨씬 쉽게 상황을 개선할 수 있을 것이다.

잠재 능력은 언제나 인간의 상상을 뛰어넘으며, 특별한 때가 아니면 잘 드러나지 않는다.

한 농부에게 아주 똑똑한 아들이 있었다. 아들은 이제 겨우 열네 살이었지만 아버지가 일할 때 트럭을 운전하는 것을 보고 어깨너머로 운전을 배웠다. 어느 날 아들이 농부에게 한 번만 트럭을 운전해보고 싶다고 조르기 시작했다. 농부는 안 된다고 했지만, 아들이 계속해서 고집을 부리자 결국 앞마당에서만 운전하고 밖에 나가지 않는다는 조건으로 허락했다. 농부가 불안하게 지켜보는 가운데 아들이 트럭을 운전해 천천히 움직이기 시작했다. 그런데 앞마당을 한 바퀴 돌던 트럭이 갑자기 밖으로 나가더니 물웅덩이에 처박히고 말았다. 농부는 너무 놀라서 소리를 지르며 뛰어갔고 그 소리에 주변의 이웃들도 달려 나왔다. 농부는 아들이 트럭 아래에 깔린 것을 보고 생각할 틈도 없이 트럭을 들어 올렸다. 그 틈에 이웃들이 아들을 트럭 아래서 꺼냈고, 농부는 급히 아들을 병원으로 데려갔다. 진찰 결과, 아들은 가벼운 찰과상만 입었을 뿐이었다.

그제야 마음을 놓은 농부는 방금 전에 일어난 일을 돌이켜보았다.

'내가 어떻게 트럭을 들어 올렸지? 그 무거운 트럭을 한 번에 들어 올리다니!' 집으로 돌아온 그는 다시 한 번 트럭을 들어보려고 했지만 트럭은 꿈쩍도 하지 않았다.

이 이야기를 들은 의사는 기적이라고밖에 설명할 수 없다고 말했다. 이 일을 보도한 지역 신문 기사에 의하면 그 농부는 키가 170센티미터, 체중이 70킬로그램 정도의 그다지 건장하지 않은 체격이었다.

이것이 바로 잠재 능력이다. 인간은 특별한 때에 일반적인 상태를 초월하는 힘, 바로 몸속에 숨어 있는 잠재 능력을 발휘할 수 있다. 이런 잠재 능력이 겉으로 드러나게 하는 것은 바로 그 사람의 마음과 정신이다.

| 잠재 능력을 끌어내는 방법

주변의 다른 이들을 매료시키는 사람들이 있다. 이런 사람들은 대개 자신에 대해 늘 긍정적이기 때문에 스스로 만족하고, 자신의 개성을 드러내는 것을 무척 즐거워한다. 어떤 일을 하더라도 항상 능동적이고 즐겁게 하는 그들의 모습은 주변 사람들을 매료시킨다. 이와 반대 유형의 사람도 있다. 그런 사람들은 함께 있는 사람을 무척 불편하게 한다. 그뿐만 아니라 자신도 편하게 있지 못하고 항상 수줍어하며 머뭇거리거나 예민하게 반응한다. 심지어 적의를 품고 상대방을 대하는 사람도 있다. 이들은 종종 감정을 억제하지 못해서 평소에는 조용하다가도 순간적으로 인내심을 잃고 폭력적인 성향을 보이기도 한다.

원인을 분석해보면 이런 사람들은 거의 심리적 억압이 무척 심하다. 아마 예전에 겪은 실패나 여러 요소가 복합적으로 작용해서 현재의 자신을 받아들이지 못하게 되었을 것이다. 그래서 자신을 마음속 깊은 곳에 가두어두려고만 하는 것이다. 진정한 자아를 믿지 않거나 그것이 드러나는 것을 두려워하는 사람은 점차 감정이 메마르고 생각이 멈춘다. 이런 이들을 위해 심리적 억압을 줄이고 스스로를 더 자연스럽게 표출할 수 있는 방법 몇 가지를 소개한다.

· 무슨 말을 해야 할지 오래 고민할 시간에 우선 말하라.
· 계획을 세우는 데 빠져 행동을 미루지 마라.
· 자신을 과도하게 비난하지 마라.
· 언어 습관을 개선하고, 힘 있는 목소리로 말하자.
· 좋고 싫음을 당당하게 드러내라.

잠재 능력은 일정한 자극을 받아 분출되면 놀라운 효과를 낼 수 있다. 하지만 잠재 능력이 억제된 사람은 위축되어 뒤로 물러선 채 좀처럼 앞에 나서지 않는다. 그러다 보니 당연히 사교 관계도 원만하지 않다. 이런 사람이 되고 싶지 않다면, 다른 사람의 반응과 비판에 당당하게 대응해야 한다. 주변의 어떤 사람이 "안 됩니다"라고 말했다고 해서 바로 포기해서는 안 된다. 혹시 생소한 환경이나 낯선 사람에게 공포를 느끼거나, 항상 긴장해서 주변 환경에 잘 적응하지 못하는가? 그렇다면 당신은 일과 생활에서 모두 심리적으로 너무 큰 스트레스를 받는 것이다. 이런 상황이 오래되어 정도가 심해지면 불면에 시달리게 되고, 말을 더듬으며, 눈을 너무 자주 깜박거리는 등의 신체적인 징후가 나타나기도 한다. 또 일할 때 잡생각을 많이 하고, 항상 이런저런 핑곗거리로 새로운 일에 도전하는 것을 피하려고 한다. 이런 불필요한 주저함과 신경과민 등의 증상은 잠재 능력의 발휘를 방해할 뿐이다.

이 책을 읽는 중에 갑자기 알 수 없는 힘에 이끌려 소말리아로 이동했다고 가정해보자. 당신은 실오라기 하나 걸치지 않은 채 황무지에 홀로 남겨졌다. 돈도 없고, 통신 수단도 없으며, 가진 것은 당신의 몸뿐이다. 날씨는 참을 수 없이 더워서 곧 말라 죽을 것만 같다. 하지만 이런 환경에 떨어졌다고 해서 바로 좌절하고 그 자리에 웅크리고 앉아서 죽기만 기다리는 사람은 없을 것이다. 어떻게든 스스로 살아남을 방법을 찾으려고 할 것이다. 먹을 것과 살 곳을 찾고, 새로운 친구를 사귀어 그곳에서 새로운 생활을 시작해야만 한다. 뜨거운 사막 위에 누워 자신의 불행을 한탄하기만 한다면 당신을 도와줄 사람은 아무도 없다.

진정한 심리적 안정이란 자신을 압박하는 모든 상황에 대처할 수 있다고 스스로 믿는 것이다. 이렇게 심리적으로 안정된 사람은 어떤 새로운 일을 할 때 계획을 짜느라 시간을 낭비하지 않는다. 그들은 잘 모르는 것에 대한 공포를 떨쳐버리고 시도할 용기가 있으며, 실제로 도전한다. 그래서 성공의 기회가 눈앞에 왔을 때 주저하지 않고 그것을 놓치지 않고 잡는다.

| 억압된 심리를 풀어주는 마인드 리셋법

잠재 능력이 발휘되지 않아서 성공하지 못한다면 그것만큼 불행한 일은 없다. 이런 불행을 피하려면 반드시 지금 소개하는 훈련 지침을 익혀 심리적 압박을 벗어 던져야 한다. 그래서 당신의 심리 상태가 행동을 구속하지 않도록 해야 한다. 이 방법대로 훈련하면 잠재 능력을 더욱 많이 이끌어낼 수 있을 것이다. 여기에서 소개하는 순서대로 온몸의 근육을 편하게 해보자. 이렇게 훈련하며 일주일 정도가 지나면 근육뿐만 아니라 자아를 옥죄고 있던 심리적 억압이 줄어들었음을 느낄 수 있을 것이다.

① 잠옷처럼 아주 편한 옷으로 갈아입고 편안한 침대나 소파가 있는 조용한 장소를 찾는다. 가능하면 조명은 약간 어둡게 해두고 침대나 소파 위에 편안하게 눕는다.
② 크게 심호흡한다. 숨을 크게 들이쉬고 한동안 내쉬지 않으며 최대한 참는다. 이때 온몸의 긴장감을 느끼며 주먹을 세게 쥐어본다. 더 이상 못 참을 것 같

을 때 아주 천천히 숨을 내쉰다. 이렇게 세 번 반복하면 '무거운 짐을 벗은 듯 홀가분한' 느낌이 들 것이다.

③ 매우 긴장했을 때와 그 긴장이 확 풀어질 때 대비되는 느낌의 차이를 생각해 본다.

④ 몸의 구석구석을 떠올리며 자기암시를 한다. 손가락, 손바닥, 팔뚝, 어깨, 두 피, 이마, 눈, 귀, 코, 입, 턱, 목, 뒷목, 어깨, 등, 가슴, 허리, 배, 치골과 생식기, 허벅지, 무릎, 종아리, 발꿈치의 순서로 떠올린다. 이 순서에 따라 각 부위에 이렇게 암시한다. "천천히, 편안히, 나는 지금 아주 편안한 상태다. 나의 몸은 아주 편안한 상태다. 긴장을 풀고 편안해졌다."

⑤ 자기암시를 하는 과정에서 온몸이 늘어지는 듯한 느낌을 떠올린다.

⑥ 이 자기암시가 손가락에서 발꿈치까지 몸의 한 바퀴를 돌면 무언가 따뜻한 기운이 정수리에서부터 목, 가슴, 항문, 다리 및 발끝까지 천천히 흐르는 것 을 느낄 것이다. 그때 이 따뜻한 기운은 당신에게 더욱 편안한 느낌을 줄 것 이다.

⑦ 침대나 소파 위에 누워 편안함을 한껏 느낀다.

주의
* ①단계에서 제시한 환경은 상황에 따라 융통성 있게 변화를 줄 수 있다.
* 전체 과정을 진행하는 동안 외부의 영향을 완벽하게 차단한다.
* 이 훈련의 모든 단계를 완벽하게 진행하려면 약 30분이 걸린다.
* ⑦단계는 시간의 제한이 없지만 나머지 과정은 각각 6~7분 정도 지속해야 한다. 시간 을 충분히 들여 몸의 긴장을 풀고 늘어지게 해야 한다.

다른 사람과의 대화에 어려움을 겪던 한 기술자는 이 훈련을 꾸준히 한 결과 효과적으로 문제를 개선했다. 그는 예전보다 논리적으로 생각하게 되어 외부 환경을 냉철하게 분석하고, 그 덕분에 일의 효율도 훨씬 높아졌다. 그뿐만 아니라 사람들을 대하는 태도도 더욱 원만해져서 주변 사람들과의 관계가 좋아졌다.

| 목표에 더 빠르게 도달하게 해주는 자기 암시법

자기암시로 심리적인 압박을 떨쳐내고 도전하고자 하는 마음을 기를 수 있다. 자신을 다그치는 것이 아니라 마음속에서 자연스럽게 하고자 하는 마음이 생기도록 하는 것이다. 스스로 원해서 어떤 일을 하는 사람은 그렇지 않은 사람보다 더욱 빠르게 목표에 도달할 수 있다. 이러한 자기암시는 애매모호해서는 안 되며 반드시 몇 가지 원칙을 따라야 한다.

○ 긍정적

이것은 매우 중요한 요소다. 예를 들어 "나는 가난뱅이가 되지 않겠어"라는 자기암시는 그다지 좋지 않다. 이 말의 최종 목표는 긍정적이지만 '가난뱅이'라는 말이 부정적이기 때문이다. 같은 의미인 "나는 반드시 부자가 되겠어"라고 말하는 것이 좋다. 자기암시뿐만 아니라 평

77

소에도 되도록 '가난하다' '재수가 없다'와 같은 부정적인 말은 피하도
록 하자.

○ 간결함

자기암시를 할 때 사용하는 말은 "나는 반드시 내 꿈을 이룰 수 있
다"와 같이 간결하고 힘이 있어야 한다. 너무 구체적으로 말을 길게 늘
어놓지 말고 핵심적인 내용만 담도록 한다.

○ 실현 가능성

자기암시의 말은 실제 상황에 비추어 실현 가능한 것이어야 한다.
"나는 올해 10만 달러를 벌겠어"라고 암시할 수는 있다. 하지만 실제로
는 아무리 많이 벌어도 1년에 3만 달러밖에 벌지 못하는 상황이라면,
이런 암시는 아무런 의미가 없다. 오히려 목표와 현실의 괴리로 좌절
하게 된다.

○ 상상력

꿈을 이룬 자신을 상상하면서 자기암시를 하자. 이를 반복하다 보
면 성공한 자신의 모습이 어느새 머릿속에 뚜렷하게 자리 잡을 것이
다. 캐나다의 성공한 사업가이자 자선가인 찰스 앨버트 포생_Charles-
Albert Poissant, 1925~2011_은 이렇게 말했다. "부자가 된 자신을 상상하지 않
는다면 당신은 절대 부자가 될 수 없다."

○ 감정

생각은 감정과 만났을 때 가장 효과적으로 행동을 이끌어 낸다. 모든 암시는 마음에서부터 시작된다. 명심하자. 신은 꿈꾸는 사람을 사랑한다.

더 많이
의심하고
더 많이 질문하라

| 샹들리에에서 힌트를 얻은 갈릴레이

수많은 사람이 샹들리에를 보았으나 그것에 주의를 기울인 사람은 단 한 명, 바로 인류 역사에 수많은 업적을 남긴 갈릴레오 갈릴레이 *Galileo Galilei, 1564~1642*뿐이었다. 오로지 갈릴레이만 샹들리에의 움직임에 흥미를 느끼고 관찰하여 과학 역사상 매우 중요한 원리의 하나를 발견했다.

열일곱 살의 갈릴레이가 엄숙한 분위기의 대성당에서 미사를 드리던 때의 일이다. 우연히 고개를 들어 천장을 본 순간 그는 다른 것은 모두 잊고 오로지 샹들리에만 뚫어지게 쳐다보았다. 그리고 샹들리에가 바람에 흔들리면서 움직이는 폭에 관계없이 한 번 움직였다가 제자리로 돌아오는 데 걸리는 시간은 똑같은 것 같다고 생각했다. 갈릴레이는 자신의 맥박을 재서 샹들리에가 흔들리는 데 걸린 시간을 측정해 보았다. 그리고 자신의 생각이 옳다고 확신했다. 집으로 돌아온 그는 몇 가지 실험 끝에 자신의 이론, 즉 진동의 폭이 크든 작든 그 주기는 언제나 일정하다는 이론을 증명했다.

이것은 갈릴레이가 '진자의 등시성等時性'을 발견한 이야기다. 역사상 위대한 발견은 언제나 일상생활에서 일어났다. 문제는 누가 그것을 알고자 하고, 의문을 던지는가다. 이러한 발견은 처음 만나는 사람을 대하는 태도에 비유해서 설명할 수 있다. 위대한 과학자들은 낯선 사람을 만났을 때 보통사람들처럼 간단히 인사만 건네는 법이 없다. 눈을 반짝이며 끊임없이 질문을 던진다. "당신은 누구죠? 여기에 어떻게 왔지요? 당신은 왜 이런 모습을 하고 있나요? 당신은 다른 사람들과 어떻게 다른가요? 제가 당신에 대해 좀 더 알아봐도 될까요?" 그들은 이런 질문을 던지는 것에 즐거움을 느꼈고 단 한 번도 지겨워한 적이 없다. 위대한 과학자들은 문제가 무엇인지 모르면 그것을 해결할 수 없다고 생각했기 때문에 언제나 "왜?"라는 질문을 던졌다.

우리도 그들처럼 해보자. 낯선 사람을 만났을 때 그 사람에게서 얻을 수 있는 지식을 거부할 필요는 없다. 전에는 알지 못했던 지식을 받아들이는 것만으로도 자신의 감각과 지각을 더욱 강화할 수 있기 때문이다. 유난히 독특하여 눈에 띄는 사람들에게서는 더 많은 지식을 얻을 수 있을 것이다. 많이 알고 싶으면 질문을 더 많이 던지면 된다. 그저 바라보는 것만으로는 많은 것을 알아낼 수 없다는 사실을 기억하자. 그리고 종종 낯선 사람은 아주 소박한 차림을 하고 있어서 눈에 잘 띄지 않을 수도 있다. 하지만 그들은 어쩌면 상상도 하지 못한 대단한 사람일지도 모른다.

모든 위대한 발견과 발명은 어떤 질문의 답이다. 그러므로 주변의 모든 것에 끊임없이 질문하고, 또 끊임없이 답을 구해야 한다. 여러 가지 질문을 하다 보면 가장 중요한 한 가지가 보이게 마련이다. 바로 이때 잠재 능력을 발휘하여 최선을 다해서 정답을 찾아내는 것이 중요하다.

무지한 사람은 질문하는 것을 좋아하지 않는다. 질문하는 것을 좋아하는 사람이야말로 정말로 아는 것이 많은 사람이다. 질문하면 상대방이 자신을 바보 같다고 여길까 봐 걱정하는 사람들도 있다. 하지만 질문하는 사람을 무지하다고 비웃는 사람이야말로 정말로 바보 같은 사람이다. 그런 사람은 아마 질문을 받았을 때 제대로 대답하지 못할 것이다. 아니면 상대방의 질문이 자신에게 망신을 줄 수도 있다고 생각해서 질문을 싫어한다. 아이들의 다양한 질문에 제대로 대답하지 못하는 부모가 아이들에게 이제 그만 물어보라고 말하는 것처럼 말이다. 하지만 아는 것이 많고 기술이 뛰어난 기술자들은 노동자들의 질문을 받는 것을 두려워하지 않으며, 오히려 더 많이 질문하라고 격려한다. 물론 여기서 말하는 질문은 적당한 때 적당한 대상을 향한 것이어야 한다. 상대방을 방해하려고 하거나 조롱거리로 만들려는 질문은 절대 해서는 안 된다. 미국 전기공학회 회장을 지낸 찰스 스타인메츠C. P. Steinmetz, 1865~1923는 이렇게 말했다. "이 세상에 우매한 질문과 우매한 사람은 없다."

| 질문을 던져 성공한 사람들

질문을 던졌다고 해서 모두 정답을 얻을 수 있는 것은 아니다. 질문을 던지고 정답을 찾아가는 과정은 무척 험난해서 도중에 막히는 일이 비일비재하다. 그럼에도 성공한 사람들은 절대 다른 사람의 말을 그대로 따르지 않았다. 어떤 문제든 해결하고 싶다면 스스로 모든 노력을 쏟아 부어 해결해야 한다.

애디슨병을 처음으로 발견한 영국의 의사이자 의학 연구가 토머스 애디슨Thomas Addison, 1795~1860은 어렸을 때부터 "왜?"라고 질문하는 것을 좋아했다. 그리고 그 모든 질문에 더 정확한 답을 찾기 위해 노력했다. 어느 날 애디슨이 길을 가다가 우연히 친구를 만났다. 애디슨은 친구의 손가락 관절이 퉁퉁 부은 것을 보고 "아니, 손가락이 왜 그래?" 하고 물었다. 친구가 이유는 모르겠고 자꾸 붓는다고 대답하자 애디슨은 "이유를 모른다고? 그럼 의사들은 뭐래?" 하고 다시 질문했다. 친구의 대답으로는 의사들은 정확한 원인을 찾지 못하고 그저 통풍이라고 진단했다. 호기심을 느낀 애디슨은 또 "무슨 종류의 통풍인데?"라고 질문했고 친구는 요산尿酸이 뼈마디에 뭉친 것 같다고 말했다. 에디슨이 "그럼 그걸 제거하면 되지 않을까?" 하고 다시 묻자 친구는 조금 낙담한 듯이 "의사들이 그러는데 방법이 없대. 요산은 용해되지 않기 때문이라나?"라고 말했다.

친구의 말을 들은 애디슨은 화가 났다. 그는 의사들의 말을 믿지 않고 분명히 해결 방법이 있을 것이라고 생각했다. 이날부터 애디슨은 마치 투우사가 휘두르는 붉은 천으로 돌진하는 소처럼 다른 일은 모두 제쳐놓고 실험실에 틀어박혀서 연구했다. 시험관으로 요산이 용해될 수 있는지 없는지를 실험한 끝에, 정확히 이틀 만에 요산이 특정한 물질에 용해된다는 것을 밝혀냈다. 애디슨의 이 발견은 얼마 지나지 않아 통풍을 고치는 보편적인 방법으로 활용되었다.

미국 양모회사 회장이던 존 우드는 이렇게 말했다. "진정한 교육이란 바로 질문하는 것이다. 문제의 답을 알고 싶을 때, 그리고 새로운 것을 알고자 할 때 질문을 던져서 알아낸 지식은 머릿속에 오래도록 기억된다. 그래서 시시각각 물음표를 떠올리는 것이야말로 가장 중요한 능력이라고 할 수 있다."

| 질문을 부끄러워하면 성공할 수 없다

사람들은 상대방이 자신보다 아는 것이 많다는 사실을 인정하고 싶지 않아서 질문하는 것을 꺼린다. 이런 쓸데없는 자존심을 버리지 못하면 문제를 해결할 방법을 빨리 찾을 수 없다. 모든 주의력을 오로지 질문에 대한 답을 찾는 데 쏟는다면 심리적인 문제는 당신을 막지 못할 것이다. 헐벗은 거지가 자신의 곤궁한 생활을 뒤로한 채 인생의 철학을 논할 수 있는 것처럼 말이다.

꼭 유명 인사나 대단한 학자를 찾아가서 물어야만 가치 있는 지식을 얻을 수 있는 것은 아니다. 주변을 둘러보면 무언가에 대해 당신보다 훨씬 잘 아는 사람이 보일 것이다. 그들에게 다가가 이야기를 나누다 보면 당신은 여러 방면에서 원하는 답을 얻을 수 있다. 당신보다 지위가 낮다고 해도 정중히 존경한다는 자세로 질문한다면 상대방도 당신에게 마음을 열고 많은 지식을 건넬 것이다.

지식을 구할 때 '나도 다 알고 있어'라는 듯한 태도는 반드시 피해야 한다. 정말로 자신이 더 많이 알고 있다고 생각한다면 아예 묻지 않는 것이 낫다. 하지만 정말로 내가 다른 사람보다 아는 것이 많을까? 그렇게 생각하는 것 자체가 당신이 세상의 이치를 이해하지 못했다는 것을 의미한다. 오랫동안 가사 도우미로 일한 사람은 집안일만큼은 당신보다 많이 알 것이다. 그리고 당신은 단 몇 분 동안 간단히 이야기를 나누는 것만으로 그녀에게서 가사에 관한 많은 정보를 얻을 수 있다. 단,

이런 대화를 나눌 때 당신이 상대방보다 많이 알고 있다는 태도를 보인다면 상대방에게서 아무런 정보나 지식을 얻을 수 없다.

새로운 것에 관심을 보이고 지식을 얻고자 하는 호기심은 인간의 천부적인 재능이다. 하지만 사용하지 않는다면 무용지물일 뿐이다. 토론토 대학교의 교수이자 신경과학 분야 전문가인 카렌 데이비스*Karen Davids* 박사는 호기심을 충분히 이용하는지를 측정하는 설문지를 만들었다.

□ 스스로 호기심이 왕성하다고 생각하는가?

□ 일과 그 일에 관련된 모든 것에 호기심을 느끼는가?

□ 과학·경제·예술·도덕·역사와 관련된 책에 호기심을 느끼는가? 그리고 그 호기심이 행동을 유발하는가?

□ (수입품 상점의 점원인 경우) 상점 안의 각종 상품, 예를 들어 실·양모·면화 등의 생산지가 궁금한가?

□ (교사인 경우) 다양한 교육 원리에 호기심을 느끼고 연구하고자 하는가? 또 그것을 수업에 적용해보려 하는가? 학생들의 성적이 좋거나 그렇지 않은 이유가 궁금한가?

□ (기술자인 경우) 자신이 해야 하는 일에 만족하는 편인가? 자신이 사용하는 모든 기계의 전체 구조를 연구하고자 하는가?

□ (부모인 경우) 자녀에 관해 더 많이 알고자 하는가? 아이들의 생활 습관을 관찰하고 어떻게 교육해야 할지 생각해본 적이 있는가? 자녀 교육법에 관해 알아본 적이 있는가? 혹은 이런 주제의 서적을 읽어본 적이 있는가?

잘못된 방향으로 호기심이 지나치면 얻는 것도 없이 바쁘기만 할 수 있다. 예를 들어 누가 이웃의 대문을 두드리는지 궁금해서 창문까지 뛰어가 숨죽이고 살펴보는 행동, 다른 사람의 우편물을 몰래 뜯어보거나 통화 내용을 엿듣는 행동, 문틈으로 엿보는 행동 등이 그렇다. 이런 행동은 모두 잘못된 일에 대한 호기심이 지나친 결과다.

우리에게 필요한 것은 정당한 일에 대한 호기심이다. 다시 말해 당신의 흥미를 불러일으키는 것, 반드시 해결하고자 하는 것에 질문을 던지고 연구해야 한다. 세상에는 배울 수 있는 것이 수없이 많고, 사회적 지위가 상대적으로 낮은 사람들에게서도 가치 있는 지식을 얻어낼 수 있다는 사실을 잊지 말자.

여러 사람과 이야기를 나누면서 다양한 지식을 얻고, 또 그것을 토대로 수많은 아이디어가 떠오를 수 있다. 이야기를 나누고 다른 사람과 의견을 주고받는 것을 좋아하는 사람들은 언제나 더욱 냉철한 사고를 한다는 점을 기억하자.

당신은 몇 점짜리 진취력을 가졌는가

| 진취력은 성공의 기본 요소

진취력이란 무엇일까? 진취력이 가장 강한 사람은 언제나 적극적으로 일한다. 다른 사람이 명령할 때까지 기다리지 않고 항상 자신이 무엇을 해야 하는지 스스로 명확하게 판단하고 그것을 해낸다.

진취력이 부족한 사람은 다른 사람이 어떠한 일을 하라고 말해야 비로소 행동한다. 이보다 진취력이 부족한 사람은 다른 사람이 명령하고 재촉해야만 비로소 행동한다. 이런 사람들은 일생의 대부분을 힘들게 일하면서 산다. 무엇이 문제인지 알지 못한 채 자신은 운이 없다고 한탄할 뿐이다. 최악의 경우는 할 일이 있어도 하지 않는 사람이다. 이런 사람들은 다른 사람이 찾아와서 직접 시범을 보이거나 도와주려고 해도 절대 움직이지 않는다. 평생 직장도 없이 일하지 않으며 인생의 대부분을 보낼 것이다. 부모가 부자이거나 사회적 지위가 높은 경우가 아니라면 주변 사람들의 무시를 받을 것이 분명하다.

진취적인 사람은 일을 지연시키거나 미루는 것을 좋아하지 않는다. 지난주, 심지어 작년에 해야 할 일을 내일 해야겠다고 생각하는 일은 절대 실행되지 않는다. 혹시 할 일을 미루고 스스로 의지를 약하게 하는 나쁜 습관이 있다면 지금 당장 뿌리 뽑아야 한다. 그렇지 않으면 아무것도 이루지 못할 것이다.

| 환경을 원망하지 마라

현실과 이상은 언제나 차이가 크다. 백만장자가 되고 싶지만 하루하루 먹고살기도 바쁘고, 전 세계를 여행하고 싶지만 비행기 표 한 장 사는 것도 큰 고민이 필요하다. 원래 세상은 불공평하다. 당신은 이 불공평에 굴복할 것인가, 아니면 이를 극복하고 이상을 실현할 것인가? 지금 당신의 마음에 들지 않는 것들도 사실은 발전 가능성이 매우 클지 모른다. 환경을 원망하기만 할 수는 없다. 처음에는 무슨 일부터 해야 할지 모를 것이다. 그러나 당신을 둘러싼 모든 것에 집중하고 그것을 잘 활용한다면 환경은 점차 개선될 것이다.

이상은 꼭 실현되어야만 가치 있는 것이 아니다. 다른 사람은 보지 못하고 지나치는 기회를 보게 하는 것, 그것이 바로 이상의 진정한 가치다. 위인들은 대부분 상상의 나래를 한껏 펼치며 어린 시절을 보냈다. 그렇게 상상력을 발휘하면서 대뇌를 자극하고 끊임없이 감각을 훈련한 것이다. 그리고 성인이 되어서 자신에게 다가온 기회를 알아보고 놓치지 않았다.

앤드류 카네기는 열다섯 살 때부터 남동생에게 자신의 꿈을 이야기했다. 그는 회사를 세우는 상상에 빠져서 나중에 돈을 많이 벌면 부모님에게 마차를 한 대 사드려야겠다고 생각했다. 카네기와 남동생은 마치 놀이하듯 상상에 빠져들었고 '상상 놀이'를 할수록 꿈을 이룰 날이 점점 가까워지는 듯 느꼈다. 카네기는 꿈에 더욱 가까워지기 위해 최선을 다해서 노력했고, 그러던 중 진짜 기회가 왔을 때 놓치지 않았다. 결국 그는 19세기 미국 산업계를 대표하는 기업가이자 현재 가치로 수백 조원에 이르는 천문학적인 부를 이룩한 자산가가 되었다.

이상은 현실에 대한 불만에서 시작된다. 사람은 환경에 불만을 품는 순간 변화를 꿈꾸면서 환경이 자신의 기대치에 도달하기를 바란다. 확고한 이상이 있는 사람은 끊임없이 노력해서 이상과 현실의 거리를 좁히려 한다. 여기서 말하는 이상이란 허황한 공상이 아니다. 성공한 사람들은 언제나 현실에 뿌리를 둔 목표를 세우고 그것을 이상으로 삼았다. 그리고 그 이상에 끊임없이 자극받으면서 그들은 이상을 현실로 이루기 위한 고된 과정을 견딜 수 있었다.

신이 불공평하다고 원망하는 거지는 평생 거지로 살 것이다. 성공하지 못한 이유를 외부 환경으로 돌리는 것은 아무 소용도 없다. 신이나 다른 사람을 원망한다고 해서 자신의 삶이 나아지는 일은 없기 때문이다. 물론 만족스럽지 못한 부분에 대해 이야기할 수는 있다. 그러나 그 이야기는 언제나 더 발전한, 더 나은 인생을 만들어가게 하는 자극제가 되어야지 신세 한탄으로 끝나서는 안 된다.

꿈과 이상은 뇌의 아래쪽에서 관리한다. 그래서 항상 떠올리고 기억하지 않으면 이상은 뇌의 아랫부분에 파묻히고 말 것이다. 그러면 절대 새로운 인생을 펼쳐나갈 수 없다. 목표가 있으면 스스로 생각한 것보다 많은 에너지를 낼 수 있다. 항상 자신에게 질문하자. "미래에 어떤 사람이 되고 싶은가? 지금 나는 어떤 사람인가?" 이상이 있는 사람은 그것을 실현하기 위해 현재의 일에 더욱 집중한다.

꿈꿔온 이상을 달성했을 때 그에 안주해서는 안 된다. 인생은 아직 끝나지 않았다. 이상을 실현했다면, 그것을 토대로 또 다른 이상을 실현시켜야 한다.

| 비판을 받아들여라

1923년 처음 발행된 〈타임〉지 제1호의 표지를 장식하기도 한 미국의 정치인 조지프 캐넌*Joseph Gurney Cannon, 1836~1926*은 일리노이주의 하원 의원으로 처음 활동하던 시절 이런 일을 겪었다. 연설을 시작하기도 전에 뉴저지주의 다른 의원에게서 "저 멀리 일리노이에서 온 이 신사 양반은 주머니에 귀리를 담아왔을지도 모르겠군"이라고 놀림을 당한 것이다. 캐넌이 시골 출신인 것을 비꼬는 말이었다. 다른 의원들은 모두 크게 웃었지만, 거칠고 투박한 얼굴과 촌스러운 차림새의 캐넌은 아무런 반응도 보이지 않았다. 그리고 다른 사람들이 웃음을 그치자 이렇게 말했다. "나는 주머니뿐만 아니라 머릿속에도 귀리를 담아왔지. 우리 서부 사람들은 대부분 이렇게 촌티를 내고 다니지만 귀리만큼은 최고라네." 이 말 한마디로 캐넌은 전국적으로 유명세를 떨쳤다. 사람들은 그를 '일리노이의 귀리 의원'이라고 부르기도 했다.

캐넌은 실제로 촌스러워 보이는 사람이었다. 그러나 그는 자신의 그런 모습을 부끄러워하거나 그 때문에 흔들리지 않았다. 다른 사람이 당신에 대해 놀림조로 말하는 것이 사실이라면 그것을 인정하되 당신의 더 나은 점을 알려주면 된다. 캐넌이 다른 의원의 놀림을 듣고 부끄러워하며 회피하려 했다면, 그것이야말로 다른 사람에게 웃음거리가 될 만한 일이다. 그 점을 알고 있었던 캐넌은 재치 있게 상대방의 조롱과 공격을 받아들임으로써 많은 사람의 칭찬과 응원을 얻었다. 그야말로 현명하게 자신을 낮춘 것이다. 사람들은 거칠고 투박한 외모 아래에 숨겨진 그의 현명하고 자신감 넘치는 본모습을 볼 수 있었다.

다른 사람의 비판을 받으면 분명히 그 상황에서 도망치고 싶을 것이다. 하지만 비판은 사나운 개처럼 그것을 무서워할수록 끝까지 쫓아와 결국에는 당신을 뒤로 자빠지게 한다. 그 사나운 개를 피한다고 하더라도 당신은 밤낮으로 그 공포를 잊지 못할 것이다. 반면에 과감하게 몸을 돌려 똑바로 바라본다면 사나운 개는 꼬리를 살랑거리며 당신에게 애교를 부릴 것이다. 쓰다듬어달라는 듯이 땅바닥에 납작 엎드릴지도 모른다. 기억하자. 비판을 정면으로 받아들인다면 반드시 그것을 극복할 수 있다.

사람들은 비판받는 것을 두려워한다. 비판 대부분이 진실이기 때문이다. 진실에 가까운 비판일수록 당사자는 더욱 부끄럽고 불안하겠지만, 이것은 또한 비판이 중요한 이유이기도 하다. 모든 사람은 세상에서 유일무이한 존재이지만 완벽하지는 않다. 그래서 다른 사람의 비판은 자신의 단점을 개선하고 새롭게 거듭날 수 있는 가장 좋은 방법이다. 이런 이유로 적의 비판은 친구의 비판보다 더욱 값지다. 다른 사람의 비판을 겸허하게 받아들이고 그 사람에게 감사하자. 그리고 그 비판을 나침반으로 삼아 성공을 향해 나아가자.

물론 나쁜 의도를 품고 상대방을 비판하는 사람도 있겠지만, 그런 사람의 비판 역시 사실에서 크게 벗어나지는 않을 것이다. 이때 상대방의 의도대로 당황하거나 회피해서는 안 된다. 그의 비판을 바탕으로 더욱 발전해야 한다. 이것이야말로 상대방과 정면으로 부딪치지 않고 상대를 이기는 방법이다. 다른 사람의 비판 때문에 지나치게 괴로워하는 것이야말로 그 사람을 기쁘게 하는 일이라는 것을 기억하자.

현명한 사람은 언제나 스스로 "나는 완벽하지 않다"라고 말한다. 그 래서 다른 사람의 비판을 마주했을 때 그것이 진심이든 악의를 담은 것이든 상관없이 평정심을 유지할 수 있다. 비판을 받았을 때 온 세상 사람을 자신의 적으로 여기는 것은 매우 위험한 행동이다.

역사 속의 수많은 위인도 한때는 불공정한 평가를 피할 수 없었다. 심지어 앞뒤도 안 맞는 모욕과 악의가 가득한 비방을 견뎌야 했던 사 람도 있다. 특히 정치가는 정적의 공격과 비난을 받아들이지 않으면 절대 성공할 수 없다. 중국의 국부國父로 불리는 쑨원孫文, 1866~1925의 민권주의도 초기에는 정적들에게 처참하게 무시당하고 비난받았다. 하지만 쑨원은 정적들이 비판하는 내용을 분석하고 자신에게 잘못이 있으면 받아들여서 자신의 이론을 더욱 완벽하게 만들었다. 지금 그 는 현대 중국인이 가장 사랑하는 정치가다. 나를 비판하는 사람이 너 무 많다고, 또는 그 비난이 너무 가혹하다고 속상해할 필요는 없다. 그 들의 비판으로 자신과 이 세계를 더욱 명확하게 인지할 수 있기 때문 이다.

무슨 일이든지 다 잘 아는 것처럼 잘난 척하는 사람은 대부분 다른 사람의 비판에 의연하게 대처하지 못한다. 그 비판이 정당한지 그렇지 않은지를 따져보지도 않고 일단 온갖 이유를 대며 자신을 변호하기에 바쁘다. 다른 사람의 비판이 성공에 가까워지는 힌트가 될 수 있다는 사실을 왜 모르는가? 위인들은 오히려 다른 사람의 비판을 간절히 바 랐다. 그리고 자신이 현재 상황에 안주하는 것은 아닌지 되돌아보고,

자신의 단점을 깨닫게 해준 상대방에게 감사했다. 그러므로 우리는 당당히 비판을 마주하고 '다른 사람의 비판은 내가 나아갈 방향을 더 명확하게 보여준다!'라고 생각하는 태도를 갖추어야 한다.

다른 사람에게 비판을 받았다면 그 사람이 왜 그런 말을 했는지 분석할 필요는 없다. 객관적으로 생각했을 때 그 비난이 정확한지 그렇지 않은지를 판단하고, 정확하다면 그 점을 개선하면 된다. 정확한 비난이 아니라면 그것에 신경 쓰거나 마음 상할 이유가 전혀 없다.

비난으로 당신의 자만심을 없애고 당신에게 새로운 발전 방향을 제시하는 등 많은 도움을 주는 사람들에게 항상 감사하자.

HAVING FUTURE

3장

당신이 상상한 미래가
곧 당신이다

목적지가 어디인지 정확히 아는 사람만이 그곳까지 가는 가장 빠른 길과 효율적인 방법을 계획할 수 있다. 마찬가지로 인생의 목표를 정확하게 세운 사람만이 그것을 실현할 수 있다. 목표와 인생의 관계는 마치 공기와 생명체의 관계에 빗대어 설명할 수 있다. 공기가 없으면 생명체가 존재할 수 없듯이, 목표가 없다면 인생은 활력을 잃고 제자리에 멈춘 채 앞으로 나아가지 못한다.

10년 후, 당신이 원하는 미래가 온다

　　성공이 목적지라면, 목표는 목적지까지 차를 운전해서 가는 것이라고 할 수 있다.

　목표를 실현한 것은 기대한 성과를 거두었음을 의미한다. 이로써 인생에서 궁극적으로 추구하는 무언가에 다가설 수 있다. 목적지가 어디인지 정확히 아는 사람만이 그곳까지 가는 가장 빠른 길과 효율적인 방법을 계획할 수 있다. 마찬가지로 인생의 목표를 정확하게 세운 사람만이 그것을 실현할 수 있다. 목표와 인생의 관계는 마치 공기와 생명체의 관계에 빗대어 설명할 수 있다. 공기가 없으면 생명체가 존재할 수 없듯이, 목표가 없다면 인생은 활력을 잃고 제자리에 멈춘 채 앞으로 나아가지 못한다.

　10년 후 자신의 모습을 상상해두었다면 자신도 모르게 그 모습과 비숫해지기 위해 행동할 것이다. 목표가 없는 인생은 그저 시간이 흐르는 대로 하루하루를 사는 것뿐이다. 이런 인생을 사는 사람은 어디를 향해 나아가야 할지, 무엇을 해야 할지 모른 채 다른 사람이 자신의 운명을 결정해주기를 기다린다. 마치 우리에 갇힌 동물처럼 말이다.

개인의 성공도 기업의 성공과 크게 다를 바가 없다. 자신을 하나의 경제 단위로 가정해보자. 당신이 생산해낸 제품은 우선 소비자들에게 인정받아야 한다. 그렇게 해서 어느 정도 성공하더라도 시장에서 계속 살아남으려면 끊임없이 제품을 업그레이드해야 한다. 이 제품이 바로 당신의 능력이다. 자신의 능력을 정확히 파악하고 더욱 발전시키기 위해 끊임없이 노력해야만 이윤을 얻을 수 있다. 이를 위해서는 두 단계를 거쳐야 한다.

첫 번째 단계는 미래의 일, 가정, 인간관계라는 세 방면에서 각각 목표를 명확하게 세우는 것이다. 그러면 이 세 방면이 서로 충돌해서 혼란이 벌어지는 상황을 피할 수 있다.

두 번째 단계는 '나는 어떤 일을 하고 싶은가' '나는 어떤 사람이 되고 싶은가' '어떤 것이 나에게 만족을 줄 수 있는가'와 같은 문제를 생각해보는 것이다.

여기에서 '10년 계획'을 세우며 정확한 답을 찾아보자.

〈10년 후의 일에서〉

1. 내 수입은 어느 정도이길 바라는가?

2. 어떤 직위에 오르고 어느 정도의 권한을 얻고 싶은가?

3. 동종 업계에서 어느 정도의 인정을 받고 싶은가?

〈10년 후의 가정에서〉

1. 어떤 가정을 이루고 싶은가?

2. 어느 정도의 생활을 누리길 바라는가? 예를 들어 어떤 집에 살고 싶은가?

3. 어떤 종류의 여행을 즐기고 싶은가?

4. 어떤 방법으로 자녀들을 부양하고자 하는가?

〈10년 후의 인간관계에서>

1. 어떤 유형의 인간관계를 형성하고 싶은가?

2. 어떤 형태의 사교 모임에 관심이 있고 참여하고자 하는가?

3. 다양한 인간관계에서 리더십을 발휘하고 싶은가?

4. 어떤 사회 활동을 하고 싶은가?

일, 가정, 인간관계는 밀접하게 연관되어서 좋든 그렇지 않든 서로 영향을 미칠 수 있다. 특히 다른 방면에서 가장 영향을 많이 받는 것은 일이다. 가정의 생활수준 및 인간관계에서의 위치 등은 일에서도 여실히 드러난다.

다국적 경영 컨설팅 회사인 맥킨지 앤드 컴퍼니*McKinsey&Company*는 좋은 팀장이 되기 위해 필요한 자질에 관해 설문 조사를 했다. 조사 대상은 금융, 과학, 행정기관, 종교, 예술 등 다양한 분야의 간부급 직원이었다. 설문 조사 결과, 항상 발전을 추구하는 팀장이 그렇지 않은 팀장보다 훨씬 성공적으로 팀을 이끈다는 사실이 밝혀졌다.

목표를 세우고 그것을 이루고자 발전하려는 사람은 언제나 즐거운 마음으로 기꺼이 노력을 쏟아붓는다. 발전하기 위해서 자신의 모든 것을 바치는 사람만이 자신의 분야에서 성공할 수 있다.

당신을
정상으로 데려다 줄
단 한걸음

　　성공을 향해 나아가는 것은 집을 짓는 것과 비슷하다. 성공하고 싶다면 집을 지을 때 벽돌을 차곡차곡 쌓아 올리는 것처럼 긍정적인 마음가짐 위에 작은 목표를 하나씩 이루어나가야 한다. 이렇게 작은 목표들을 완성하다 보면 마침내 인생의 최종 목표, 즉 성공에 도달할 수 있다.

　　목표를 뚜렷하게 정하면 나아갈 방향이 제시되고 목표를 향해 나아가도록 자신을 채찍질하는 두 가지 효과를 기대할 수 있다. 이것은 과녁이 있어야 사격 기술이 어떠한지를 알 수 있는 것과 같다. 목표가 제시하는 방향을 따라 쭉 나아가 마침내 그것을 이루면 말로 표현할 수 없는 성취감을 느낄 수 있다. 설령 아주 작은 목표라 할지라도 노력해서 이루었다면 분명히 큰 만족감을 느낄 것이다.

목표를 정할 때는 자신의 현재 상황을 정확하게 파악하고 이를 토대로 실현 가능한 목표를 세우는 것이 가장 중요하다. 그리고 가장 합리적이면서 동시에 효과적으로 목표를 실현하려면 매우 구체적으로 세부 계획을 세워야 한다. 이렇게 정한 목표를 달성할 때마다 우리는 더욱 긍정적이고 적극적인 사람이 될 수 있다. 실현 가능성이 없는 목표를 정한다면 자신이 가야 할 길이 얼마나 남았는지 알 수 없어서 서서히 지쳐가고 결국에는 포기하게 될 것이다.

1952년 7월 4일 이른 새벽, 안개가 짙게 뒤덮인 캘리포니아 해안. 서른네 살의 플로렌스 채드윅*Florence Chadwick, 1918~1995*이 차가운 바다에서 헤엄치고 있었다. 카타리나 섬에서 출발한 그녀는 벌써 34킬로미터나 헤엄쳐 캘리포니아 해안으로 다가가고 있었다. 그녀는 도버 해협을 건넌 최초의 여성으로, 이번 도전에 성공하면 이 구간을 건넌 최초의 여성이 될 것이었다.

그날 바닷물은 얼음장처럼 차가웠다. 게다가 안개가 너무 짙어서 안전을 위해 그녀를 호위하는 배도 잘 보이지 않았다. 수많은 사람이 텔레비전 생방송으로 그녀가 바다를 건너는 모습을 지켜보았다. 몇 번이나 상어가 접근하기도 했지만 그때마다 호위선에서 총을 쏘아 쫓아냈다. 채드윅은 이런 상황에서도 전혀 동요하지 않고 묵묵히 헤엄쳤다. 그녀를 가장 위협하는 것은 바로 뼈를 에는 듯한 차가운 수온이었다. 15시간 후, 힘이 완전히 빠진 채드윅은 포기하겠다는 사인을 보내며 배 위로 올려달라고 외쳤다. 배에 타고 그녀를 따라가던 코치와 어머니는 해안이 얼마 남지 않은 것을 보고 포기하지 말라고 독려했다. 하지만 채드윅은 안개 때문에 아무것도 보이지 않아서 해안이 얼마나 남았는지 알 수가 없었다. 15시간 55분이나 차가운 바다에서 헤엄친 그녀는 결국 배 위로 올라갔다. 잠시 몸을 녹인 그녀는 곧 좌절감에 휩싸였다. 채드윅은 기자들에게 "육지가 보이기만 했어도 포기하지 않았을 거예요"라고 말했다.

나는 그녀가 핑계를 댄 것이라고 생각하지 않는다. 그녀가 도전을 멈춘 것은 차가운 바닷물을 견딜 수 없어서나 체력이 바닥나서가 아니었다. 바로 나아가야 할 목표가 보이지 않았기 때문이다. 채드윅은 캘리포니아 해안에서 불과 800미터 떨어진 곳에서 포기했고, 이것은 그녀가 유일하게 실패한 도전이었다. 2개월 후 채드윅은 다시 한 번 이 구간에 도전해서 남성보다 빠른 기록으로 성공했다.

채드윅처럼 뛰어난 수영 선수도 눈에 보이는 목표가 필요한 법이다. 목표가 있어야만 그곳에 도달하는 용기와 능력을 발휘할 수 있기 때문이다. 그러므로 목표는 반드시 실현 가능한 것으로 설정해야 한다.

| 불평불만은 아무것도 해결해주지 않는다

자신의 상황에 항상 불만인 사람은 절대 성공할 수 없다. 한숨을 쉬고 세상을 원망하며 하루하루를 보낸다고 해서 상황이 결코 나아지지 않기 때문이다.

한 조사에 따르면, 이렇게 불만으로 가득 찬 사람의 98%는 정작 자신이 진정으로 원하는 것을 설명하지 못한다고 한다. 진정으로 원하는 것을 알지 못하기 때문에 현재 자신의 상황을 어떻게 개선해야 할지 모르는 것이다. 그래서 뚜렷한 목표가 없는 채 자신을 자책하거나 주변 환경을 탓하면서 계속 그 자리에 머무를 뿐이다.

"지혜란 무엇을 무시해도 되는지 아는 것이다"라는 말이 있다. 주변을 둘러보면 추구하는 성공과 큰 관련이 없는 것이 많다. 목표가 뚜렷하다면 그런 것에 지나치게 신경 쓰거나 방해받는 일을 줄일 수 있다. 또한 목표를 이루는 데 가장 가치 있는 것이 무엇인지도 잘 파악할 수 있다.

| 내일을 꿈꾸고 싶다면 오늘에 집중하라

영국 시인이자 역사가인 힐레어 벨록*Hilaire Belloc, 1870~1953*은 이렇게 말했다. "당신이 미래를 꿈꾸거나 과거를 후회하는 동안 당신의 현재는 사라지고 있다." 성공하는 사람들은 모두 현재를 똑바로 바라보고 현재에 집중한다.

목표가 아무리 크고 이루기 어려운 것이라도 그것을 여러 단계로 작게 나누면 실현 가능성이 보일 것이다. 물론 우리가 세운 목표는 미래에 일어날 일이지만, 그 성공 여부는 현재에 얼마나 집중하느냐에 달렸다. 지금 해야 할 일을 했을 때 거둔 성과가 곧 미래의 성과와 직결된다는 점을 잊지 말아야 한다. 목표를 작게 나눈 단계에 따라 하나씩 완성하다 보면 최종 목표에 점차 가까워지게 된다. 이 점을 명심하고, 지금 눈앞의 일에 집중하자. 지금 하는 모든 일이 미래의 성공을 위한 준비 과정이라는 점을 깨달으면 무슨 일이든 허투루 하지 않을 것이다.

'미국 건국의 아버지' 중 한 사람으로 손꼽히며 미국 역사상 가장 다재다능한 인물로 평가받는 벤저민 프랭클린_Benjamin Franklin, 1706~1790_은 자서전에 이렇게 썼다. "능력이 뛰어나지 않아도 좋은 계획만 있다면 큰일을 해낼 수 있다." 성공하는 사람들은 항상 계획을 세운다. 그리고 다른 사람의 지시를 기다리는 데 익숙하지 않으며, 언제나 스스로 판단해서 미리 움직인다. 매사에 미리 준비한다면 자신이 하는 일을 정확히 파악할 수 있을 뿐만 아니라 돌발적인 상황이 벌어져도 크게 방해받지 않을 것이다. 마치 홍수가 나기 전에 미리 방주를 만들어서 피해를 입지 않은 노아처럼 말이다.

낯선 곳을 찾아갈 때 약도가 있으면 훨씬 편리하다. 그렇다면 목표를 달성하기 위해 가장 먼저 할 일은 바로 성공으로 향하는 약도를 그리는 것이다. 이처럼 목표가 있으면 미리 계획하고 준비해야 한다. 또 그 목표에 도달하기 위해 할 일을 여러 단계로 작게 나누어 하나하나 수행해야 한다.

목표 도달을 위해 당신이 여러 일들을 수행했다면 그 일의 성공 여부는 그 일을 '얼마나 많이 했는지'가 아니라 '어떤 성과를 냈는지'로 판단해야 한다. 사람들은 언제나 일의 양과 성과를 구분하지 못하고 그저 일을 많이 하면 큰 성과를 얻을 수 있다고 여긴다. 그러나 단 하나라도 '의미 있는 일'을 했다면 그것이 곧 성공이다. 이 '의미 있는 일'의 바탕에는 언제나 방향이 뚜렷한 목표가 있게 마련이다.

생각보다 많은 사람들은 스스로가 정한 목표가 아닌 그저 전해오는 전통과 관례를 생각 없이 따르기만 한다. 스스로 성공을 위해서 무척 분주하게 움직인다고 생각하고, 실제로도 그렇다. 하지만 사실 그들은 성공에서 점점 멀어져갈 뿐이다.

목표를 뚜렷하게 정하면 이런 일이 벌어지지 않는다. 목표는 일정한 기간에 자신이 한 일을 평가하고 스스로 반성하도록 이끈다. 초점을 일의 성과에 맞추면 단순히 작업량으로 하루를 평가하지 않게 될 것이다. 가장 중요한 것은 성과다. 작은 목표들을 이루다 보면 더 적은 시간과 힘으로 더 많은 성과를 거두는 방법을 터득할 수 있다. 나아가 더 높은 단계의 목표를 세울 수 있고 자신과 타인을 훨씬 이성적으로 대할 수 있다. 그러면 가장 궁극적인 목표를 실현할 가능성이 더욱 커진다.

한 마리의
새를 향해
방아쇠를 당겨라

미국의 작가 존 제이 채프먼*John Jay Chapman, 1862~1933*은 이렇게 말했다. "역사적으로 존경받는 인물들은 목표가 컸다. 훌륭한 교향곡을 쓴 베토벤,《국부론》을 쓴 애덤 스미스와 같이 인류의 문화유산을 만들어낸 인물들은 오랜 시간이 흐른 후에도 여전히 사람들의 사랑과 존경을 받는다. 이런 업적은 한순간에 만들어진 것이 아니며, 그들의 크고 뚜렷한 목표와 강한 의지가 조화롭게 작용하여 탄생한 것이다." 그의 말처럼 큰 목표는 창의성을 자극해 더 큰 성과를 얻도록 한다.

목표를 이루고자 하는 추진력은 종종 상상을 뛰어넘는 효과를 발휘한다. 올림픽에서 메달을 딴 선수, 큰 기업의 대표들이 성공한 까닭은 기술적인 방법과 계획 외에도 일찍부터 큰 목표를 추구했기 때문이다.

큰 목표가 있다면 사명감과 책임감이 생긴다. 현재 상황이 어떠하든 어느 정도 큰 목표가 있어야만 전력을 다해서 그것을 이루고자 하는 마음가짐을 유지할 수 있다. 큰 목표를 달성하려면, 현재의 자신을 넘어서게 하는 잠재 능력을 끌어내어 발휘해야 한다.

큰 목표를 세우고 그것을 향해 나아간다면 빛나는 성공을 거둘 수 있다. 물론 위대한 성공은 언제나 기나긴 좌절을 겪은 후에 이루어진다. 하나의 난관을 힘들게 이겨낸다고 하더라도 아마 금세 또 다른 난관이 길모퉁이에서 출현할 테지만, 괴로워하고 있을 수만은 없다. 우선 모든 난관을 한꺼번에 깨끗이 처리할 수 없다는 사실을 알아야 한다. 성공은 그렇게 단번에 만들어지는 것이 아니다. 그래서 목표는 언제나 장기적이어야 한다.

당신이 가는 길을 방해하는 사람이나 일에 너무 신경 쓸 필요는 없다. 그것은 그저 일시적이며, 진정으로 당신의 발전을 방해하는 것은 오직 당신 자신뿐이다. 이 세상에서 당신의 성공에 가장 관심이 많고 그것을 잘 아는 사람은 바로 당신이다. 그러므로 다른 사람이 당신을 일시적으로 제지할 수는 있지만 결국 성공을 향해 나아갈지 말지를 결정하는 사람은 당신 자신이다. 장기적인 목표를 바라보며 나아간다면 절대 일시적으로 마주친 난관에 쉽게 굴복해서 포기하지 않을 수 있다.

어떤 일을 시작하는 단계에서 모든 장애물을 제거하고 난관을 해결한 후에 진행하겠다는 생각은 버리자. "위대함은 나이아가라 폭포의

급류처럼 한꺼번에 대량으로 쏟아지는 것이 아니라 천천히 한 방울씩 똑똑 떨어져 만들어지는 것이다."

| 나만의 과녁을 세워라

아무리 똑똑하고 재능이 넘친다고 하더라도 그 재능을 효과적으로 발전시키지 않거나 특정한 목표를 달성하기 위해 활용하지 않는다면 아무 소용이 없다. 뛰어난 사냥꾼은 절대 새 떼를 향해 방아쇠를 당기지 않으며 언제나 특정한 새 한 마리를 노린다.

특정한 목표를 정하면 목표를 달성하기 위한 집중도가 훨씬 높아진다. 사람들은 보통 '돈을 많이 버는 것' '큰 집을 사는 것', 혹은 '연봉이 많은 직장에서 일하는 것'이 목표라고 말한다. 그러나 이런 목표는 두루뭉술해서 이를 위해 정확히 무엇을 해야 하는지 알 수 없다.

목표는 사고 싶은 집의 '크기'나 '조건' 등을 포함하여 매우 명확하게, 특정한 것으로 묘사되어야 한다. 이렇게 사고 싶은 집의 조건을 정확히 이해하면 부동산 광고나 잡지에서 더 많은 정보를 얻을 수 있다. 또한 건축가가 집의 모형도를 보여주며 설명할 때 다양한 창의적인 아이디어를 제안할 수도 있다.

특정한 목표를 세우면 자신이 무엇을 알아야 하고 무엇을 해야 하는지 정확히 알 수 있다.

목표는 또한 구체적이어야 한다. 아이들은 자신의 꿈을 이야기할 때 종종 "나는 커서 대통령이 될 거야" "나는 훌륭한 사람이 될 거야"라고 말한다. 하지만 이런 목표는 너무 광범위하다. 목표가 구체적이면 그것을 향해 한 걸음씩 차근차근 나아가 더욱 쉽게 성공할 수 있다. 예를 들어 영어를 잘하고 싶다면 매일 단어를 몇 개씩 외울지, 일정 기간 안에 영어로 된 글을 몇 편 읽을지, 어떤 영어 잡지를 꾸준히 읽을지 등 구체적인 계획을 정확히 세우는 것이 좋다. 그러면 그 효과가 확연하게 눈에 띌 것이다.

이를 증명하기 위해서 목표의 구체성에 관해 진행된 실험이 있다. 먼저 실험 대상에게 모두 높이뛰기를 하게 했다. 그런 다음 180센티미터까지 뛴 사람들을 따로 모아서 두 그룹으로 나누었다. 그리고 첫 번째 그룹에는 "여러분은 185센티미터까지 뛰어야 합니다"라고 말하고 두 번째 조에는 "여러분은 더 높이 뛰어야 합니다"라고 말하고 나서 다시 높이뛰기를 하게 했다. 그 결과 첫 번째 조는 모든 사람이 185센티미터 이상을 넘었고, 두 번째 조는 180센티미터를 조금 넘게 뛰었다. 이런 결과가 나온 원인은 무엇일까? 첫 번째 조의 목표가 두 번째 조보다 훨씬 구체적이어서 조원들이 그것을 달성하고자 노력을 다했기 때문이다. 이것이 바로 목표의 구체성이 만들어내는 차이다.

기적을 만드는
최강의
목표 설정

목표를 세우려면 두 가지 과정을 거쳐야 한다.

첫째, 하루 동안 자신의 이상에 대해 생각한다.

먼저 최대한 외부의 방해를 차단해 생각의 흐름이 끊기지 않도록 한다. 한가로운 교외나 조용한 방 등 어디든지 편안하게 생각에 잠길 수 있는 곳을 선택하는 것이 좋다. 이때 종이와 펜, 그리고 좋아하는 책 한 권을 가져가자. 마음이 차분해진 것을 느끼면 다음의 질문을 자문하고, 준비한 종이에 답을 써보자.

1. 나에게는 어떤 재능과 천부적인 자질이 있는가? 나는 어떤 일을 할 때 다른 사람보다 뛰어날 수 있는가?

2. 내가 가장 좋아하는 것은 무엇인가? 어떤 일이 나를 흥분하게 하고 의욕적으

로 행동하게 하는가? 모든 것을 포기하고라도 반드시 하고 싶은 일은 무엇인가?

3. 나는 어떤 경험을 했는가? 그 경험들은 나에게 어떤 능력을 키워주었는가? 나는 이를 통해 어떤 일을 해낼 수 있는가?

4. 지금은 어떤 시대인가? 시대적인 환경과 정치, 경제적 조건들은 나에게 어떤 영향을 줄 것인가? 또 어떤 기회를 제공하는가?

5. 나의 친구들은 어떤가? 뛰어난 사람들인가? 재능이 있고 열정적인 사람들과 교류하면 어떤 기회를 얻을 수 있는가?

6. 정신적, 물질적인 것을 막론하고 내가 바라는 것은 무엇인가?

7. 나의 미래를 상상해보자. 나는 어떤 일을 해낼 수 있겠는가? 내 인생에서 가장 가치 있는 일을 무엇인가?

위의 질문들에 정확히 답변하고 기록해보면 자신이 진정으로 바라는 것과 궁극적인 목표가 무엇인지 파악할 수 있다. 물론 이 답은 변할 수 있다. 필요하다고 판단될 때 이 질문들을 다시 생각해본다. 해마다 다시 해보는 것이 가장 좋다. 이 질문들에 답하면서 계속 목표를 수정하고 보완하다 보면 몇 년 후에는 목표가 바뀔 수도 있다. 몇 년 동안 목표가 바뀌지 않았다면, 그것이 바로 인생의 궁극적인 목표다.

둘째, 충분한 시간을 들여 현재 상황을 돌아보자.
이것은 반드시 필요한 과정이므로 절대 시간 낭비라고 생각하지 않길 바란다. 첫 번째 과정을 마친 후에 다음의 질문에 답하고 똑같이 종이에 써보자.

1. 나의 능력, 재력, 인맥 등의 조건을 충분히 활용하는가?
2. 현재 나를 둘러싼 주변 환경, 예를 들어 정부 정책, 경제 상황 등은 나의 일에 어떤 영향을 미치는가?
3. 나는 그런 환경에서 어떤 기회를 얻을 수 있는가?
4. 나의 자신감과 의지가 충분하고 다른 조건이 좋다면 어떤 목표까지 도달해야 하는가? 이때 목표는 크게 잡는다는 점을 유념하자.
5. 친한 사람 중에 목표가 비슷한 사람이 있는가? 어떻게 하면 그들과 함께 성장할 수 있는가?

이런 질문들을 생각해보면서 인생의 목표를 더욱 명확히 세울 수 있을 것이다.

또한 '무조건 성공하는' 목표를 세우고 싶다면 가능한 한 구체적인 수치를 설정하자. 예를 들어 30만 달러 혹은 300만 달러를 벌겠다든지, 아니면 어떤 수영 대회나 마라톤 대회에서 몇 등 안에 들겠다고 마음먹는 것이다.

마음속의 목표는 반드시 명확하게, 구체적으로, 가능한 한 숫자를 이용해서 세워야 한다. 그래야만 목표가 훨씬 뚜렷하게 보이기 때문이다.

벽돌을 하나씩 차곡차곡 쌓아야 건물을 지을 수 있고, 경기의 중요한 순간마다 득점을 해야만 승리할 수 있는 법이다. 또 과학계에서 성과를 인정받으려면 같은 실험을 여러 차례 반복해야 한다. 이와 마찬가지로 성공은 매순간의 노력이 모여 이루어진다. 오늘 내가 이룬 작은 성공이 쌓이다 보면 미래의 큰 성공이 이루어질 것이다.

명심하자. 목표를 달성하는 가장 효과적인 방법은 바로 일을 차근차근 처리하면서 한 발씩 앞으로 나아가는 것이다. 영업사원이라면 계약을 하나씩 성공시켜나가 더 높은 관리직에 오를 수 있다. 또 부서의 말단 직원은 자신에게 맡겨진 일이 그다지 중요해 보이지 않을지라도 성실하게 해내다 보면 분명히 원하는 성공을 이룰 수 있을 것이다. 또 과학자들은 연구 과정에서 거쳐야 하는 작은 실험들을 하나씩 수행해나간 끝에 새로운 이론을 발견할 수 있을 것이다.

오는 것이 빠르면 가는 것도 빠른 법이다. 어느 날 갑자기 성공했다가 또 하루아침에 실패하는 사람들의 성공은 진짜가 아니다. 그렇게 갑작스러운 성공은 그만한 실력이 바탕에 깔려 있지 않아 오래가지 못한다. 종종 단번에 유명해진 사람들이 있다. 하지만 그들의 과거를 자세히 살펴보면 그들을 유명해지게 한 성공이 결코 유명세처럼 우연히 이루어진 일이 아니라는 것을 알게 될 것이다. 그들은 아주 오래전부터 성공을 위해 기초를 견고하게 다져왔기에 성공을 이루고 이름을 알릴 수 있었던 것이다.

아름다운 건축물은 아름답지 않은 벽돌들을 하나씩 쌓아서 세운 것이다. 성공도 마찬가지다.

당신의 목표는 당신이 정한 것이므로 그 성공 여부도 온전히 당신에게 달렸다. 이것은 그 누구도 대신할 수 없다. 그렇다면 이제 당신이 해야 할 일은 무엇일까? 언제 어떤 방법으로 행동해야 할까? 깊이 생각하고 나서 실현 가능한 목표를 정했다면 이제 할 일은 '바로 행동'하는 것이다. '바로 행동'하는 것은 말로 그치는 것이 아니라 습관이 되어야 한다.

지금 당장 행동하라! 당신의 의식이 '바로 행동'해야 한다고 신호를 주면 정말로 '바로 행동'해야 한다. 이런 습관이 바로 성공한 사람들의 비결이다. 이런 행동 습관은 성공을 위한 일뿐만 아니라 생활의 각 방면에 적용할 수 있다. 별로 하고 싶지 않지만 해야 하는 일이 있을 때는 절대 미루지 말고 신속하게 완성해야 한다. 이렇게 해야만 한 번 지나치면 절대 되돌아오지 않는 소중한 기회를 놓치지 잡을 수 있다.

HAVING FUTURE

4장

성공하는 사람의 하루는
남보다 길다

시간은 자산이나 인맥 혹은 생산 설비처럼 어떻게 사용하느냐에 따라 매우 효율적인 자산이 될 수 있다. 하지만 다른 것들과 달리 저축할 수 없고, 되돌릴 수도 없으며, 다시 만들어낼 수도 없다는 점에서 큰 차이가 있다. 시간은 그것을 귀중히 여기는 사람에게는 크나큰 자산이 될 수 있고, 그것을 낭비하는 사람에게는 일종의 징벌이 될 수도 있다. 시간을 효과적으로 이용해 그 가치를 높이는 것은 생명을 연장하는 것에 견줄 정도로 중요하다.

당신이 무엇을
계획하든
지금 당장 시작하라

| 끝까지 해내는 사람

경영인, 장인, 군인, 과학자, 공무원 등. 어떤 분야에 종사하든 모든 일은 매우 신중하게 진행해야 한다. 기업의 관리자들은 중요한 일을 맡길 직원을 뽑을 때 일반적으로 이런 것을 알고 싶어 한다. "이 일을 정말로 원하는 사람인가?" "이 일을 끝까지 해낼 수 있는가?" "난관에 부딪혔을 때 해결할 능력이 있는가? 아니면 쉽게 포기할 것인가?" "추진력이 있는가? 시작하기도 전에 포기해버리는 사람은 아닌가?" 이런 질문들에 만족할 만한 대답을 얻을 수 있는 사람이어야 중책을 맡길 수 있을 것이다.

사실 위의 질문들은 모두 그 사람이 '하기로 했으면 끝까지 하는' 사람인지를 알고자 하는 것이다. 아무리 완벽한 계획이라도 실제로 그것을 수행하다 보면 부족한 점이 드러나게 마련이다. 이때 난관에 부딪혔다고 좌절해서 그만둬버리면 아무 의미가 없다. 설령 그다지 완벽하지 않은 계획이고 수행 과정에서 문제점이 생겨도, 끝까지 해내고자 한다면 반드시 얻는 것이 있을 것이다. 무슨 일이든 처음 시작할 때의 적극성과 추진력을 유지한다면 분명히 성공할 수 있다.

여러 분야의 지도자들은 최고의 직원이라도 누구나 약간의 부족한 점이 있다고 여긴다. 직원들 또한 자신의 재능을 충분히 발휘하지 못하고 있다고 생각한다. 한 기업의 임원은 이렇게 말했다. "자격과 경력이 뛰어난 사람은 많아요. 하지만 아주 중요한 요소 단 한 가지가 부족하죠. 그것은 바로 끝까지 해내겠다는 의지입니다."

최초의 현대적 백화점 워너메이커의 설립자이자 마케팅 분야의 개척자로 인정받는 미국의 사업가 존 워너메이커*John Wanamaker, 1838~1922*는 이렇게 말했다. "생각만 하고 실천하려 하지 않는 사람은 어떤 일도 이루어낼 수 없다." 무슨 일을 하든 '적극적이고 주동적인' 사람은 성과의 크기에 관계없이 언제나 행동에 옮기고 성공한다. 끊임없이 무언가를 하고 모든 일을 해결하려고 하며, 그 과정에서 계획을 완성해나간다. 반대로 '소극적이고 피동적인' 사람들은 포부가 없어 아무런 일도 하지 않는다. 대부분 평계를 찾는 것이 몸에 배어 있어서 무슨 일이든 미루는 것을 좋아하며 그 일이 '꼭 할 필요는 없는 것' '이 일을 할 능력이나 시간이 없음'을 증명하려고 한다.

어떤 일에 맞닥뜨렸을 때 많은 사람이 그 일을 정말 해야 할지를 고민한다. 그리고 대부분 사람은 모든 조건이 완벽해지고 자신에게 100% 유리한 상황이 될 때까지 기다렸다가 행동하려고 한다. 하지만 우리가 바라는 완벽함은 이 세상에 없다. 그것이 갖춰질 때까지 기다리기로 했다면 영원히 기다리기만 해야 할 것이다.

성공하는 사람들은 문제가 생기기 전에 그 싹이 될 만한 것들을 미리 잘라 없앤다. 더 중요한 점은 문제가 생겼을 때 과감하게 그에 맞서 주동적으로 해결하려 한다는 것이다. 성공하고 싶다면 당신의 그 완벽주의는 어느 정도 누그러뜨려야 한다. 그렇지 않으면 영원히 기다림의 늪에 빠져 헤어나오지 못할 것이다. 길을 가다가 물을 만나면 직접 다리를 놓아 건너겠다는 정신이 필요하다. 중요한 일의 결정을 앞두었을 때 이것을 정말 해야 하나 말아야 하나 하는 고민, 마음속의 심란함 등은 어떻게 없애야 할까? 아마 다음의 이야기가 힌트를 줄 수 있을 것이다.

20대의 평범한 회사원인 제이미는 아내, 아들과 함께 살고 있다. 현재 제이미와 아내가 가장 바라는 것은 지금보다 조금 더 나은 환경의 작은 아파트다. 아들에게 놀이 공간을 주고 자신들도 좀 더 편안하게 생활할 수 있는 새집을 사고 싶었다.

하지만 수입이 많지 않은 제이미 부부에게 집을 사는 것은 간단한 일이 아니다. 집값을 나누어 낸다고 하더라도 처음에 내는 계약금이 결코 적은 금액이 아니기 때문이다. 어느 날 제이미는 이번 달에 집세로 내야 할 수표에 사인하면서 화가 치밀어 올랐다. 지금 내는 집세와 집을 샀을 때 분기별로 내야 하는 금액이 별 차이가 없었기 때문이다. 매달 집세로 날리는 돈을 생각하면 제이미는 지금 집을 사야 한다고 생각했다. 문제는 계약금이었다.

제이미는 아내와 상의했다. "우리 다음 주에 집 보러 가자. 당신 생각은 어때?"

"무슨 말이에요? 우리가 어떻게 집을 사요?" 아내는 제이미가 농담한다고 생각했다. "우리가 계약금도 내기 어려운 상황이란 거 잊었어요? 농담하지 마요."

제이미는 포기하지 않고 아내에게 설명했다. "미국에서 수십만 쌍의 부부가 우리처럼 집을 사고 싶어 해. 하지만 그중에서 정말로 집을 사는 사람은 절반밖에 안 되지. 나머지 절반은 집을 사기 위해 끊임없이 재정 계획을 짤 거야. 하지만 금세 포기하고 말아. 우리도 그런 사람들처럼 기다리고만 있을 수는 없어. 비록 지금은 계약금도 내기 어려운 상황이지만 방법을 찾아야지. 방법은 분명히 있을 거야."

제이미와 아내는 결국 집을 사기로 하고, 다음 주에 마음에 드는 집을 찾았다. 가장 큰 문제는 계약금 1,200달러를 마련하는 것이었다. 우선 제이미는 자신의 신용 등급이 낮아 은행 대출이 어려울 것이라고 생각했다. 그래서 대부업자를 찾아갔다. 대부업자는 매우 냉담한 태도로 대했지만 제이미는 물러서지 않았다. 그는 결국 매달 이자와 함께

100달러씩 갚기로 하고 대부업자에게서 돈을 빌렸다.

일단 내야 할 계약금은 해결되었다. 이제 남은 문제는 지금보다 매달 100달러씩 더 벌어야 한다는 것이었다. 제이미와 아내는 한 달 수입과 지출 계획표를 상세하게 짜보았다. 그랬더니 현재 생활비에서 매달 25달러를 절약할 수 있었다. 그렇다면 매달 75달러씩 더 벌면 되었다. 제이미는 이번에는 회사의 사장을 찾아가 이렇게 말했다.

"집을 사려면 매달 75달러씩 더 벌어야 합니다. 제 월급을 올려야 할 때가 되면 사장님이 올려주실 거라고 믿어요. 하지만 저는 지금 돈이 필요합니다. 그래서 혹시 회사에서 주말에 할 일이 있다면 제가 맡아서 하고 싶습니다. 가능할까요?"

사장은 제이미의 태도를 무척 마음에 들어 하며 그에게 주말에 할 일을 주었다. 제이미는 그 후 주말마다 일해서 매달 10시간씩 추가 근무를 했다. 이렇게 해서 제이미의 세 가족은 마침내 새 아파트로 이사할 수 있었다.

제이미의 이야기에서 우리는 세 가지를 알 수 있다.

첫째. 제이미는 목표를 이루고자 하는 강한 의지가 있었다. 그는 목표를 달성하기 위해서 온갖 방법을 생각했고 그 방법을 실천하여 마침내 목표를 이룰 수 있었다.

둘째. 제이미는 자신과 가족에게 필요한 것을 이루어냈다. 만약 그가 결정하고 행동하는 것을 계속 미루었다면 제이미의 가족은 영원히 새 집으로 이사하지 못했을 것이다.

셋째. 이 성공은 제이미의 자신감을 더욱 높일 것이다. 나중에 더 큰 일이 닥쳤을 때 제이미는 이때의 경험을 토대로 더 잘 해낼 수 있을 것이다.

일을 시작하기도 전에 실패의 핑계를 찾는 사람은 절대 성공할 수 없다. 하고자 하는 마음이 있다면 바로 행동해야 한다. 자신을 위해 늘 어놓는 변명은 당신의 계획을 점점 땅 속 깊이 파묻을 뿐이다. 그러다가 문득 정신을 차리고 다른 사람이 성공한 모습을 본다면 괴롭기 그지없을 것이다.

"내가 그때 그 일에 뛰어들었다면 나는 벌써 부자가 되었을 거야!" "사실 나도 그렇게 생각했어. 단지 하지 않았을 뿐이야." 우리는 주변에서 이런 말을 자주 듣는다. 예전에 어떻게 해야 했는데 그렇게 하지 못했다고 이야기하는 것은 실패한 사람들의 습관적인 표현이다. 매우 창의적인 좋은 아이디어가 있는데도 그것을 이용하지 않고 이런저런 이유를 들며 하지 않으려 든다면, 손만 뻗으면 잡을 수 있는 성공을 멀리 내쫓는 것과 마찬가지다. 이것만큼 바보 같고 슬픈 일은 없다.

일단 뛰어들어 일을 시작한다면 당신은 금전, 지위, 경험, 자신감 등 각종 즐거움과 만족을 느낄 수 있다. 생각해보자. 지금 당신의 머릿속에 창의적인 아이디어가 있는가? 그렇다면 지금 당장 그것을 실현할 계획을 시작하자.

빠른 행동력은 두려움과 게으름을 극복한다

| 새로운 시작에 대한 두려움

주변을 둘러보면 다른 사람보다 먼저 일을 시작하는 사람은 언제나 자신감으로 가득한 것을 쉽게 알 수 있다. 반대로 행동하는 것을 주저하고 미루기만 하는 사람은 새로운 것에 공포를 느낀다. 이러한 공포감을 극복하는 가장 좋은 방법은 바로 행동하는 것 외에는 없다. 사람들은 공포감을 없앤 후에 행동하려고 계속 일을 미루지만, 그러다 보면 잡생각이 많아져서 공포감은 배가 되고 자신감은 더욱 없어진다.

이런 일은 우리 생활에서 쉽게 찾아볼 수 있다. 낙하산 부대를 훈련시키는 한 장교가 이런 말을 했다. "낙하산을 메고 뛰어내리는 것 자체는 정말 즐거운 일입니다. 대부분 병사가 참기 힘들어하는 것은 '뛰는 순서를 기다릴 때'예요. 그래서 저는 병사들에게 '가능한 빨리' 뛰어내려서 기다리는 시간이 금방 지나가도록 하라고 말합니다. 사람의 상상력은 무척 뛰어나서 그저 '발생할 가능성이 있는 일' 때문에 심지어 기절하기도 하거든요. 병사들이 자기 차례를 기다리다가 혼절하는 일이 비일비재해요. 그런 병사들에게 다시 뛰어내리도록 격려하지 않는다면 그들은 영원히 낙하산 부대의 일원이 될 수 없겠죠. 낙하산을 매고 뛰어내리는 것을 미루면 미룰수록 공포감은 배가 되고 자신감은 사라집니다."

기다림은 심지어 한 분야의 전문가들조차 신경이 곤두서게 한다. 미국 CBS의 유명 앵커인 에드워드 머로*Edward Murrow, 1908~1965*는 마이크 앞에 앉으면 긴장한 나머지 언제나 머리카락이 젖을 정도로 땀을 흘린다고 고백했다. 그의 긴장은 뉴스의 시작을 알리는 음악이 흘러나온 후에야 비로소 사라진다. 오랫동안 연기해온 베테랑 배우들도 마찬가지다. 그들은 무대 공포증을 없애는 가장 좋은 방법은 바로 무대에 오르는 것이라고 말한다. 무대 뒤에서 느낀 공포와 긴장은 무대 위에 서면 바로 사라진다.

이 이야기들은 공포를 없애는 가장 좋은 방법이 바로 행동이라는 사실을 증명한다. 하지만 대부분 사람은 안타깝게도 이 점을 알지 못한다. 그들은 공포에 대응하는 방법이 '하지 않고 버티는 것'이라고 생각한다. 그러나 이 방법은 스스로 공포의 늪에 빠져드는 것과 같다. 영업 사원들과 이야기를 나누어보면 많은 사람이 고객을 만나기 전에 긴장한다는 것을 알 수 있다. 그들은 긴장을 해소하기 위해 우선 고객이 있는 장소의 부근을 맴돌거나 커피를 마신다. 이런 방법이 자신에게 마음의 평정을 가져다주기를 바라면서 말이다. 하지만 상황은 더 안 좋아질 뿐이다. 이런 방식으로는 긴장을 해소할 수 없고, 오히려 더 풀이 죽어 용기를 잃고 행동할 마음조차 없어질 뿐이다.

만약 당신이 영업사원이라고 해보자. 전화로 물건을 판매해야 하는데 고객이 어떻게 반응할지 걱정되는가? 그렇다면 바로 수화기를 들고 번호를 눌러야 한다. 주저하면 할수록 전화 걸기는 점점 싫어질 뿐이며, 판매 기회는 점점 멀어질 것이다.

건강 검진을 할 때가 되었는데도 할까 말까 주저하지는 않는가? 병원에는 가지 않고 그저 집에 앉아서 병에 걸렸다는 진단을 받을까 봐, 아니면 병에 걸렸는데도 검사에서 드러나지 않을까 봐 걱정한다면, 아마 그 걱정이 당신을 병들게 할 것이다. 지금 당장 병원에 가서 검사를 받는다면 모든 의심과 염려는 사라질 것이다. 당신은 아무런 병에도 걸리지 않았으며 오히려 아주 건강하다는 진단을 받을 것이다. 혹시 무슨 병에 걸렸다 하더라도 바로 발견하여 하루라도 일찍 치료할 수 있다. 상사에게 당신의 의견을 제시하고 싶은데 상사가 별로 좋아하지 않을까 봐 걱정하는가? 그렇다면 당장 상사를 찾아가서 이야기를 나누어보자. 그러면 아마 당신이 상상한 것처럼 상사가 딱딱하고 무서운 사람은 아니라는 것을 깨닫게 될 것이다.

의심과 우려, 긴장과 공포를 극복하는 가장 좋은 방법은 행동이다.

행동함으로써 근심과 걱정은 사라지고 자신감은 더욱 강해질 수 있다.

| 게으름에서 벗어나고 싶다면

아마 많은 사람이 아침에 잠자리에서 일어날 때마다 조금 더 자고 싶어 꾸물거리며 시간을 낭비할 것이다. 그럴 때는 이불을 젖히고 침대 아래로 발을 뻗어 땅을 딛고 일어서는 자신을 머릿속에 떠올려보자. 그리고 그 상상대로 움직이면 된다. 몸은 움직였으나 눈이 떠지지 않았다고 해도 관계없다. 이 동작만으로 당신은 벌써 성공적으로 게으름을 극복한 셈이니까.

다음의 두 가지 방법을 몸에 익혀보자.

○ 자동화된 기계처럼 행동하라

싫어하지만 어쩔 수 없이 해야 하는 일을 할 때는 당신이 그것을 얼마나 싫어하는지 떠올릴 틈을 주지 말고 바로 시작해야 한다. 실제로 하다 보면 그렇게 귀찮은 일도 아닐뿐더러 생각보다 빨리 일이 끝날 것이다.

설거지를 좋아하지 않는 대부분 주부는 그릇을 더 이상 쌓아놓을 수 없을 때까지 설거지를 미룬다. 그러고는 너무 하기 싫다는 마음에 불만이 가득한 채로 설거지를 시작한다. 하지만 조금 더 현명한 주부들은 식사를 마치자마자 바로 그릇을 들고 싱크대로 가서 설거지를 시작한다. 그렇게 몇 분이면 설거지를 해야 한다는 심리적 압박을 느끼지도 느낄 새도 없이 일이 끝난다. 이렇게 바로 행동하는 습관을 들이면 마치 자동화된 기계처럼 하기 싫다고 느낄 새도 없이 임무를 완수할 수 있다.

누구나 싫어하는 일이 있다. 그렇다면 그것이 정말 싫다는 생각이 들기도 전에 시작하라. 이 훈련은 각종 자질구레한 일을 매우 효과적으로 해낼 수 있도록 도와준다.

○ 행동으로 생각을 자극하라

연필 한 자루, 종이 한 장을 준비해서 지금 생각하는 것을 써보자. 특별한 형식 없이 생각나는 대로 적는 것이다. 계속하다 보면 어느새 잡념이 사라지고 지금 종이에 적는 일에만 집중하게 될 것이다. 사람들은 보통 동시에 두 가지 이상을 생각할 수 없기 때문이다. 이렇게 종이에 쓴 일은 당신의 머릿속에 좀 더 명확하고 구체적으로 기억될 것이다. 이것은 많은 실험으로 이미 증명된 사실이다.

어떤 일에 관해 생각할 때 그것을 종이에 써보는 습관을 들이면 심리 혹은 외부의 영향을 받는 일이 줄어들 것이다. 그뿐만 아니라 곧 그 일을 해결할 번뜩이는 아이디어가 떠오를 것이다. 이 방법은 분명히 해볼 만한 가치가 있다.

| 생각과 동시에 행동하는 사람

인생은 시간 게임과 같다. 우리는 남들보다 많은 시간을 확보하거나, 아니면 정해진 시간 안에 최대한 많은 일을 해내야 한다. 이런 게임에서 미루고 주저하다가는 아무런 기회도 얻지 못하고 도태되고 말 것이다.

한 기업 경영자는 사원들에게 이렇게 말했다.

"지금 우리에게 가장 필요한 것은 바로 '생각하는 동시에 행동하는 사람'입니다. 나는 생산과 영업 중에 어느 한쪽이 특별히 뛰어나기를 바라지 않습니다. 우리는 이 두 가지를 동시에 잘해야 합니다. 지금 여러분이 잘하지 못한다는 것이 아닙니다. 여러분이 열심히 일한다는 것을 잘 알고 있습니다. 하지만 우리가 다른 기업들을 앞서 나가려면 새로운 상품, 새로운 시장, 그리고 새로운 업무 진행 과정이 필요합니다. 그리고 이 모든 것은 오직 적극적이고 주동적인 사람, 책임감이 뛰어난 사람, 바로 '생각하는 동시에 행동하는 사람'만이 만들어낼 수 있습니다."

외부의 요구나 압박이 없어도 자발적으로 일을 시작하고 효과적으로 해내는 사람을 주동적인 사람이라고 한다. 이런 사람들은 어떤 분야에 종사하든 두드러지게 마련이며, 빠르게 사람들의 인정을 받고 높은 직위에 오를 가능성이 크다.

일할 때는 언제나 적극적이고 주동적이어야 한다. 이것은 수많은 위인의 공통된 특징이기도 하며 종종 현명함, 재치, 과감함 등으로 드러난다. 유럽 역사상 가장 위대한 군사 지도자로 인정받는 나폴레옹 *Napoleon Bonapart, 1769~1821*은 군대를 이끌고 작전 지점으로 이동하던 중에 적군의 작전에 빠져 큰 골짜기에 갇히고 말았다. 그러나 나폴레옹은 절대 자신의 계획을 포기하지 않았다. 그는 행렬의 가장 앞에 서서 용감하게 돌진하며 적군을 쓰러뜨리고 그들의 시체를 넘어 골짜기를 통과하고야 말았다. 또한 크리스토퍼 콜럼버스*Christopher Columbus, 1450~1506*는 항해하기로 결정을 내리고 그것을 실행했기에 아메리카 대륙을 발견할 수 있었다. 그가 결정을 미루다가 포기했다면 절대 신대륙을 발견할 수 없었을 것이다. 주저하면 행동은 미뤄지고 당신은 선택의 기다림에 빠지게 된다. 이와 반대로 적극적이고 주동적으로 행동하면 당신의 최종 목표를 이루어낼 수 있다.

일단 결정하면 바꾸기가 쉽지 않다. 당신에게 필요한 것은 결정을 밀고 나가는 힘이다. 그것이 부족하다면 실패는 불 보듯 뻔하다. 자신이 노력해야 할 방향조차 파악되지 않는다면, 눈을 감고 생각에 잠겨보자. 얼마 후 눈을 떴을 때는 눈을 감기 전보다 방향이 더욱 뚜렷해졌을 것이다.

당신의 성공에 더 큰 영향을 주는 것은 '미래'나 '앞으로'가 아니라 바로 '지금'이다. "지금 이렇게 해야겠어"와 "앞으로 이렇게 해야겠어"라는 말이 만들어내는 효과의 차이는 엄청나다. '언젠가' '앞으로' 다음번에' '미래에' 같은 단어는 사실 '영원히 하지 못함'이라는 의미를 내포한다. 많은 계획이 이런 식으로 순진하게 미래를 기대하다가 사라지고 만다. 이와 반대로 '지금' '현재'라는 말은 언제나 '실현할 수 있음'을 의미한다. 오늘 할 수 있는 일을 내일로 미루지 마라. 친구에게 편지를 써야겠다고 생각했다면 지금 당장 써야 한다. 어떤 사업을 구상했다면 지금 당장 실행에 옮겨야 한다. 내일, 모레, 혹은 언젠가 하겠다고 생각하면 아무 일도 해낼 수 없을 것이다. 해야 할 때, 가장 하기 좋을 때를 기다리는 자세는 좋지 않다. 오늘날처럼 치열한 경쟁 사회에서 좋은 때를 기다리는 당신에게는 영원히 그런 기회가 찾아오지 않을 것이다.

'현재'에 집중한다면 당신이 해낼 수 있는 일은 훨씬 많아질 것이다. 반대로 일하면서 늘 '앞으로의 어느 날'을 생각한다면 아무런 일도 이루어낼 수 없다.

"기억하세요, 시간은 돈입니다"

| 숨어있는 시간을 찾아라

벤저민 프랭클린은 다음과 같은 말들을 남겼다.

"인생을 사랑합니까? 그렇다면 시간을 낭비하지 마십시오. 시간은 인생을 만드는 재료입니다."

"기억하세요, 시간은 돈입니다. 매일 10실링을 버는 사람이 있습니다. 그가 하루의 절반 동안 빈둥거리며 노느라 6펜스를 썼다면, 소비가 많지 않다고 생각할 것입니다. 하지만 그는 놀지 않았을 때 벌 수 있는 5실링도 잃어버린 것입니다."

시간이 얼마나 중요한지 알려주는 프랭클린의 이 말들을 명심하자. 성공하기를 바란다면 시간의 중요성을 잊어서는 안 된다. 시간은 기회이며, 부유함이고 동시에 성공이다. 성공과 실패는 시간을 합리적으로 분배했는가에 따라 결정된다. 그래서 시간을 최대한 이용할 수 있는가가 무엇보다 중요하다. 하루의 시간을 잘 나누어 사용하지 않는다면 아무리 열심히 일하고 에너지를 쏟아도 일은 엉망진창이 될 것이며 제대로 된 결실을 얻지 못할 것이다. 우리는 대부분 30분의 중요성을 모른 채 이렇게 짧은 시간에는 아무 일도 할 수 없다고 생각한다. 하지만 생각해보자. 그 30분이 몇 번 모이면 얼마나 많은 시간이 되겠는가? 일주일? 한 달? 1년? 3년? 생각해보면 그 짧은 시간들을 알차게 쓰지 않는 것이 얼마나 큰 낭비인지 깨닫게 될 것이다.

이런 자투리 시간을 이용하고 안 하는 것의 차이는 무척 크다. 당신이 다른 사람보다 하루에 30분 더 책을 읽는다면 1년 혹은 2년 후에 얼마나 많은 지식을 얻을 수 있겠는가? 10년 후라면 차이는 더욱 커질 것이다.

우리는 전화를 발명한 사람이 알렉산더 그레이엄 벨*Alexander Graham Bell, 1847~1992*이라는 사실을 잘 알고 있다. 그런데 엘리샤 그레이*Elisha Gray, 1835~1901*라는 사람도 벨과 거의 동시에 전화를 연구해 발명했다는 사실은 상대적으로 널리 알려져 있지 않다. (두 사람은 서로 모르는 사이다.) 벨이 전화기의 발명자가 된 것은 그레이보다 2시간 먼저 특허 사무국에 가서 등록했기 때문이다. 이렇게 보면 단순히 행운의 여신이 벨의 편에 서 있었다고 이야기할 수도 있다. 하지만 이 에피소드를 통해서 우리는 시간이 얼마나 중요한지 알 수 있다.

시간은 당신이 가장 중요하게 생각해야 하는 자산이다. 당신에게 주어진 시간을 정확하게 파악했을 때 운명의 여신도 당신의 편에 설 것이다. 시간을 낭비하는 것은 인생을 낭비하는 것이다.

| 효율이 생명이다

시간은 자산이나 인맥 혹은 생산 설비처럼 어떻게 사용하느냐에 따라 매우 효율적인 자산이 될 수 있다. 하지만 다른 것들과 달리 저축할 수 없고, 되돌릴 수도 없으며, 다시 만들어낼 수도 없다는 점에서 큰 차이가 있다. 시간은 그것을 귀중히 여기는 사람에게는 크나큰 자산이 될 수 있고, 그것을 낭비하는 사람에게는 일종의 징벌이 될 수도 있다. 시간을 효과적으로 이용해 그 가치를 높이는 것은 생명을 연장하는 것에 견줄 정도로 중요한 일이다. 너무 과장된 비유라고 생각된다면 다음의 수학 문제를 살펴보도록 하자.

사람의 수명을 80년이라고 생각했을 때, 우리는 평생 약 70만 시간을 사용할 수 있다. 그중에서 일하는 데 대략 40년, 즉 35만 시간을 사용할 것이다. 그렇다면 꼭 필요한 수면과 휴식 시간을 제외하면 우리가 이용할 수 있는 시간은 고작 2만 시간뿐이다. 이 시간을 활용해서 삶의 가치를 실현해야 하는 것이다. 이 시간 동안 효율을 높인다면 다른 사람과 같은 조건에서 더 많은 일을 할 수 있다. 그래서 '효율이 곧 생명'인 것이다.

미국의 메사추세츠 공과대학MIT에서는 다양한 분야의 경영인 3,000명을 대상으로 시간 관리에 관해 조사했다. 그 결과 조사 대상들은 한 명도 예외 없이 시간을 잘 분배해서 사용할 줄 알았으며 항상 최선을 다해서 시간 낭비를 가능한 한 줄이려 했다.

현대 경영학을 창시한 학자로 평가받는 미국의 경영학자 피터 드러커Peter Drucker, 1909~2005는 자신의 저서《피터 드러커 자기경영노트》를 통해 이렇게 말했다. "자신의 시간을 파악하는 일은 누구든지 할 수 있는 일이다. 그리고 그것은 성공을 향해 나아가는 가장 효과적인 방법이다." 어떻게 해야 시간을 관리해서 효율을 높일 수 있을까? 여러 전문가의 의견을 종합해보았을 때 다섯 가지 방법으로 압축할 수 있다. 이를 명심하고 당신의 시간을 가장 효율적으로 활용해 효과를 극대화해야 한다.

· 한정된 시간을 가장 중요한 일에 투입하라.
· 일을 해야 할 적당한 시기를 파악하고 적은 시간과 에너지로 성과를 만들어라.
· 스스로 제어할 수 있는 '자유 시간'과 타인 혹은 다른 일과 함께 반응해야 하는 '소통 시간'을 구분하라
· 자투리 시간을 이용해 일상의 자질구레한 일들을 해결하라.
· 정보 교류와 소통의 기회가 되는 회의 시간을 잘 활용하라.

| 여가 시간은 아무것도 안 하는 시간?

많은 사람이 "시간 나면 다시 해야겠다!"라고 말한다. 이 말만 들으면 마치 그 사람이 무척 바쁘고 해야 할 다른 일이 많은 것처럼 보인다. 하지만 이런 말을 하는 사람 중에 실제로 시간이 없는 사람은 없다. 지금 미룬 일들은 절대 다시 시작되지 않을 것이다. 다시 말해 '시간이 생기면'이라는 조건은 영원히 실현되지 않을 것이다. 시간이 나면 쉬어야겠다고 생각하지만 당신에게는 절대 쉴 시간이 생기지 않는다. 또 지금은 조금 쉬고 시간 날 때 할 일을 해야겠다고 생각한다면 일할 시간은 절대 생기지 않을 것이다.

성공한 사람들은 그들만의 쉬는 방법이 있었다. 그들도 휴가를 즐기고 여가를 보내지만 보통 사람들과 달리 오락거리를 찾지는 않았다. 천재적인 물리학자 알버트 아이슈타인Albert Einstein, 1879~1955은 특허국에서 일하던 젊은 시절 '올림피아 아카데미'라는 모임을 만들어서 쉬는 날에도 친구들과 과학에 관해 토론했다. 이를 통해 그는 자신의 연구에 많은 힌트를 얻을 수 있었다. 영국의 케임브리지 대학은 과학자들의 창의력을 북돋우기 위해 차 마시는 시간에 모여서 서로 학술 성과를 교류하는 시간을 보내도록 권장했다.

여가를 이용해서 자신이 종사하지 않는 다른 분야에서 성과를 거둔 사람도 있다. 17세기 최고의 수학자로 손꼽히는 피에르 페르마Pierre de Fermat, 1601~1665는 원래 프랑스 툴루즈 지방의 변호사였다. 그러면서도 그는 개인 시간에 확률과 기하학 등을 연구해 큰 성과를 거두었다. 대주교의 비서이자 의사였던 니콜라우스 코페르니쿠스*Nicolaus Copernicus, 1473~1543*는 지동설을 제창해서 천문학의 발전에 크게 공헌했다. 이들은 언뜻 보면 '도무지 한가하게 쉬지 않는 사람'이었지만, 각 방면의 사람들과 교류하면서 여가를 충실히 보낸 사람들이다. 이 밖에도 러시아의 대문호 레프 톨스토이*Lev Nikolayevich Tolstoy, 1828~1910*는 키예프에서 경험이 많은 농부에게 가르침을 구했다. 또 진화론에 가장 큰 기여를 한 찰스 다윈*Charles Robert Darwin, 1809~1882*은 언제나 노동자, 어부, 교사들에게서 새로운 것을 배우고자 했고 여기에서 얻은 것이 훗날 그의 과학적 성과에 큰 영향을 주었다. 이들에게서 공통점을 찾을 수 있다. 바로 여가에 편안한 휴식이나 즐거운 오락을 기꺼이 포기하고 더 가치 있는 일을 하고자 한 것이다.

많고 적음의 차이는 있겠지만 모든 사람에게는 휴식 시간이 있으며, 저마다 이 시간을 다양하게 이용한다. 신문이나 책을 보며 보내는 사람도 있고, 교외로 나가 몸과 마음을 편히 쉬게 하는 사람도 있다. 또 어떤 사람은 모임에 나가서 새로운 사람을 사귀기도 한다. 그림을 그리거나 글을 쓰는 사람도 있다. 이런 사람들은 모두 자신에게 유익한 방법으로 여가를 보낸다. 반면에 이 시간을 몸과 마음에 모두 해가 되는 방식으로 이용하는 사람도 있다. 아무런 희망도 없는 연애에 시간을 낭비하거나, 도박에 빠지기도 하고, 유행을 좇느라 정신없는 사람도 있다. 여가를 알차게 보내는 사람은 성공이 기다리고 있겠지만, 아무런 쓸모도 없는 오락거리만 찾는 사람의 삶은 점점 그 가치가 사라져 이후의 인생에는 비극만이 기다릴 뿐이다.

한 조사기관에서 청소년 범죄자들을 대상으로 여가를 어떻게 보냈는지 조사했다. 그 결과, 조사 대상 130명의 89%가 그때 범죄를 저질렀다고 대답했다. 또 63.9%는 그때 아무것도 하지 않아서 너무 심심했기 때문에 무언가 자극이 될 만한 것을 찾으려 했다고 답했다. 그리고 조사 대상의 85%는 그런 시간에 품행이 나쁜 친구들을 사귀게 되었다고 대답했다.

이 청소년 범죄자들은 대부분 여가를 유익하게 보내지 못해서 범죄를 저질렀다. 이렇듯 문제나 안 좋은 일이 발생한 데는 반드시 이유가 있는 법이다. 당신이 지금 정말 무료하다고 느낀다면, 당장 무언가 의미 있는 일을 찾아야 한다.

하루가 두 배로 길어지는 최고들의 일정 관리법

| 일의 순서를 정하라

패션 잡지 〈코스모폴리탄〉의 편집장 헬렌 걸리 브라운*Helen Gurley Brown, 1922~2012*의 책상에는 언제나 지난 호 〈코스모폴리탄〉 한 권이 놓여 있었다. 그녀는 사무실에서 일하다가 무언가 다른 일을 하고 싶어질 때마다 책상에 놓인 잡지를 흘끗 봤다. 그렇게 자신이 지금 해야 할 일이 다음 호 잡지를 만드는 일이라는 점을 상기하고 다시 일에 몰두한 것이다. 그녀는 이렇게 말했다. "당신도 아마 무척 열심히 일하겠죠. 일이 끝난 후에 스스로 뿌듯해하며 자신을 칭찬할 정도로 말이에요. 하지만 순서를 제대로 정하지 않고 일했다면 당신은 아무리 일해도 성공과는 점점 멀어질 뿐이에요."

해야 하는 모든 일을 똑같이 여겨서는 안 된다. 각각의 중요도를 생각해서 순서를 정하고, 가장 중요한 몇 가지를 먼저 하고 나서, 그다음으로 중요한 일들을 한다. 그러고도 시간이 남는다면 하지 않아도 되는 일을 하면 된다. 일의 순서를 정하는 것은 효율을 높이는 데 매우 효과적이다. 이미 이렇게 하고 있다고 생각하는 사람도 있을 것이다. 하지만 그 순서가 정말로 일의 중요도에 근거하는지 잘 생각해보아야 한다. 여러 가지 일 중에서 어느 것이 가장 중요하고 어느 것이 그다음인지 파악한 후 별표를 하는 것도 좋은 방법이다. 별의 개수가 많을수록 우선 처리해야 하는 일이다. 아니면 단기 계획표와 장기 계획표를 따로 만들어서 지금 당장 해야 할 일, 기간을 넉넉히 잡고 해야 할 일에 각각 별표를 하거나 1, 2, 3⋯⋯ 등으로 번호를 붙이는 것도 좋은 방법이다.

중요도에 따라 일하는 순서를 정했다면 그에 따라 행동해야 한다. 이때 중요한 점은 행동의 순서가 일의 긴급함이 아니라 중요도에 따른다는 것이다. 피동적인 자세를 주동적인 자세로 변화해야만 성공할 수 있다는 사실을 잊지 말자. 더욱 효율적으로 일하려면 일의 순서를 어떻게 정해야 할까? 두 가지를 명심하자.

○ 매일 일을 시작하기 전에 일의 순서도를 만들어라

일을 중요도에 따라 처리하지 않는 사람이 많다. 사람들은 되도록 간단하고 편한 일을 하려고 하지 중요하더라도 집중력과 에너지가 필요한 일을 피하고 싶어 한다. 중요도에 따라 일을 처리하는 것은 시간을 관리하는 가장 좋은 방법이다. 한 달만 이 방법을 시도해본다면 아마 놀라울 만큼 큰 효과를 거둘 것이다. 또 주변 사람들은 당신에게 "어떻게 하면 그렇게 시간과 에너지가 많을 수 있죠?"라고 질문할 것이다. 그러면 당신은 "저는 그냥 제 시간과 에너지를 가장 필요한 것에 사용했을 뿐이에요"라고 대답하면 된다.

○ 순서를 정했다면 이제 일정표를 만들어보자

성공한 사람들은 모두 장기적인 계획이 있었다. 우리도 그들처럼 하루하루의 계획뿐만 아니라 매주, 매달, 심지어 일 년의 계획까지 모두 짜놓아야 한다. 그러면 당신이 나아가야 할 방향이 더욱 뚜렷해지고 이를 통해 목표를 빠르게 달성할 수 있다. 각 달의 첫날, 계획표를 보면서 날짜에 맞추어 달력에 표시한다. 이것이 바로 당신의 일정표다. 그리고 한 달 동안 달력을 꼼꼼히 살피며 계획적으로 일을 나누어 처리해나간다. 이렇게 하면 훨씬 체계적으로 일하면서 최종 목표까지 완성할 수 있다.

| 목표를 떠올려라

앞에서 이야기한 것처럼 일의 중요도에 따라 처리할 순서를 정해야 한다. 그렇다면 중요도는 어떻게 판단할 수 있을까? 바로 그 일이 최종 목표를 이루는 데 중요한 작용을 하느냐를 기준으로 하는 것이다. 목표는 이렇게 무엇을 해야 하고 무엇을 하지 말아야 하는지 구분하게 해서 시간과 에너지를 효율적으로 사용하게 한다. 세계적인 호텔 체인인 힐튼 호텔의 창업자 콘래드 힐튼*Conrad Hilton, 1887~1979*은 목표의 효과를 정확히 아는 사람이었다. 그가 이룬 성공은 모두 목표가 만들어낸 것이라고 해도 과언이 아니다.

1929년에 미국 경제가 대공황에 빠졌을 때 힐튼의 사업도 큰 영향을 받았다. 경기가 좋지 않은 탓에 여행 다니는 사람이 많이 줄어들었기 때문이다. 특히 10년이 다 되어가는 그의 낡은 호텔에 묵으려는 사람은 없었다. 1931년이 되자 은행은 힐튼의 호텔을 압류하겠다고 통보했다. 그는 소유하고 있던 세탁소와 집을 팔아서 어떻게든 해보려고 했지만, 상황은 계속 나빠졌고 결국에는 호텔 경비실에서 숙식을 해결해야 할 정도가 되었다. 이때 힐튼은 우연히 월도프 호텔의 사진을 보게 되었다. 그 호텔은 객실 2,000개, 식당 6개, 그리고 부속 병원이 있었고 요리사와 종업원이 각각 200명과 500명인 대형 호텔이었다. 지하실 옆에는 귀빈이 방문할 때 이용하는 전용 통로도 있었다. 힐튼은 그 사진을 오려내고 그 위에 '세계 최고'라고 썼다.

나중에 그는 1931년을 회상하며 이렇게 말했다. "그때처럼 괴로운 때는 떠올리기도 싫습니다." 그처럼 힘들었던 당시, 힐튼은 월도프 호텔의 사진을 언제나 지갑 속에 넣고 다녔다. 힘들 때마다 그 사진을 보면 다시 힘이 솟는 것 같았다. 상황이 조금 나아져서 자신의 책상이 생겼을 때는 책상 유리 아래에 그 사진을 끼워놓고 수시로 바라보았다. 시간이 흐르면서 힐튼의 호텔 사업도 다시 활기를 띠었다. 이후 그의 책상은 더 큰 것으로 여러 차례 바뀌었지만 유리 아래의 사진만큼은 그대로였다.

그로부터 18년이 흘러 1949년 10월에 힐튼은 월도프 호텔을 인수했다. 힘들던 시절에 우연히 보았던 그 호텔의 사진은 힐튼에게 목표가 되었고, 그는 온 힘을 다해 목표를 향해서 달렸다. 그 사진은 〈코스모폴리탄〉의 편집장 헬렌 걸리 브라운의 지난 호 잡지처럼 힐튼을 채찍질해 목표를 향해 달려가게끔 했다. 그들의 성공은 뚜렷한 목표를 찾은 것에서부터 시작된 것이다.

| 계획표를 만들어라

○ 기억력을 믿지 마라

매일 밤 자기 전에 내일 해야 할 일을 적어보자. 그저 적는 행동만으로 "잊지 마, 꼭 기억해"라는 자기암시가 될 수 있다. 그런 후에 잠이 들면 잠재의식은 더욱 강화되어 다음 날 일을 할 때 능력을 충분히 발휘할 수 있다.

해야 할 일이 있지만 적을 필요까지는 없다고 생각한다면, 그 일은 실제로도 할 필요가 없는 것이다. 인간의 뇌는 한계가 없어서 해야 할 일을 쓰는 순간 이미 움직이기 시작한다. 이런 잠재의식의 효과는 상상하기 어려울 정도로 크다. 해야 할 일을 직접 써보는 것은 그 일을 인지하고 기억하는 것과 같다. 이때부터 당신의 잠재의식은 그것을 완성할 수 있다고 시시각각 속삭일 것이다.

○ 간단명료하게 하라

계획표를 쓸 때는 손 가는 대로 아무렇게나 쓰지 말고, 아주 간결하게, 알아보기 쉽게 쓰도록 한다. 그렇지 않으면 별로 중요하지도 않은 일 때문에 정작 중요한 일을 놓칠 수 있기 때문이다.

그러고 나서 이 계획표를 지갑에 넣거나 노트북에 저장해서 수시로 확인하는 것이 좋다. 그러면서 추가할 사항이 있으면 보충하고 뺄 것이 있으면 바로 지워버리면 된다.

한 가지 더 당부하자면 사본을 한 부 더 만들어두는 것이 좋다. 바쁘게 움직이다가 잃어버리면 계획표를 만들기 전보다 혼란한 상황이 될 수 있기 때문이다.

○ 정기적으로 확인하라

매일 아침 깨어나면 가장 먼저 전날 밤에 써놓은 계획표를 확인하자. 오늘 당신이 해야 할 일들은 모두 이 계획표에 정확하게 적혀 있어야 한다. 이렇게 습관을 들이면 할 일을 깜박 잊어서 낭패를 보는 일이 없을 것이다.

노벨경제학상을 수상한 미국의 수학자이자 영화 〈뷰티풀 마인드〉의 실제 주인공이기도 한 존 포브스 내시 2세_John Forbes Nash Jr._는 책상 위에 언제나 종이 한 장을 두고 해야 할 일을 적었다. 이 종이는 그만의 자기 관리 방법이었다. 내시는 이에 대해 "해야 할 일이 너무 많다고 느낄 때마다 종이를 한 번씩 봅니다. 그리고 지금의 문제가 정말로 나를 괴롭힐 가치가 있는지 생각해보지요"라고 말했다. 이 종이에는 보통 누군가에게 전화 걸기, 편지 보내기, 신문 및 잡지의 특별 기고문 완성하기 등의 내용이 적혀 있었다. 내시는 또 이렇게 덧붙였다. "해야 할 일을 적는 종이가 없다면 당신은 아무런 일도 완성할 수 없을 것입니다."

이 방법은 직원 관리에도 유용하다. 직원들에게 할 일을 정해주면서 계획표를 작성해서 제출하라고 하면 일을 대충하는 직원이 없을 것이다. 또 회의할 때마다 직원들에게 그때그때 변화된 새로운 계획을 보고하게 하면 일의 진행 상황을 명확하게 파악할 수 있다.

○ 항목을 제한하라

계획표는 반드시 실행 가능한 것으로 채워져야 한다. 아주 구체적일 필요는 없지만, 그렇다고 추상적이어서는 안 된다. 복잡하지 않되 너무 간단해서도 안 된다. 계획표에 들어가는 내용이 다른 일들과 연계되어 범위가 넓을 수 있지만, 그 일들을 전부 하려고 하다가는 결국 아무것도 해내지 못할 수 있다. 계획표의 항목을 한정시키는 것이 얼마나 효과적인지, 아래의 에피소드를 통해 알아보자.

US스틸의 초대 회장이자 미국 철강 업계의 거물인 찰스 마이클 슈왑*Charles Michael Schwab, 1862~1939*은 성공한 기업가였다. 하지만 US스틸을 떠나 베들레헴 철강회사*Bethlehem Steel*를 설립하고 한동안 회사의 실적이 오르지 않아 고민한 적이 있다. 그러던 어느 날 슈왑은 경영 자문가 아이비 레드베터 리*Ivy Ledbetter Lee, 1877~1934*를 만나서 고민을 이야기했다. 물론 슈왑도 회사를 경영하고 관리하는 데 뛰어난 사람이었지만 당시 상황은 도통 해결할 방법이 없어 보였기 때문이다.

슈왑은 "회사를 위해서 뭘 해야 할지 알아야겠어요. 당신이 제안한 해결책이 효과적이라면 비용은 얼마든지 내겠소"라고 말했다.

리는 백지 한 장을 내밀며 "내일 해야 하는 중요한 일 여섯 가지를 여기에 써보시죠"라고 말했다. 슈왑이 여섯 가지를 다 쓰자 리는 다시 말했다. "이제 일의 중요도에 따라 숫자로 순서를 매겨보세요." 슈왑이 5분 정도 깊이 생각하며 번호를 모두 매긴 후, 리가 다시 말했다. "자, 이제 그 종이를 주머니에 넣으세요. 그리고 내일 아침에 일어나자마자 그 종이를 꺼내서 다른 것은 보지 말고 첫 번째 할 일이 무엇인지만 보십시오. 그리고 그 일을 완성한 다음에 두 번째 일을 하고, 그렇게 세 번째, 네 번째……, 끝까지 죽 이어서 처리하는 겁니다. 다섯 번째 일까지밖에 못 했다고 해도 속상해할 필요는 없습니다. 가장 중요한 일을 처리했으니까요."

리는 계속 이어서 말했다. "매일 이렇게 하는 겁니다. 회장님께서 먼저 이 방법의 효과를 체험하고 직원들에게 알려준다면 그들도 이렇게 하겠죠. 문제는 얼마나 꾸준히 하느냐에 달렸습니다. 그런 후에 효과를 보셨다면 그 가치에 상응하는 비용을 보내주시면 됩니다."

그들이 이야기를 나눈 시간은 채 30분도 되지 않았다. 몇 주 후, 리는 슈왑의 편지를 받았다. 슈왑은 편지에서 리와 나눈 대화가 자신의 인생에서 가장 가치 있는 것이었다고 썼다. 그리고 편지 봉투에는 3만 5,000달러짜리 수표가 함께 들어 있었다. 그로부터 5년 후, 슈왑의 철강회사는 세계에서 가장 성공한 기업 중 하나가 되었다. 슈왑은 리의 방법을 회사 전체에 적용하여 1억 달러에 달하는 수입을 벌어들이는 수준으로 성장할 수 있었다.

슈왑은 자신의 철강회사가 크게 성장한 후 다시 리를 찾아가서 간부 직원들과 1:1 면담을 해달라고 요청했다. 그 후 얼마 지나지 않아 간부 직원들은 모두 실적이 오르고 더욱 전문적인 능력을 발휘했다. 단 몇 개월 만에 이룬 이러한 성장은 정말 대단한 것이다. 더욱 놀라운 점은 이 모든 변화가 종이 한 장에서 비롯되었다는 것이다.

20세기 미국이 낳은 최고의 여성사업가이자 메리케이 코스메틱을 창립한 메리 케이 애시*Mary Kay Ash, 1918~2001*는 이렇게 말했다. "찰스 슈왑의 이야기를 듣고 나에게도 이 방법이 분명히 효과가 있을 것이라고 생각했어요." 그녀는 매일 해야 할 일 여섯 가지를 쓰고 중요도에 따라 번호를 붙였다. 그리고 직원들에게도 이 방법을 권장했다. 자본금

5,000달러로 시작한 메리케이 코스메틱은 전 세계에 수십만 명의 직원을 거느린 세계적인 기업이 되었고 직원들은 모두 '내일 해야 할 일 여섯 가지'라는 수첩을 가지고 있다.

○ 해야 할 일 옆에 날짜와 시간을 써라

계획표에는 해야 할 일을 죽 늘어놓기만 해서는 안 된다. 계획의 목적은 어디까지나 실천이므로, 각 항목 옆에 해야 할 날짜와 시간도 쓴다. 날짜와 시간은 가능한 한 구체적으로 쓰도록 한다. 회의나 방문객을 접대하는 일처럼 당신의 하루를 차지하는 모든 중요한 일이 명확하게 기록되어야 한다. 계획표에는 여백이 많은데 매우 바쁜 하루를 보냈다면 계획표 작성에 문제가 있는 것이다. 여기에는 회의, 손님 접대 및 다른 중요한 일도 모두 포함해야 한다. 모든 항목은 직접 쓰고, 시간을 잘 배분한다. 적당한 시간에 알맞은 일을 잘 배치했을 때 비로소 목표를 이룰 수 있다.

○ 장기 계획표를 만들어라

한 기업에서 전국 규모의 연례 직원회의를 열었다. 이 자리에서 그해에 가장 높은 성과를 올린 영업사원이 비결을 알려달라는 질문을 받았다. 그는 자신의 비결을 '월간 일정표'라고 말했다. 그리고 "다음 달에 어느 고객을 방문할지 미리 적어놓습니다. 그러면 고객을 찾아가기 전에 준비하기가 훨씬 쉬워지기 때문이죠"라고 덧붙였다.

성공하는 사람들은 매일의 계획을 짜기도 하지만 매달, 매년의 계획표도 꼭 만든다. 잡지 편집장인 데보라는 월간 계획표와 연간 계획표를 만들고 항상 확인한다. 그녀는 매달 첫 2주 안에 기사를 써야 하기 때문에 이 시기에는 외부 강좌 같은 다른 일은 아무것도 계획하지 않는다. 이 기간에 어쩔 수 없이 다른 일정이 잡힌다면 언제나 노트북 컴퓨터를 가지고 다니면서 자투리 시간을 활용해 기사를 써서 기한을 넘기지 않도록 주의한다. 나머지 2주는 보통 외부 강좌, 초대에 대한 공식 답변, 업무 연락을 하면서 보낸다. 물론 다음 달의 계획을 세우는 데도 며칠을 할애한다. 그녀는 1년 계획을 미리 세울 때 기사 쓰기, 연구, 회의 등 모든 항목에 구체적인 일시를 함께 써놓는다. 그리고 남는 시간에는 생산적인 여가 활동을 하며 에너지를 충전한다.

장기적인 계획에 따라 행동하는 그녀는 언제나 최고의 업무 성과를 거둔다.

성급한
판단으로
손해 보고 싶지 않다면

| 가치 없는 일은 절대 하지 않는다

브로드웨이의 히트 제조기라 불리는 미국의 유명 극작가 닐 사이먼 *Neil Simon, 1927~2018*은 아이디어가 생겼을 때 그것을 시나리오로 완성할지 포기할지를 결정하면서 언제나 이렇게 자문한다. "모든 장면이 주제를 벗어나지 않게 쓸 수 있을까? 이야기를 끌고 나가는 힘을 끝까지 유지할 수 있을까? 모든 인물을 매력적으로 표현할 수 있을까?" 닐 사이먼은 이 질문에 스스로 답하면서 잠시 생각에 잠긴다.

안타깝게도 사람들은 어떤 계획에 얼마만큼 시간을 들여야 적절할지 잘 모른다. 살면서 세우는 여러 계획 중에는 우리의 시간과 에너지를 투자할 가치가 없는 것도 많다. 그러므로 우리는 일을 시작하기 전에 언제나 그 가치를 따져보아야 한다. 우리의 시간과 에너지는 유한하다는 사실을 명심하자.

모든 사람은 어떤 일을 하거나 하지 않기로 결정을 내릴 수 있다. 그렇다면 선택하기 전에 "이것은 정말 할 만한 가치가 있을까?" 하고 자문해보자. 그 대답이 "아니오"라면 절대 그 일에 에너지와 시간을 낭비하지 않도록 한다.

| 너무 쉽게 포기하지 않는다

너무 빨리, 너무 쉽게 포기하는 것도 일종의 실패다. 사람들은 희망이 보이는 일에 많은 자금과 시간, 에너지를 들이며 열심히 임한다. 그러나 그중 90%는 일이 거의 완성될 무렵에 포기하고 만다. 조금만 더 열심히 하면 그 일이 완성되는 것을 몰랐기 때문이다. 이렇게 너무 일찍 포기해버리면 그동안 투자한 모든 것을 날릴 수도 있다. 물론 성공의 기쁨을 맛볼 기회도 사라진다.

사람들은 새로운 일을 시작하거나 기술을 배울 때 대부분 열정으로 가득하다. 하지만 어느 정도 성과가 나타나려고 할 즈음이면 흥미를 잃고 낙담해서 포기한다. 성공 직전에 나타나는 일시적인 어려움을 견디지 못했기 때문이다. 정상을 향해 나아갈 때 그 앞을 가로막은 마지막 언덕을 넘어야 하듯이, 성공 직전의 어려움도 끝까지 견뎌야 한다.

그런 후에 뒤돌아보면 그 어려움이 사실은 별것 아니었다는 것을 깨닫게 될 것이다. 외국어를 배울 때의 기억을 떠올려보자. 아마도 공부를 시작하고 두세 달쯤 지났을 때 그만 포기하고 싶었을 것이다. 발음은 어색하고 단어는 잘 외워지지도 않고 도통 입 밖으로 말을 꺼낼 수가 없다. 이때 포기하는 사람과 포기하지 않고 끝까지 해내는 사람의 차이는 엄청나다. 끝까지 해낸 사람은 얼마 후 외국인과 유창하게 이야기를 나누고 그 언어로 적힌 책과 신문을 읽을 수 있다.

인생은 마치 새벽에 아침이 오기를 기다리는 것과 같다. 안타깝게도 대부분 사람은 새벽에서 아침으로 넘어갈 때 동트기 직전의 어둠을 견디지 못해 포기하고 만다.

만화가 찰스 슐츠_Charles Schulz, 1922~2000_는 〈피너츠〉를 연재하기 시작한 후에도 한참 동안 유명해지지 못했다. 그래서 작품을 발표했음에도 무명 작가일 때와 다를 바 없는 생활을 했다. 정말 힘든 시간이었지만, 그렇게 4년이 흐른 후 〈피너츠〉의 주인공 스누피는 미국인이 가장 사랑하는 캐릭터가 되었다. 그 후 슐츠는 꾸준히 노력해 만화가로 성공했고 50년이라는 긴 시간 동안 〈피너츠〉를 연재했다.

| 적당할 때 물러나라

미국의 화학자이자 물리학자로 노벨상을 받은 라이너스 칼 폴링

*Linus Carl Pauling, 1901~1994*은 이렇게 말했다. "훌륭한 과학자라면 좋은 아이디어도 있고 버려야 할 아이디어도 있다는 것을 알아야 한다. 그것을 모르면 시간 낭비를 하게 된다."

그렇다면 좋은 아이디어와 버려야 할 아이디어를 어떻게 구별할 수 있을까? 직접 해보지 않아도 이를 판단할 수 있는 몇 가지 방법이 있다.

첫째, 더 많은 정보를 얻어라. 정보는 정말 중요한 요소다. 현재 상황이 자신에게 유리한지 그렇지 않은지조차 알 수 없다면, 전문가나 같은 분야에 종사하는 사람을 찾아가서 이야기를 나누고 현재 상황을 더욱 개선할 방법을 찾아야 한다. 이런 과정을 거치면 정보의 신빙성은 더욱 커질 것이다. 예를 들어 직장 선배가 신입 사원에게 고객들의 특징을 설명한다거나 어떤 고객에게 더욱 주의를 기울여야 하는지, 새로운 고객은 어떻게 찾는지 등을 알려주는 것 등이 모두 여기에 속한다.

둘째, 문제의 핵심을 파악하라. 항상 부지런하고 노력하고 능력도 있는데 정작 되는 일이 없는 사람이 있다. 이는 문제의 핵심을 정확히 알지 못하기 때문이다. 어떤 문제에 부딪혔을 때는 핵심이 무엇인지 파악하고, 나쁜 조건들을 없애는 것이 중요하다. 그런데 이상하게도 사람들은 문제의 핵심을 파악하는 것을 거북스러워한다. 이런 자세로는 절대 문제를 해결할 수 없다.

그러므로 어떤 문제를 해결할 때는 먼저 문제의 핵심을 파악하도록 스스로 응원해야 한다. 그리고 그 문제의 핵심이 결코 해결할 수 없는 것이라면 깨끗이 포기하면 된다. 이때 가장 필요한 자세는 해결하지 않을 일도 있다는 것을 인정하는 것이다. 예를 들어 간부 직원이 되고 싶어 온 힘을 다해서 열심히 일했는데 알고 보니 그 회사는 사장의 친인척만 간부로 임명하는 곳일 수도 있다. 그렇다면 이것은 당신의 노력으로 어찌 해볼 도리가 없는 일이므로 이 문제로 괴로워할 필요 없다. 하루 빨리 이직하는 것이 최고의 방법이다. 그러면 당신의 성공 확률은 더욱 커질 것이 분명하다.

셋째, 얻을 수 있는 것을 따져보라. 당신이 들인 자금, 시간, 에너지 등에 비해 얻을 수 있는 것이 얼마나 되는지 따져보아야 한다. 당신이 수천 년 전에 이집트 파라오가 묻힌 장소를 찾고 있다면 그것을 발견했을 때 얻게 될 잠재적인 보상은 엄청나다. 하지만 물건을 살 생각이 없는 고객에게 몇 시간 동안 상품에 관해 설명하는 잠재적 보상을 기대할 수 없는 일을 하는 영업사원은 없을 것이다.

넷째, 정말 투자할 필요가 있을지 고민하라. 사무실의 복사기가 고장 났다고 해보자. 이때 결정할 것은 복사기를 새로 사느냐 아니면 고쳐서 사용하느냐다. 이 결정을 내리느라 주저하거나 고민할 필요는 없다. 우선 지난해에 이 복사기에 들어간 비용을 살펴본다. 그리고 올해 사무기기를 사는 데 사용할 수 있는 예산과 이미 사용한 자금을 파악한다. 또 복사기를 수리하는 데 들어가는 비용, 수리하는 데 필요한 기간, 수리 후 얼마나 오래 쓸 수 있는지 등을 잘 따져본다. 이 모든 것을 고려했을 때, 복사기 한 대를 새로 사는 것보다 비용이 많이 들어간다면 새로운 복사기를 사야 한다.

다섯 째, 얼마만큼의 자본을 투자할 수 있는지 따져보라. 아주 훌륭한 아이디어가 있지만 그 아이디어를 실현하는 데 투자할 자본이 넉넉하지 않다면, 잠시 보류해야 한다. 절대 무리하게 자본을 투자해서 일을 벌이지 말고, 동업자를 찾거나 다른 사람의 투자를 받는 방법을 생각해보아야 한다.

| 주저하지 말고 부지런히 움직여라

삶을 사랑하는 사람은 시간을 엄격하게 관리한다. 하지만 안타깝게도 매일같이 목표를 향해 돌진하며 성실하게 사는 사람은 무척 드물다. 적극적이지 못한 사람도 있고, 자신을 통제하는 데 익숙하지 못한 사람도 있다. 또 본성이 게으른 나머지 아무 생각 없이 기다리는 것이 습관이 된 사람도 있다. 이런 사람들은 특별한 자극을 받지 않으면 영원히 앞으로 나아가려고 하지 않는다. 마치 무엇을 해야 할지 모르는 사람처럼 말이다.

계속 결정을 미루면서 주저하는 것보다 큰 시간 낭비는 없다. 결정하는 것 자체를 어려워하는 사람들은 매번 소중한 기회를 지나쳐버리는 셈이다. 무슨 일을 하든 미루고 질질 끄는 것이 습관이 된 사람은 보물 같은 시간도 함께 잃는다. 대부분 사람이 지금 무슨 일을 해야 하는지 생각하다가 갑자기 전에 제대로 해내지 못한 일들을 떠올리고 속상해한다. 그러다가 또 지금 해야 할 일도 잘 해내지 못할까 봐 걱정한다. 이렇게 걱정하고 주저하는 동안 한 가지 일을 해낼 수 있을지도 모른다.

　이런 사람들은 언제나 신중하게 생각하고 있다고 핑계를 대지만, 사실은 온갖 이유를 들며 자꾸만 일을 미루는 것일 뿐이다. 그러니 성공하고 싶다면 명심해야 한다. 불필요한 핑계는 제쳐두고, 주저하지 말고 부지런히 움직여라.

미루기 천재들과 시간 도둑들의 회의

| '기다림'이라는 도둑

만화가이자 공학기술자인 스콧 애덤스*Scott Adams*는 전 세계 65개국 2,000여 개 신문사에 실린 세상에서 가장 유명한 만화 《딜버트*Dilbert*》를 30년이 넘는 기간 동안 연재해 왔다. 이 만화에는 주인공 딜버트가 기업 관리에 관한 서적을 쓰는 장면이 있다. 그중 한 부분의 소제목이 '시간 관리'인데 여기에 '미루기 천재들과 시간 도둑들의 회의'라는 말이 나온다.

성공하는 사람들은 일을 뒤로 미루는 사람을 절대 이해하지 못할 뿐만 아니라 함께 일하기를 꺼린다. 미국의 백화점 니만 마커스*Neiman Marcus*를 전미 최대의 고급 백화점으로 확장시킨 경영자 스탠리 마커스*Stanley Marcus, 1905~2002*는 시간에 대해 이렇게 말했다. "나는 반드시 시간을 지킨다. 내 시간이 중요한 만큼 다른 사람의 시간도 중요하기 때문이다. 상대방이 나와 같지 않다면 나는 바로 다른 상대를 찾을 것이다." 스탠리 마커스의 이 말은 여러 분야에서 정상에 선 사람들이 공통으로 지키는 원칙이기도 하다.

우리는 가능한 한 시간을 낭비하지 않도록 적극적인 대응 방법을 찾아야 한다. 한 기업가는 이렇게 말했다. "나는 절대 오래 기다리지 않습니다. 예약 시간에 맞추어 병원에 진찰받으러 갔는데 기다리게 되면, 일단 15분 정도 기다렸다가 바로 접수원에게 가서 말합니다. 내가 예약한 시간은 3시인데 의사 선생님은 아직 준비가 되지 않은 것 같고 또 나는 다음 시간에 약속이 있으니 예약을 다시 잡아달라고 말이죠. 그렇게 말하면 그들은 대개 나를 바로 진료실로 안내합니다."

교직원으로 일하는 어떤 친구는 나에게 이렇게 말했다. "회의해야 하는데 통화하느라 날 기다리게 하는 동료가 있으면 '바쁜 것 같으니 나중에 다시 이야기해'라고 메모해서 그 사람한테 보여줘. 그리고 그 자리에서 바로 일어나지." 잊지 말자. 상대방의 시간을 빼앗는 사람은 언제나 환영받지 못한다.

| 피할 수 없는 시간 낭비를 대처하라

안타깝게도 우리 중에 많은 사람은 상대방을 기다려야 하는 삶을 산다. 좋은 영업 사원은 고객과의 약속에 절대 늦지 않지만 고객은 자기 사무실에서 좀처럼 나오지 않을 수도 있다. 어쩌면 그 고객은 이야기를 나눈 후에 작별 인사 한마디 없이 돌아설 수도 있다. 그럼에도 그 사람이 가장 중요한 고객 중 한 명이라면 기다리는 수밖에 없다.

이럴 때 책 한 권을 들고 간다면 고객을 기다리는 시간을 무료하게 보내지 않을 수 있다. 어떤 곳에 가든지 기다려야 하는 상황이 생길 때를 대비해서 그 시간을 활용할 수 있는 물건을 챙기자. 일거리일 수도 있고, 가볍게 읽을 수 있는 책 한 권도 좋다.

아무리 노력해도 기다려야 하는 상황을 매번 피할 수는 없다. 지하철이나 버스를 놓칠 수도 있고, 악천후로 공항에 발이 묶일 수도 있다. 이럴 때 성공하는 사람들은 어떻게 할까? 그들은 책을 보거나, 필요한 물건을 사기도 하고, 편지나 서류를 검토하기도 한다. 아니면 사무실로 전화해서 업무와 관련된 사항을 확인하거나 내일 상사에게 보고할 내용을 수정하기도 한다. 당신도 이렇게 하고 있는가?

| 현명한 게으름뱅이가 되어라

미국의 전설적인 토크쇼 진행자로 1985년부터 25년간 자신의 이름을 내건 CNN 라이브 토크쇼 〈레리 킹 라이브〉를 진행한 래리 킹Larry King, 1933~2021은 무엇이 가장 큰 시간 낭비라고 생각하느냐는 질문을 받고 이렇게 대답했다.

"무료한 점심 식사……. 내가 좋아하지도 않는 사람과 함께하는 식사가 싫습니다. 나는 살면서 이루는 것이 많을수록 하기 싫은 일은 안 해도 된다는 사실을 깨달았죠. 조금 까다롭게 굴어도 되고요. 나는 이제 성공했으니, 가기 싫은데도 가야 하는 점심 약속은 안 잡아요."

자신의 시간을 잘 관리할 줄 아는 사람은 항상 어떻게 하면 시간을 낭비하지 않을지 고민한다. 그리고 무료하고 의미 없는 회의, 좋아하지 않는 사람과의 약속, 재미없는 사교 활동 같은 것을 최대한 피한다. 하지만 사회생활을 하다 보면 이런 활동에 참여하기를 요청받을 때가 있다. 만약 그 활동에 정말 관심이 없고 당신의 시간을 소중히 생각한다면 이렇게 말해야 한다.

"죄송합니다. 지금 하는 일만으로도 시간이 부족해서요."

발명왕 에디슨은 젊은 시절 밤샘 근무를 할 때 자신이 깨어 있다는 신호를 한 시간에 한 번씩 관리실에 보내야 했다. 어느 날 그는 자동으로 이 신호를 보내는 기계를 만들어서 밤샘 근무 중에 작동시켜놓고

자다가 발각되어 해고당했다. 포드 자동차를 설립한 헨리 포드는 노동자들이 부품을 가지러 창고에 갔다가 오는 시간을 줄이기 위해 공장에 수송 벨트를 설치했다. 또 작업대가 너무 낮아서 허리를 숙여 일하는 노동자들의 피로가 심한 사실을 발견하고 작업대를 8인치 높이는 등 작업 환경을 전면 개조했다. 단순한 변화였지만 이것은 공장의 생산력이 향상되는 데 크게 도움이 되었다.

사실 게으름이 반드시 부정적인 것만은 아니다. 어느 날 게으르고 무슨 일이든 하기 싫어하는 사람이 곰곰이 생각했다. '더 간단한 방법이 있지 않을까?' 이렇게 게으름에서 시작된 아이디어로 그가 하는 일은 모두 효율이 높아졌다. 기업의 말단 직원 한 명이 꾸는 허황한 꿈이 어쩌면 회사 전체의 생산력을 상승시킬 수도 있다.

너무 바쁜 사람은 더 효과적으로 일하는 방법을 생각할 시간조차 없다. 조금 더 효율적으로 일하고 싶다면 지금 하는 일의 양을 조금 줄이고 최근에 한 일의 과정과 성과를 돌아보자. "그때 그렇게 한 것이 가장 좋은 방법이었을까?" "어떻게 하면 시간을 덜 들이고 더 잘할 수 있을까?" 현재 당신의 상황과 쓸 수 있는 자원을 고려하여 깊이 생각해본다면 좀 더 편하게 일할 방법을 찾을 수 있을 것이다.

주의력을 조금만 분산시켜서 무언가에 대해 깊이 생각해보자. 완전히 새로운 영역에 주의를 기울이면 생각지 못한 성과를 거둘 수도 있다.

HAVING FUTURE

5장

모든 역경은 극적인
성공을 위한 소품이다

가진 것을 모두 잃어도 당신 자신만은 없어지지 않는다. 당신은 무한한 가치가 있는 존재라는 점을 잊지 말자. 특히 당신의 용기, 의지, 존엄성, 자신감은 값을 매길 수 없는 보배와 같은 것이므로 가능한 한 모든 노력을 다해서 지켜야 한다.

백 번
넘어지면
백 번 일어나라

| 모든 것을 정복하는 힘, 의지

누구나 인생은 생각한 대로 술술 흘러가지 않는다. 인생이라는 기
나긴 길을 걷다 보면 고비마다 넘어질 수도 있고, 때때로 만나는 수많
은 어려움과 좌절로 고통스러울 수도 있다. 성공하는 사람과 그렇지
않은 사람은 바로 이러한 인생을 대하는 마음가짐에 따라 결정된다.

발명왕 에디슨은 "실패는 성공의 어머니"라고 말했다. 에디슨뿐만
아니라 모든 성공한 사람도 우리처럼 수많은 실패를 겪었다. 성공은
수많은 실패 위에 만들어진다. 실패를 바탕으로 하지 않은 성공은 뿌
리가 없는 나무처럼 견고하지 않다. 실패해보지 않은 사람은 절대 성
공할 수 없다.

실패는 잠재 능력을 자극해서 다음번에는 좀 더 잘하도록 한다. 실패의 고통을 맛본 사람만이 내적으로 더욱 견고해지고 성공의 희열을 갈망하는 법이다. 인류가 실패라는 자극을 받았을 때 더 나아지려고 하지 않았다면 결코 발전하지 못했을 것이다.

한 과학자는 "극복할 수 없을 것 같은 난관은 새로운 발견의 징조다"라고 말했다. 인간의 영혼 깊은 곳에는 알 수 없는 힘이 잠재해 있다. 그것은 감각 기관의 지배를 받지 않으며, 가늠하지 못할 만큼 신비하다. 말로 형용하기 어려운 이 알 수 없는 힘은 언제나 위태로운 상황에서 발휘된다. 그래서 우리가 맞닥뜨리는 모든 난관과 좌절은 이 힘을 이끌어 내는 기폭제가 될 수 있다. 화재나 홍수 같은 재난이 닥쳤을 때 여성들은 그 연약한 모습으로는 절대 할 수 없을 것 같은 일도 거뜬히 해낸다. 그 누구도, 심지어 자신도 할 수 없다고 생각했지만 위험한 상황이 눈앞에 닥치면 자신도 모르는 힘이 솟기 때문이다.

그 힘은 평소 아무 일도 없을 때는 조용히 가라앉아 있지만 늘 꿈틀꿈틀 움직이며 폭발할 기회를 엿보는 신기한 에너지다. 모든 사람에게 이런 힘이 있다. 그러니 신이 준 이 힘을 활용하여 성공을 이루어야 한다.

의지가 강한 사람은 결코 쉽게 실패하지 않는다. 실패는 주관이 없고 의지가 강하지 않아 남의 말에 쉽게 흔들리고 변덕이 심한 사람에게나 일어나는 일이다. 의지가 강한 사람의 사전에 실패라는 두 글자는 없다. 백 번을 넘어져도 백한 번째 일어나 걸어가는 사람은 절대 실패하지 않는다.

| 흔들리지 않는 믿음

많은 이들이 열정을 품고 자신이 좋아하는 일을 하려고 하지만, 그 과정에서 난관을 마주치면 대부분 겁을 내며 포기하고 만다. 그러고는 이번에는 좋아하지도 않고 자신에게 적합하지도 않은 일을 하려고 한다. 난관이나 좌절을 이겨내려고 하지는 않고 자포자기해서 울며 겨자 먹기 식으로 사는 것이다. 반면에 어떤 사람들은 초심을 잃지 않고 어떻게든 난관을 이겨내려고 한다. 그들에게는 끝까지 해내면 언젠가는 반드시 성공할 수 있다는 굳은 믿음이 있다. 그래서 이후에 시시각각 나타날 난관과 좌절을 예상하고 최선을 다해서 대비한다.

물론 이 과정에서 외부의 영향을 받기도 한다. 다른 사람에게서 "너 자신을 냉정하게 보렴" "이 일은 불가능해" "너하고 맞는 일이 아니야" 혹은 "네가 지금 허송세월한다는 걸 모르겠니?"라는 등 부정적인 평가를 받을지도 모른다. 뜻을 함께하던 동료들이 하나둘 떠나갈 수도 있다. 그래도 굳은 믿음이 있는 사람은 절대 흔들리지 않는다.

의지가 약한 사람은 성공한 사람들을 보며 부러워하기만 한다. 그리고 신에게 왜 자신에게는 그런 행운을 주지 않았느냐며 원망한다. 하지만 명심하라. 신은 모든 사람에게 똑같이 생명과 기회를 주었다.

그다지 큰 어려움을 겪지 않는 듯 보이고, 적당히 부유하고, 인간관계도 좋으며, 명성까지 쌓은 사람은 대부분 의지가 강한 것처럼 보인다. 그러나 어느 날 갑자기 난관이 닥치면, 그렇게 강해 보이던 그들의 의지는 무참히 무너지고 만다. 가진 것을 모두 잃었을 때 공포를 느끼고 절망하다가 용기마저 잃은 채 다시 일어서지 못한다.

그들은 희망을 잃고 "난 이제 가진 게 없어. 이런 내가 무슨 일을 할 수 있겠어"라고 중얼거린다. 하지만 그들이 기억해야 할 것이 하나 있다. 바로 그 자신이 남아 있다는 사실이다! 다시 한 번 의지를 굳건히 하고 용기를 낼 수 있다면 반드시 희망은 있다.

성공한 사람들도 모두 수만 번 실패를 겪으면서 단련되었다는 사실을 기억하자. 단 한 번 실패를 겪고서 자신을 믿지 못하고 스스로 좌절에 빠진다면 그때야말로 아무런 희망이 없는 것이다. 난관을 만날 때마다 이것은 일종의 시험이라고 생각하자. 신이 당신을 시험하려고 하는데 모든 것을 포기하고 뒤로 벌렁 누워 자신이 형편없음을 인정한다면 죽은 것과 다를 바가 없다.

난관을 두려워하지 않고, 좌절을 부끄러워하며, 끝까지 해내겠다는 마음으로 세상을 마주한다면 당신은 분명히 성공할 수 있다. 다른 사람이 모두 포기하고 물러서도 꾸준히 앞으로 나아가며 난관이라는 적과 맞서 싸워야 한다. 눈앞에 희망의 빛이 보이지 않아도 마음속에 있는 희망의 빛이 이끌어줄 것이다.

| 비난에 휘둘리지 마라

슬프고 우울할 때는 이성적으로 생각하기 어렵다. 그러므로 이런 감정이 당신의 영혼을 차지하지 않도록 즐거운 일을 떠올려야 한다. 다른 사람들이 모두 포기하고 심지어 당신을 미쳤다고 비난하더라도 멈추지 않고 끝까지 해나간다면 꿈을 이룰 수 있다.

발명왕 에디슨은 전구를 발명할 때 무려 1,600가지 물질을 실험했다. 이 1,600가지는 온갖 모양의 필라멘트가 되었지만 에디슨의 마음에 드는 것은 없었다. 그 가운데 어떤 것은 아예 전구 속에 넣기도 어려웠고, 어떤 것은 수명이 너무 짧았다. 그러던 중에 에디슨이 전구를 발명하고 있다는 소문이 나자 그의 실험실에 전 세계 사람들의 이목이 쏠렸다. 사람들은 모두 이 위대한 연구에 흥분했지만, 연구 기간이 길어지자 금세 흥미를 잃었다.

이에 대해 언론사 〈더 헤럴드_The Herald_〉는 "에디슨의 실패는 이제 명확해진 것 같다. 이 충동적인 젊은 과학자는 작년 가을부터 연구를 시작했는데, 당시 그는 자신의 연구가 마지막 껍질을 깨는 일만 남았다고 호언장담했다. 하지만 그는 여전히 그 껍질을 깨지 못하고 있다. 물론 에디슨은 전기로 빛을 만드는 방법을 알아낸 훌륭한 과학자다. 하지만 전기학 분야의 저명한 인사들은 모두 에디슨이 연구의 방향을 잘못 잡은 것 같다고 말했다"라고 했다. 이러한 외부의 비난에도 에디슨은 의연하게 실험을 계속했다.

한편 소비자를 빼앗길까 봐 걱정한 가스 회사에서는 에디슨이 사기꾼이며 과학계의 인정을 얻지도 못했다고 주장하기도 했고, 어떤 사람은 "그가 전등을 만들어내더라도 결국 사용하지도 못할 거야"라고 말하며 에디슨의 연구를 비하했다. 그러나 에디슨은 사람들의 비난을 아는지 모르는지 1년에 걸친 연구 끝에 마침내 수명이 연속 45시간에 이르는 전등을 발명하는 데 성공했다.

| 최후의 승자가 되고 싶다면

간절히 원한 성공을 이루지 못할 수도 있다. 도중에 생사의 갈림길에 설 수도 있고 파산이나 실업을 겪을 수도 있다. 이런 불행을 겪은 사람은 아마 자신이 세상에서 가장 운이 없다고 생각할지도 모른다. 하지만 그 사람의 남은 인생을 비참하게 만드는 것은 불행이 아니라 자신의 상황을 비관하는 그 사람의 마음가짐이다. 평생 슬퍼하며 우울하게 살 수는 없다. 불행이 닥치면 가능한 한 자신의 모든 용기를 내어 불행과 마주해야 한다.

실패에 굴하지 않고 확고한 의지가 있다면 실패하지 않을 수 있다. 여러 번 난관을 겪었고 오랫동안 노력했는데도 좀처럼 성공하지 못한 사람이라면 더욱 성공이 멀지 않은 곳에 있다는 것을 믿어야 한다.

최종 승리자는 자존감, 자신감, 용기가 있는 사람이다. 여기에 강한 의지까지 있다면 절대 실패하지 않는다. 실패는 강자를 더욱 강하게 하고 약자는 더욱 약하게 한다. 당신에게 용기와 강한 의지가 있다면 실패는 잠재 능력을 자극해서 오히려 당신을 더욱 강해지게 한다.

미국 조류학의 아버지라 불리는 조류학자 존 제임스 오듀본*John James Audubon, 1785~1851*은 조류 도감을 만들기 위해 밀림으로 들어가 몇 년 동안 머물며 200여 쪽에 달하는 초고를 완성했다. 이것은 조류학적으로 큰 가치가 있는 훌륭한 저서였다. 그런데 휴가를 보내고 돌아와 보니 쥐가 초고와 그 밖의 관련 자료를 모두 갉아 먹은 후였다.

오듀본은 이때의 일을 회상하면서 이렇게 말했다. "깊은 슬픔과 상처가 나의 뇌를 뚫고 지나가는 것 같았습니다. 얼마나 낙담했는지 그 후 몇 주 동안 계속해서 심하게 열이 났어요." 그러나 그는 결코 슬픔에만 잠겨 있지 않았다. 온몸이 부서지는 것 같고 더 이상 괴로울 수 없을 만큼 힘들었지만 그는 다시 사냥총을 들고 배낭을 둘러매고서 밀림으로 들어갔다. 그리고 처음부터 다시 시작했다.

또한 영국의 사상가이자 역사가인 토머스 칼라일*Thomas Carlyle, 1795~1881*은 저서 《프랑스 혁명*The French Revolution*》을 완성했을 때 큰 좌절을 겪었다. 몇 년 동안 온 힘을 다해 몰두한 끝에 마침내 원고를 완성한 후 그는 가장 친한 친구이자 철학자인 존 스튜어트 밀*John Stuart Mill, 1806~1873*에게 원고를 보내 읽어보고 의견을 말해달라고 부탁했다. 밀은 원고를 읽던 중에 약속 시간이 되자 그것을 그대로 바닥에 내려놓은 채 외출했다. 잠시 후, 그의 방에 들어온 하녀가 청소를 하면서 바닥에 놓인 원고를 보고는 버리는 것으로 생각하고 벽난로 안에 던져넣었다.

칼라일이 수많은 시간과 에너지를 들여서 완성한 작품은 이렇게 세상의 빛을 보지도 못하고 한 줌의 재가 되어버렸다. 자초지종을 들은 칼라일은 엄청난 고통과 슬픔에 휩싸였다. 사본도 만들어 놓지 않았고 심지어 요약본이나 초고도 없었기에 이것은 거의 재난에 가까운 일이었다. 그러나 며칠 동안 괴로워하던 그는 의연하게 다시 일어섰다. 그리고 "숙제를 해서 냈는데 선생님이 다시 해오라고 하신다면 더 잘하라는 의미일 거야"라고 말하고 다시 글을 쓰기 시작했다. 그는 새롭게 자료를 조사하고 글을 써서 이 거대한 작업을 다시 한 번 완성했다.

명심하자. 가진 것을 모두 잃어도 당신 자신만은 없어지지 않는다. 당신은 무한한 가치가 있는 존재라는 점을 잊지 말자. 특히 당신의 용기, 의지, 존엄성, 자신감은 값을 매길 수 없는 보배와 같은 것이므로 가능한 한 모든 노력을 다해 지켜야 한다.

실패를 약하게 만들면 당신은 강해질 것이다. 반대로 그것을 강하게 만들면 당신은 약해질 것이다. 진정한 강자는 실패를 담아두지 않는다. 그 사람에게 실패는 언급할 가치도 없는 것이며 별로 기억할 필요 없는 해프닝일 뿐이다. 작은 벌레가 날아다니다가 팔에 앉았을 때처럼 날려서 쫓아버리면 그만이다.

의지가 강한 사람은 각종 난관과 좌절을 담대하게 받아들이고 어떤 위기에 맞닥뜨려도 당황하지 않는다. 태풍이 불고 폭우가 내릴 때 유약한 사람은 문을 꼭꼭 걸어 잠그고 두려움에 떨지만 진정한 강자는 오히려 똑바로 마주한다.

성공하고 싶다면 성공으로 가는 길을 막는 장애물은 모두 치워야 한다. 성공으로 가는 길에 있는 가장 큰 장애물은 바로 당신 자신이다. 당신 안의 두려움, 의심, 걱정 등을 버리고 자신을 넘어서면 원하는 모든 것을 가질 수 있다.

핑계 없는 무덤은 없다

| 공포를 넘어서라

살면서 겪게 되는 난관에 대처하는 태도로 당신의 성공 여부가 결정된다. 난관을 대담하게 똑바로 바라본다면 그것은 꼬리를 내리고 뒤로 물러설 것이다. 그러나 난관을 바로 쳐다보기는커녕 두려움에 벌벌 떨면 당신은 결국 그것에 잡아먹히고 말 것이다. 두려워할수록 그것은 더욱 거리낌 없이 활개를 치고, 당신은 의지와 자신감을 잃고 그 안에 갇혀버리고 만다. 그것에 대한 공포를 이겨내면 난관은 쉽게 넘어설 수 있다.

티무르 제국을 세운 황제 티무르*Timur, 1336~1405*는 적에게 쫓겨 도망치다가 아주 작고 허름한 방에 숨었다. 땅바닥에 납작하게 엎드려서 이 상황에서 어떻게 벗어날지 생각할 때, 옥수수 한 알을 등에 진 개미 한 마리가 눈에 띄었다. 자신의 몸집만 한 옥수수 알갱이를 등에 진 개미는 땅에 조금 툭 튀어나온 곳을 지나가지 못하고 계속 뒤집어졌다. 그러나 개미는 포기하지 않고 넘어질 때마다 다시 옥수수를 등에 지고 계속 앞으로 나아가려 했다. 호기심이 생긴 티무르는 개미가 몇 번이나 넘어지는지 세기 시작했다. 개미는 예순아홉 번이나 넘어지더니 일흔 번째에 드디어 성공했다. 티무르는 눈앞에 닥친 난관에 굴하지 않는 개미를 보고 용기가 나는 것 같았다. 그리고 이제 곧 승리할 수 있다고 확신하며 용감하게 밖으로 나가서 적군에게 맞섰다.

당신이 강해지면 난관은 약해진다. 그러나 당신이 약하고 위축되어 있다면 절대 난관을 뚫고 지나갈 수 없다. 난관을 극복하는 능력이 곧 당신이 성공할 수 있는 능력이고, 난관을 이겨내는 횟수가 바로 당신의 성공 확률이다. 그러므로 성공하고 싶다면 '어려움을 많이 이겨낼수록 이룰 수 있는 것도 많다'라는 진리를 잊어서는 안 된다.

성공하는 사람은 난관을 발견하는 데 뛰어나지는 않지만 난관을 극복하는 데 뛰어나다. 반대로 성공하지 못하는 사람은 난관을 찾아내는 데 천부적인 재능이 있지만 난관을 극복하지는 못한다. 그들은 스스로 난관을 찾아놓고서 금세 겁을 먹고 공포에 떨기 시작한다. 그리고 '이제 어떻게 해야 하지?'라며 끊임없이 걱정하고 주저하다가 뒤로 물러선다. 새로운 일을 시작할 때마다 그들이 가장 먼저 하는 일은 바로 난관을 찾는 것이다. 그리고 두 번째로 하는 일이 바로 난관에 굴복하는 것이다.

평범한 사람들은 스스로 뒤로 물러서는 것에 익숙하다. 그들은 끊임없이 난관을 확대 해석하고 그것이 너무 커서 절대 극복할 수 없다고 단정한다. 그러면서 승리하겠다는 의지와 용기도 함께 잃는다. 이런 사람들은 언제나 뒤로 물러선 채 누군가가 자신을 도와주기만을 바란다. 오히려 이런 상태에서 편안함을 느끼며 절대 스스로 극복하려는 생각은 하지 않는다. 하지만 잊지 말아야 할 것이 있다. 하늘은 스스로 돕는 자를 돕는다는 점이다.

특별히 좋은 기회를 만나지 못한 사람은 언제나 바쁘게 일하지만, 그다지 많은 것을 이루지 못한 채 하루하루를 살아간다. 이런 사람은 종일 의욕 없이 맥이 풀린 모습을 하고서 환경이 자신을 이렇게 만들었다고 생각한다. 그러나 그 사람의 진정한 문제는 이 모든 상황을 바꿀 용기가 없어서 난관이 닥쳤을 때 언제나 고개를 숙이는 것이다.

이들은 마치 난관만 보이는 마법 안경을 쓴 것처럼 모든 일의 힘들고 어려운 부분만 찾아낸다. 그래서 말할 때도 '만약에'나 '못 해!' 같은 현실을 부정하고 소극적인 어휘를 자주 사용한다. 예를 들어 "구직자가 이렇게 많은데 내가 어떻게 취직하겠어"라거나 "만약에 그때 그 일만 잘되었으면 승진할 수 있었을 텐데"라고 말하는 식이다.

하지만 시간과 에너지를 들여 난관을 극복하려고 하지 않고 그저 핑곗거리만 찾아서는 아무것도 이뤄낼 수 없다. 난관을 극복할 기회는 한 번 지나가면 다시 돌아오지 않는다. 기회는 자신감과 열정도 함께 가져가 버린다. 공포는 당신을 평범한 사람 혹은 실패자로 만드는 불치병 같은 것이다.

| 성공의 자질을 갖추어라

성공의 자질, 다시 말해 강한 의지, 긍정적인 마음가짐, 명확한 목표, 과감한 결정력 등을 갖춘 사람은 언제나 자신의 최종 목표를 향해 용감하게 앞으로 나아간다. 그리고 수많은 난관을 극복하면서 포기하지 않고 결국 성공을 이룬다. 언제나 자신감이 넘치며, 자신에게 난관을 헤쳐나갈 능력이 있다는 것을 의심하지 않는다. 이렇게 자신감이 넘치는 것은 이루고 싶은 뚜렷한 목표가 있기 때문일 것이다. 이 목표를 실현하는 데 어떠한 대가라도 치를 생각이 있으며, 강한 의지로 목표를 향해 끝까지 돌진한다.

이런 사람에게 닥치는 난관은 그저 하찮은 것에 불과할 것이다. 성공하는 사람들은 '이 일을 완성할 수 있을까' 하는 것만 생각한다. 사실 극복할 수 없는 일이란 없다. 누구든지 끝까지 해내기만 한다면 극복할 수 있다.

중국 속담에 '나뭇잎 하나가 눈을 가려 태산을 보지 못한다'라는 말이 있다. 이는 부분에 얽매여서 전체를 보지 못한다는 의미다. 의지가 강하지 못한 사람은 언제나 난관에 두 눈이 가려 절대 성공을 보지 못한다. 모든 사람은 살아가면서 난관에 부딪힌다. 이때 성공하는 사람은 난관을 두려워하거나 회피하지 않는다. 자신이 그 어떤 것과 싸워도 이겨낼 수 있다고 굳게 믿고 자신감으로 충만하기 때문이다.

《작은 아씨들》의 작가 루이자 메이 올컷*Louisa May Alcott, 1832~1888*은 어느 날 자신에게 글을 쓰는 재능이 있다는 것을 발견했다. 그녀가 글을 써서 처음으로 돈을 벌었을 때, 아버지가 미국의 일류 문예잡지 〈애틀랜틱 먼슬리*The Atlantic Monthly*〉의 편집장에게서 받은 편지를 보여 주었다. 편지에는 "루이자를 계속 학교에 보내십시오! 지금 상황으로는 절대 성공하지 못할 겁니다"라고 쓰여 있었다. 편지를 읽은 루이자는 아버지에게 이렇게 말했다. "그분에게 저는 반드시 성공할 것이라고 말해주세요. 그때 제가 〈애틀랜틱 먼슬리〉에 글을 기고하겠다는 이야기도요."

얼마 지나지 않아 그녀는 정말로 이 잡지에 시 한 편을 기고했다. 올컷은 일기에 이런 내용을 썼다. "20년 전에 나는 내 힘으로 집안의 빚을 갚아야겠다고 결심했고, 마흔 살이 되던 해에 모든 채무를 청산했다. 갚아야 할 빚이 없어지자 돈이 모이면서 우리 가족은 모두 편안한 생활을 누릴 수 있었다. 이 일이 건강을 조금 해쳤다고 해도 나는 충분히 행복하다."

인생은 되돌릴 수 없다. 한 번뿐인 인생을 즐겁게 살지, 그와 반대로 살지는 오로지 자신의 결정에 달렸다. 주변의 모든 것이 행복의 근원이 될 수 있다는 점을 기억하자. 일하면서 겪게 되는 난관과 그에 따르는 고통을 넘어서서 삶의 모든 부분을 기쁨과 놀라움으로 가득하게 만들어야 한다. 의식적으로 그렇게 했을 때 스스로 더 발전했음을 깨닫게 될 것이다.

좌절을 딛고
일어서는
최후의 용기

| 혼다는 어떻게 세계적 기업이 되었는가

좌절을 딛고 일어설 때 가장 쉽게 이용할 수 있으면서 또 가장 중요한 것이 바로 용기다. 용기는 자신감의 전제 조건으로, 용기가 없는 사람은 절대 성공할 수 없다.

난관이 닥쳤을 때 고통스러워하며 이를 회피하는 사람은 실패한다. 그러므로 끝까지 싸우겠다는 투지와 용기를 가슴에 품고 난관을 마주해야 한다. 어떤 일이든지 용감하게 시도한다면 상상을 뛰어넘는 성과를 얻을 수도 있다. 성공한 사람들은 실패를 두려워해서는 절대 성공할 수 없다고 조언한다. 실패를 두려워하면 기회를 잃기 때문이다. 물론 용감하게 시도했지만 실패할 수도 있다. 그러나 이때 당신이 실패에 무릎 꿇지만 않는다면 실패는 당신의 발전과 성공에 밑거름이 될 것이다.

일본의 경제·산업 등을 담당하던 정부 기구 통산성通産省은 1950~1960년대에 자동차 산업 발전 계획을 시행했다. 그 내용을 구체적으로 보면 주요 자동차 회사 몇 곳을 선정하고 적극 지원해서 일본 자동차의 국제 경쟁력을 향상시킨다는 것이었다. 일본 정부는 이 계획을 위해 엄청난 재정을 투입하기로 했다.

당시 혼다기연공업을 이끌던 혼다 소이치로本田宗一郎, 1906~1991는 다른 큰 회사에 합병될지, 아니면 자동차 사업을 포기하고 오토바이 생산에만 주력할지를 결정해야 했다. 그는 강한 의지와 자신감, 성공에 대한 신념이 강한 사람이었다.

혼다는 조용히 앉아서 정부의 처분만 기다리지 않았다. 그는 정부의 정책이 자신과 회사에 미칠 영향을 냉정하게 분석하고 반드시 정부의 지원을 받는 자동차 회사로 선정되어야겠다고 결심했다. 그러려면 혼다기연공업이 다른 회사들보다 기술적으로 뛰어나다는 점을 증명해야만 했다. 그래서 그는 온 힘을 다해 기술 연구에 돌입했고, 그 결과 발전의 돌파구를 찾아냈다. 이러한 혼다 소이치로의 용기와 과감한 결정 덕분에 오늘날 혼다 모터스는 세계적인 자동차 회사가 될 수 있었다.

만약 정부의 정책이 발표되었을 때 그가 도요타 같은 거대 자동차 기업에 굴복했다면 지금 혼다 모터스는 존재하지 않을 것이다. 난관을 마주하는 것은 시합에 참여하는 것과 비슷하다. 시합에 나서기도 전에 패배할까 봐 겁에 질린다면 결코 승리하지 못할 것이다. 그렇다면 실패에 대한 두려움은 어떻게 극복해야 할까? 여기 소개하는 방법들을 기억하자.

○ 성공을 갈망하라

성공하는 사람은 현재 상황에 안주하지 않고 끊임없이 발전하고자 한다. 성공하고 싶다면 먼저 성공을 간절히 바라야 한다.

○ 자신만의 세계에서 벗어나라

자신만의 공간에 틀어박혀 웅크리고 앉아서 스스로 외부와 격리하는 사람이 많다. 이런 사람은 밖에 아무리 시원한 바람이 불고 큰 파도가 쳐도 알지 못한 채 자신만의 세계에 틀어박힌다. 난관이 닥쳤을 때는 어떻게 해결해야 하는지 몰라 뒤로 물러서거나 소극적인 태도로 마주한다. 지금 당신이 그러하다면, 그리고 그런 자신이 싫다면, 해결 방법은 아주 간단하다. 용감하게 자신만의 세계에서 벗어나 세상으로 나가면 된다. 그러면 곧 이 세상이 얼마나 아름다운지 깨닫게 될 것이다.

○ 성공한 사람들을 본받아라

우리는 스스로 자극하여 잠재 능력이 발휘되게 해 새로운 용기의 원천을 찾아야 한다. 죽는 순간까지 배운다는 자세로 끊임없이 더 나은 자신을 만들어가야 한다. 이때 가장 쉬우면서 효과적인 방법이 바로 이미 성공한 사람들의 비결을 본받는 것이다. 그들을 본보기로 삼는 행위 자체가 학습의 과정이다. 이를 통해 끊임없이 자신을 업그레이드 하자.

○ 계획과 실천을 병행하라

계획만 세우고 실천하지 않는다면 아무 소용이 없다. 실천을 병행하지 않는 계획은 진정성이 없고 공허할 뿐이다. 많이 실천할수록 용기와 자신감이 생기고, 이를 바탕으로 다음 실천을 할 수 있다. 이런 긍정적인 순환은 당신을 성공으로 이끌 것이다.

반복되는 실패에도 절대 무너지지 않으려면

| 언제나 열정으로 가득하라

철강왕 카네기의 사무실 책상 위, 그리고 남태평양에서 연합군을 지휘하던 맥아더 장군의 사무실 벽에는 똑같은 좌우명이 붙어 있었다.

"믿음이 있으면 젊은 것이고, 의혹이 있으면 늙은 것이다. 자신감이 있다면 젊은 것이고, 두려워한다면 늙은 것이다. 희망을 품는다면 젊은 것이고, 절망한다면 늙은 것이다. 세월은 주름을 만들 뿐이지만, 열정을 잃으면 영혼마저 잃는다."

당신이 미장공이든 기업의 고위 간부든 상관없이 열정만 가득하다면 늘 즐겁게 일할 수 있다. 열정이 있는 사람은 언제나 호기심 어린 눈으로 세상을 바라보며, 무슨 일이든 열심히 한다. 해야 할 일이 얼마나 어려울지, 얼마나 많은 에너지를 들여야 할지 따지지 않는다. 그리고 언제나 자신이 성공할 수 있다고 믿는다. 자신의 목표를 이루기 위해 온몸의 세포 하나하나까지 동원하는 사람만이 성공할 수 있다. 미국을 대표하는 사상가 랄프 왈도 에머슨*Ralph Waldo Emerson, 1803~1882*은 "역사상 열정 없이 만들어진 성공은 없다"라고 말했다. 당신이 어떤 일에 흥미를 느끼고 그것을 간절히 하고 싶다고 느낄 때 바로 열정이 생긴다. 그리고 뜨거운 열정 때문에 잠을 못 이룰 때 당신은 비로소 성공할 수 있다.

잠재의식에 숨어 있는 열정은 적극성과 추진력으로 드러난다. 열정은 지금 당장 일을 시작하도록 당신을 고무시킬 것이다. 그리고 열정은 전염되는 것이어서 주변의 모든 사람에게 전해질 수 있다.

열정을 품고 일하면 어떤 풍랑도 이겨낼 수 있으며, 아무리 견고한 장애물이라도 무너뜨릴 수 있다. 당신 안의 열정이 겉으로 드러나면 전에는 무미건조하기 그지없던 일이 매력적으로 느껴질 것이다. 열정은 마치 발전기처럼 당신의 세포 하나하나를 활력으로 충만하게 해 최소한의 시간과 노력으로 최대한의 성공을 이룰 수 있게 도와준다.

특히 조직의 리더들은 이 점을 잘 이용해야 한다. 훌륭한 리더는 직원들의 열정을 자극해서 적극적으로 즐겁게 일하도록 이끈다. 이것은 역사상 위대한 지도자들의 공통점이기도 하다. 열정은 위대한 에너지다. 성공하고 싶다면 잠재의식에 숨어 있는 열정을 자극해서 끄집어내야 한다. 그러면 열정이 당신을 성공한 사람으로 만들어 줄 것이다.

| 당신을 성공으로 이끄는 열정

월트 디즈니는 잘 씻지도 못할 만큼 가난한 삶을 살았지만 미키마우스라는 캐릭터를 만들어 단번에 부와 명예를 거머쥐었다. 그의 성공은 모두 열정이 이끌어낸 것이다. 디즈니는 이렇게 말했다. "백만 달러가 있다면 저축하지 않고 더 좋은 영화를 만드는 편이 훨씬 흥미로워요."

미주리 주의 캔자스 시에 살던 그는 화가가 되는 것을 꿈꾸었다. 어느 날은 자신의 그림을 들고 〈스타Star〉지의 편집장을 만나러 갔다. 그러나 편집장은 디즈니의 그림을 사기는커녕 재능이 없으니 화가가 되려는 꿈을 포기하라고 말했다. 디즈니는 상심해서 고개를 푹 숙인 채 돌아올 수밖에 없었다. 얼마 후, 그는 여기저기 일자리를 알아본 끝에 교회에서 주문하는 그림을 그리는 일을 얻었다. 보수는 정말 적었지만 그는 좋아하는 그림도 그리고 돈을 벌 수도 있어서 몹시 기뻤다. 그런데 그림을 그릴 장소가 문제였다. 디즈니는 어쩔 수 없이 아버지의 자동차 공장에서 그림을 그리기로 했다. 사방이 기름때와 윤활유 냄새로 찌든 공장에서 디즈니는 자신이 부자가 되는 상상을 하며 그림을 그렸다.

이후 할리우드로 진출한 디즈니는 첫 번째 애니메이션 〈운 좋은 토끼, 오즈월드Oswald, the Lucky Rabbit〉를 제작했지만 크게 실패했다. 다시 실업자가 된 디즈니는 아버지의 자동차 공장에서의 일을 떠올렸다. 여느 때처럼 주문받은 그림을 그리던 날이었다. 어디선가 생쥐 한 마리가 나타나 공장 여기저기를 휘젓고 다니기 시작했다. 디즈니는 붓을

놀리던 손을 잠시 멈추고 생쥐가 먹을 수 있게 빵 한 조각을 땅에 놓아주었다. 며칠 후, 생쥐는 화판 위에 올라갈 정도로 디즈니를 따랐다.

디즈니는 그날 만난 생쥐를 떠올리고는 바로 스케치했다. 이것이 바로 전 세계 어린이들이 가장 좋아하는 캐릭터 미키마우스가 탄생한 이야기다. 디즈니는 애니메이션 〈미키마우스〉에 필요한 그림 하나하나를 모두 직접 그리고 동물원에 가서 다양한 동물의 소리를 연구하기까지 했다. 스토리도 혼자 구상하고 대사도 전부 직접 썼다. 나중에 회사의 규모가 커지면서 직원들을 고용했지만 그는 모든 일을 직접 결정했다.

디즈니는 전심전력을 다해서 일에 매달렸다. 아이디어가 생각나면 직원들과 의견을 나누며 그것을 발전시켰다. 어느 날, 그는 어린 시절 어머니에게서 들은 아기 돼지 세 마리와 늑대의 이야기를 떠올리고 그것을 애니메이션으로 만들어야겠다고 마음먹었다. 하지만 제작자들은 관심을 보이지 않으며 투자 제안을 거절했다. 심지어 회사의 직원들도 별로 좋은 아이디어가 아니라고 반대했다. 그러나 절대 포기할 수 없었던 디즈니는 기획서를 들고 제작자를 찾아가 거듭 설득했다. 거절당하면 기획서를 다시 써서 찾아갔다. 매번 거절당하면서도 그는 결코 일에 대한 열정을 잃지 않았다.

결국, 몇몇 제작자가 크게 기대하지는 않지만 한번 해보자고 말했다. 대신 〈미키마우스〉의 제작 기간보다 짧은 시일에 완성하라는 조건을 내걸었다. 〈미키마우스〉의 제작 기간은 90일이었고, 디즈니는 이번에 60일 만에 〈아기 돼지 삼형제〉를 완성했다. 이 작품은 모든 제작자와 직원의 예상을 뒤엎고 전 국민의 사랑을 받았다. 주제곡이 미국 방방곡곡에서 흘러나왔고 아이들뿐만 아니라 어른들도 〈아기 돼지 삼형제〉를 좋아했다. 이 애니메이션 영화는 관객들의 요구로 일곱 번이나 재상영되었다. 애니메이션 역사상 처음 있는 일이었다.

오늘날 〈미키마우스〉를 모르는 사람은 없다. 전 세계 사람들의 사랑을 받는 이 캐릭터는 바로 디즈니의 열정으로 만들어진 것이다. 월트 디즈니는 단 한 번도 돈을 벌려고 하지 않았고 그저 자신이 좋아하는 일, 가장 잘하는 일을 해서 멋지게 살고자 했다. 일은 그에게 활력을 주었으며, 그 어떤 오락거리보다 더욱 그를 흥분시켰다.

열정적인 태도를 만드는 열한 가지 방법

노벨 물리학상 수상자이자 레이더를 발명한 에드워드 애플턴*Edward Appleton*은 이렇게 말했다. "과학 분야에서 큰 성과를 얻고 싶다면 전문적인 지식보다는 열정적인 태도를 먼저 갖추어야 한다." 어떻게 해야 열정적인 태도를 갖춘 사람이 될 수 있을까?

○ 공부하라

어떤 것이든 그 겉모습만 보고 본질을 이해하지 못한다면 흥미를 느낄 수 없다. 설령 흥미를 느낀다고 해도 일시적일 뿐이다. 어떤 사물에 흥미를 느낄지 그렇지 않을지는 그것을 얼마나 잘 이해하는가에 달렸다. 무언가를 열심히 하고 싶다면, 먼저 그것에 관해 공부해야 한다. 이해가 깊어질수록 그것이 얼마나 재미있는지를 느끼고, 곧 흥미가 생길 것이다. 좋아하지 않는데도 해야 하는 일이 있다면 이 방법이 효과적이다. 또 하고 있는 일에 흥미가 줄어드는 것 같을 때도 매우 효과적인 방법이다.

○ 열정을 드러내라

일상에서 열정을 드러내는 연습을 하자. 예를 들어 아침에 만나는 동료들에게 인사할 때마다 밝게 미소 지어 당신이 에너지가 넘치는 사람이라는 인상을 주는 것이다. 악수할 때는 상대방의 손을 잡고 미소를 지으며 만나서 반갑다고 말을 건넨다. 또 감사의 뜻을 표할 때는 반드시 진심을 다해야 한다. 몸짓, 손짓, 표정만으로도 당신이 얼마나 열정적인지, 하는 일에 흥미가 있는지 없는지 가늠할 수 있다. 열정적인 사람은 언제나 에너지를 뿜어내지만 그렇지 않은 사람은 항상 무표정한 채로 맡겨진 일만 할 뿐이다.

○ 좋은 일을 나누어라

주변 사람들에게 "좋은 소식이 있어요"라고 말해본 적이 있을 것이다. 그러면 사람들은 모두 기대에 찬 표정으로 어서 그 좋은 소식을 알려주기를 기다린다. 그리고 소식을 들으면 즐거워하며 그것에 관해 이야기를 나눌 것이다.

매일 아침 출근할 때 동료들에게 좋은 소식을 전해서 그들이 온종일 기분 좋게 일하도록 해보자. 대단한 뉴스거리가 아니어도 된다. 상대방에 대한 간단한 칭찬과 격려일 수도 있고, 어제 있었던 재미있는 일이나 최근에 책에서 읽은 유머 같은 것도 좋다. 뛰어난 영업사원들은 언제나 좋은 소식을 들고 방문해서 고객을 즐겁게 한다. 그런 다음에 방문한 용건을 꺼내면 고객은 열린 마음으로 이야기를 들어준다.

○ '당신은 소중한 사람'이라는 태도로 행동하라

"최고의 분들을 위한……." "똑똑한 엄마(아기)들이 사용하는……." "현명한 주부들의 비결……." "……를 사용하면 질투의 대상이 될지도 모른다." 광고에서 흔히 접할 수 있는 이런 문구들은 당신이 해당 제품을 사용하면 상류 사회에 진입할 수 있다고 암시한다. 또 해당 제품을 사는 것이 당신의 성공을 의미하므로 구매할 가치가 있다고 속삭인다. 이것은 광고업계에서 널리 알려진 전략이다. 고객이 스스로 매우 중요하다는 느낌, 존중받는다는 기분을 느끼게 하는 것이다. 그러면 고객은 기꺼이 제품을 사기 위해 지갑을 열 것이다.

"당신은 평범하기 그지없는 사람입니다. 아무도 당신을 알지 못하죠. 당신이 하는 말은 나에게 아무런 영향도 주지 못해요." 이런 말을 듣고 싶어 하는 사람은 없다. 그러므로 당신이 이런 태도로 사람들을 대한다면 얼마 안 있어 모두 당신을 멀리할 것이 분명하다. 반대로 상대방이 매우 중요한 사람이라는 느낌이 들게 대한다면 상대방도 같은 태도로 당신을 대할 것이다.

○ 건강을 열정의 바탕으로 삼아라

체력과 에너지는 성공으로 다가가는 데 가장 기본적인 요소다. 행동에 활력이 넘치는 사람은 분명히 긍정적인 사람일 것이다. 매일 아침 공원에 가보면 건강을 위해 운동하는 사람들을 볼 수 있다. 금융, 교육 등 어떤 분야에 종사하는 사람이든 이런 아침 운동은 우리 몸을 건강하게 할 뿐만 아니라 열정을 자극해서 활기찬 하루를 보내도록 한다.

○ 자신을 격려하라

코치는 선수에게 정신력을 강화시키는 말을 해서 투지가 불타오르도록 한다. 부서의 팀장은 직원들을 격려해서 능력이 최대한 발휘되도록 유도한다. 이뿐만 아니라 자기 자신에게 건네는 격려나 정신력을 강화시키는 말들도 같은 효과가 있다. 짧은 강연을 한다고 생각하고 자신을 응원해보자. 실제로 유능한 영업사원은 고객을 만나기 전에 스스로 격려하는 말을 한다. 그러면 영업 성공 확률은 큰 폭으로 높아진다. 또 면접을 보기 전에 자신에게 용기를 북돋는 짧은 강연을 한다면 고용될 확률은 훨씬 커질 것이다.

○ 항상 자신을 확인하라

이 방법은 열정과 별로 관계가 없어 보인다고 생각할 수도 있다. 여기에서 확인하라고 하는 것은 주변 환경과 일에 대한 당신의 생각과 태도다. 우리 내면에는 다양한 심리가 있다. 이 심리들은 우리의 마음속에서 서로 주도적인 위치를 차지해 우리의 말과 행동으로 드러나고자 한다. 당신의 마음속을 차지한 심리가 자기비하, 우울, 비관 같은 것이라면 말과 행동에 반영될 것이다. 그런 상황에서는 열정이 생겨날 수 없다. 절대 이런 상황이 오래 지속되도록 내버려 두어서는 안 된다.

자기비하와 우울, 비관이 이미 마음속에 자리를 잡았다면 이것을 뿌리 뽑아야 한다. 항상 자신을 격려하면서 할 수 있다고 응원하자. "신은 나를 사랑해. 내 인생에는 행운만 가득할 거야. 나는 매일 행복해. 기회를 놓치지 않겠어. 내가 원하는 걸 다 얻을 거야. 나는 실패가 두렵지 않아. 최선을 다해서 일할 거야. 나는 내 삶이 더욱 즐거워지게 할 수 있어. 나는 긍정적이고 열정적인 사람이야." 이런 말로 끊임없이 자신을 고무시키는 것이다. 이렇게 자신에게 용기를 불어넣으면 당신의 일과 생활은 진정한 성공의 길을 걷게 될 것이다.

○ 자신이 이미 승자임을 기억하라

모든 사람은 유일무이한 존재다. 당신과 완전히 똑같은 사람은 이전에 없었고 현재도 없으며 앞으로도 없을 것이다.

사실 당신은 태어났을 때부터 이미 승자다. 수천만 개의 정자가 모두 오로지 하나의 목표, 바로 난자를 향해 달려간다. 이렇게 엄청난 경쟁을 이겨내고 승리한다는 것이 얼마나 대단한 일인지 생각해보자. 가장 건강하고 빠른 정자가 한바탕 전투를 치르고 난자와 결합해서 수정란을 만든다. 당신은 이렇게 해서 만들어졌고, 어머니의 자궁 안에서 편히 누워 끊임없이 영양을 섭취하는 등 승자의 여유를 누리며 천천히 자라났다. 같은 이유로 당신의 아버지와 어머니도 이미 승자다. 당신은 부모님과 선조가 진화를 거치며 남긴 모든 유전적 특성을 물려받았다. 그래서 당신은 의심할 바 없이 이 세상에서 유일무이한 존재이며, 태어났을 때부터 이미 승자다. 지금 당신의 눈앞에 아무리 많은 난관과 좌절이 있다고 하더라도, 그것이 아무리 강력한 것일지라도, 반드시 극복할 수 있다. 목표가 아무리 높고 멀어도 분명히 그곳에 다다를 수 있다.

○ 안주하지 마라

성공하는 사람은 절대 자신의 작은 성공에 안주하지 않는다. 그들은 현재의 안락함에 안주하지 않기 위해 끊임없이 영감을 자극하고 능력을 발휘하고자 한다.

부정적인 마음가짐은 당신이 잘못된 결정을 내리도록 한다. 마치 거미줄처럼 당신의 영혼을 속박하고 생각을 뒤흔들어놓아서 현명한 사람이라도 자칫 그 함정에 빠질 수 있다. 이런 부정적인 마음가짐 중에서도 가장 강력한 것이 타성이다. 타성은 아주 촘촘하고 질긴 거미줄처럼 당신을 현재 상황에 꽁꽁 묶어놓고 안주하게 해 앞으로 아무 일도 이루지 못하게 한다. 또한 당신이 잘못을 깨달아도 거부하지 못하게 하여 결국 당신의 삶을 무너뜨린다.

타성을 극복하고 싶다면 절대 만족해서는 안 된다. 그것을 극복하면 실패는 성공으로, 비극은 희극으로 바뀔 것이다. 가난한 사람이 가난한 것은 스스로 현재 상황을 운명이라 생각하고 가난한 상황에 안주하기 때문이다. 이런 사람은 자신의 영혼을 일깨워 상황을 바꾸어보려고 하지 않는다. 스스로 행동하지 않는데 어떻게 부유함을 얻을 수 있겠는가? 그러나 가난한 현실에 불만을 품고 자신의 열정과 의지, 잠재 능력을 자극하여 발휘한다면 분명히 부유해질 수 있을 것이다.

딱딱한 껍질로 둘러싸인 벌레가 걸리면 거미줄은 결국 찢어지고 만다. 마찬가지로 타성도 얼마든지 극복할 수 있다. 긍정적인 마음가짐으로 영혼을 자극하면 부정적인 마음가짐이 쳐놓은 촘촘한 거미줄도 깨끗이 없앨 수 있다. 그렇게 되면 당신은 분명히 성공을 거둘 것이다.

현실에 대한 불만은 성공의 밑바탕이다.

○ 희망을 품어라

희망이 있는 사람은 성공하고자 하는 욕망이 강하다. 희망은 자신감과 열정을 불러일으키고 실천하게 한다. 그래서 희망은 성공하는 데 꼭 필요한 요소다. 어떻게 해야 이런 희망을 품을 수 있을까? 가장 좋은 방법은 바로 격려다. 누군가의 격려를 받으면 희망이 생길 수 있다. 하지만 다른 사람이 격려해줄 때까지 하염없이 기다릴 수는 없다. 기다릴 수만은 없으니 항상 스스로 자신을 격려해야 한다.

에이브러햄 링컨은 스무 살 이후 30년 동안 수많은 난관에 부딪히고 좌절을 경험했다. 사업에는 다 실패하고, 아내가 세상을 떠나자 정신적으로 무너졌다. 또 국회의원 선거에서 각축을 벌였으나 낙선하고, 부통령 후보로 지명되지도 못했다. 이렇게 수많은 실패를 겪었지만 링컨은 마음속의 희망만은 절대 놓지 않았다. 그는 실패와 좌절을 딛고 일어나 적극적이고 열정적으로 행동하여 희망을 실현했다. 그렇게 해서 마침내 예순두 살에 대통령이 되었다.

희망이 있고 신념이 강한 사람은 분명히 열정적일 것이다. 이런 사람은 열정적인 행동으로 희망을 현실로 바꿀 수 있다.

○ 자신에게 도전하라

긍정적인 마음가짐과 적극성만 있다면, 사회 규율에서 벗어나지 않는 한 당신이 상상하고 믿는 모든 것을 실현할 수 있다. 용감하게 자신에게 도전해보자. 어떤 일을 하든지 최고의, 최선의 결과를 내고자 노력해야 한다. 항상 완벽함과 비교하면서 부족한 점을 메워나가는 습관을 기르자.

당신 안에 있는 모든 소극적인 것에 선전포고를 하자. 두려워하던 것에 도전하고, 불행과 실패, 가난……, 스스로 만족스럽지 않은 모든 일에 도전하는 것이다. 그런 것들이 하찮은 벌레처럼 약한 존재라고 느껴질 때 당신은 비로소 강해질 수 있다. 그러면 성공과 부가 당신에게 손짓하고, 당신의 눈 앞에 펼쳐진 세상은 더욱 아름다워 보일 것이다. 이것이 바로 자신을 바꾸어 세상을 바꾸는 법이다.

당신이 맞닥뜨리는 모든 문제는 그 안에 해결 방법이 숨어 있다. 해결하기 어려운 문제는 단지 그 방법을 찾기가 까다로울 뿐이다. 모든 불행은 행운의 씨앗을 품고 있다. '위기'는 '위험'과 '기회'가 결합된 말이라는 점을 잊지 말자.

당신의 모든것을 완벽히 컨트롤하라

| 자제력이 있어야 성공의 기회를 잡는다

일상에서 겪는 사소한 일에도 성공의 원칙, 성공의 기회가 숨어 있다. 하지만 대부분 사람이 그것을 자세히 관찰하지 않고 알아보지 못해서 놓치고 만다. 그렇다면 어떻게 해야 성공의 기회를 놓치지 않을수 있을까? 여기에 소개하는 일곱 가지를 실천하여 습관을 들이자.

○ 시간 컨트롤

시간은 마치 흐르는 물처럼 쉬지 않고 흐르므로 항상 주의를 기울여야 한다. 언제 일할지, 언제 쉴지, 언제 생각에 잠길지 등을 잘 생각하여 시간을 충분히 활용해야 한다. 그러면 하루를 헛되이 흘려보내지 않을 수 있다. 당신을 둘러싼 환경은 제어할 수 없어도 시간만큼은 충분히 제어할 수 있다. 또한 시간은 곧 삶이다. 시간을 소중하게 생각하는 것은 곧 자신의 삶을 소중하게 생각하는 것이다. 오늘 할 일을 내일로 미루지 말자. 합리적으로 시간을 컨트롤할 때 비로소 모든 것을 변화시킬 수 있다.

○ 생각 컨트롤

우리가 생각하는 많은 이상과 계획은 모두 실현할 수 있다. 하지만 그러기 위해서는 그 계획들을 추진해나가도록 반드시 일정한 자극을 받아야 하며, 이때 생각을 컨트롤하는 힘이 필요하다. 대뇌를 자극해서 자신의 생각을 컨트롤하자. 반드시 할 수 있다고, 끝까지 해내겠다고 생각할 때 우리의 모든 이상과 계획을 실현할 수 있다.

○ 소통 대상 컨트롤

어느 시대에 태어날지 선택할 수는 없지만 일과 생활의 환경은 선택할 수 있다. 그리고 어울릴 대상도 선택할 수 있다. 다시 말해 어떤 사람들과 많은 시간을 보낼지, 어떤 사람과 친구가 될지 선택할 수 있다. 당신을 잘 이해하고 믿어주고 격려하고 자극하는 사람, 그리고 당신이 본받을 가치가 있는 사람을 찾아서 그들과 소통하라.

○ 소통 방식 컨트롤

소통 방식은 소통의 질에 직접적으로 영향을 미친다. 우리가 다른 사람과 소통하는 가장 중요한 이유는 그들의 의견을 듣고 그 의견을 받아들이기 위해서다. 이는 소통의 방식을 컨트롤해서 가장 효과적으로 달성할 수 있다. 알맞은 내용과 방식으로 소통할 때 더 많은 생각과 가치 있는 것을 얻을 수 있다.

○ 단계 컨트롤

위의 시간, 생각, 소통 대상, 소통 방식을 잘 컨트롤해서 효과적으로 목적을 달성하고 싶다면 이 네 가지를 일정한 순서와 기한에 따라 잘 계획해야 한다. 자신에게 가장 알맞은 방법으로 계획을 짜고 그에 맞추어 차근차근 실현해나가자.

○ 목표 컨트롤

위의 다섯 가지 컨트롤을 잘 이해했다면, 장기적인 목표를 컨트롤할 차례다. 최종 목표가 있다면 그것이 나침반처럼 우리를 인도할 것이다. 목표가 확고하면 그것을 향해 나아가며 자신감과 용기로 충만한 삶을 살 수 있다.

○ 걱정 컨트롤

모든 사람은 즐겁게 살고 싶어 하지만 대부분 걱정과 초조함을 완전히 벗어던지지 못한다. 자신의 행동과 그로 말미암은 결과에 책임을 져야 하므로 어느 정도의 걱정은 피할 수 없다. 살면서 많은 난관에 부딪히고 그것을 극복하고자 도전하다 보면 분명히 실패에 대한 걱정과 초조함이 생길 것이다. 이를 컨트롤하는 방법은 끊임없이 노력하는 것이다. 끝까지 최선을 다해서 노력하겠다는 마음이 있다면 반드시 좋은 결말을 이끌어낼 수 있다. 노동력을 제공하면 그에 알맞은 급여와 복리를 얻을 수 있는 것처럼, 얼마만큼 노력했느냐에 따라 당신이 얻는 것의 질과 양이 결정된다.

우리를
무너트리는
비이성적인 감정들

감정을 컨트롤하지 못해서 오히려 더 골치 아픈 일이 생기거나, 자신의 말과 행동을 후회한 경험이 있을 것이다. 우리는 외부 사물에 대한 관념을 형성하고 평가를 내린다. 이때 주관적인 판단으로만 사물을 관찰하고 인식한다면 분명히 비이성적인 감정들이 개입하게 마련이다. 그런 인식과 판단은 결코 정확할 수 없다. 게다가 경험과 지식이 부족하다면 더욱 그러할 것이다.

이렇게 우리를 방해하는 비이성적인 감정들에는 어떤 것이 있을까? 이런 감정에 관해 잘 이해하면 우리는 더 효과적으로 감정을 컨트롤할 수 있다.

○ 질투

질투가 많은 사람은 자신보다 우수하고 성공한 사람을 마주했을 때 적극적으로 그 사람을 본받지 못한다. 오히려 그 사람의 성공을 깎아 내리려고 할 것이다. 이런 사람은 자신만의 어둡고 우울한 감정에 빠져서 자신의 생각만 옳다고 여긴다. 하지만 질투가 점점 많아질 때 결국 상처받는 사람은 바로 자기 자신이다. 이런 사람은 마음속이 악의로 가득 차서 방어적이고 소극적으로 행동하며 환경이나 다른 사람을 원망하고 비하하는 데 많은 시간과 에너지를 쏟는다. 그렇다고 자신이 비난하는 타인보다 앞서기 위해 적극적으로 행동하지도 않는다. 그러면 성공에서 점점 멀어질 뿐이다.

○ 분노

화가 났을 때 가라앉지 않고 더욱 심해지는 것을 분노라고 한다. 분노의 감정이 생겨나면 이성적으로 화해할 기회를 놓치게 된다. 그리고 행동과 언어에서 모두 이 감정이 드러난다. 일시적인 분노를 느끼면 우선 자신을 이성적으로 컨트롤할 수 없게 된다. 심해지면 오랜 시간을 함께한 친구와 동료, 고객 등을 잃을 수도 있고 이로 말미암아 발생하는 손실은 어떤 방식으로도 메울 수 없다.

분노했을 때 막무가내로 행동하는 것은 절대 문제를 해결하는 방법이 될 수 없다. 그런 행동을 하면 점점 고립될 뿐이다. 성공하고 싶다면 분노를 다스려야 한다. 분노는 어떤 상황에서도 환영받지 못한다.

○ 공포

적당한 걱정과 우려는 성공을 방해하는 요소를 없애는 데 효과를 발휘한다. 하지만 그 정도가 심해져서 공포를 느끼게 되는 상황은 막아야 한다. 공포에 휩싸인 사람은 무슨 일이든 용감하게 도전하기는커녕 적극적으로 하지 못하고 회피하려고 들 것이다. 공포는 자신감이 사라지게 하고 자기비하를 하게 한다.

실패를 겪어본 사람은 쉽게 공포를 느껴 자신에게 주어진 기회를 포기한다. 하지만 아예 시도조차 해보려 하지 않는다면 아무것도 이룰 수 없다. 할 수 있는 모든 방법을 동원해서 공포를 없애야 한다. 그렇지 않으면 유약한 실패자가 될 뿐이다. 공포 같은 하찮은 요소가 성공으로 나아가는 당신의 발목을 잡는다면 이후에 맞닥뜨리게 될 더 큰 장애물과 난관에는 어떻게 대처하겠는가?

○ 우울함

비이성적인 감정 가운데 가장 심각하고 가장 해결하기 어려운 것이 우울함이다. 다른 감정들은 성공을 향해 가는 당신의 앞길을 험난하게 한다면 우울함은 아예 성공과 반대 방향의 길로 당신을 내몬다고 할 수 있다. 이 감정은 심리적 훈련만으로 극복할 수 없으며 타고난 천성, 태도, 인지 방법까지 바꾸어야 극복할 수 있다.

마치 달팽이가 등에 진 거대하고 딱딱한 껍데기 속에 웅크리는 것처럼 우울한 사람은 자신이 만든 보이지 않는 껍데기 속에 숨으려고 한다. 이런 사람은 별로 중요하지도 않은 슬픈 일을 떠올리면서 스스로 우울함에 빠져들어 높은 절벽 위의 성에 갇힌 것처럼 좀처럼 헤어 나오려 하지 않는다. 우울함에 사로잡힌 사람은 성공할 수 없을 뿐만 아니라 심지어 이전에 이루어 놓은 작은 성공들마저 날려버린다.

○ 긴장

새로운 환경을 마주했을 때 혹은 많은 사람의 주목을 받을 때 긴장하는 것은 당연하다. 적당한 긴장은 일의 속도를 올리고 집중력을 강화할 수도 있다. 하지만 지나친 긴장은 전혀 도움이 되지 않는다. 긴장은 평소와 다른 생리 현상까지 일으킬 수 있다. 예를 들어 목소리가 잘 나오지 않거나, 손이 떨리거나, 입술이 새파래질 수 있다. 또는 식은땀을 흘리거나, 호흡이 가빠질 수도 있다. 이런 모습은 당신을 집중력이 부족한 아이처럼 보이게 할 것이다. 또한 자신의 그런 모습을 알아차리면 증상은 더욱 심해질 것이다. 지나치게 긴장하면 회의 전에 미리 준비한 말과 몸짓을 새하얗게 잊어버릴 수 있다. 그러면 계획한 일은 모두 무산되고 말 것이다. 그리고 상대방은 당신이 긴장한 모습을 보고 경험과 준비가 부족하다고 생각할 것이 분명하다.

모든 사람, 심지어 이미 성공한 사람도 때때로 긴장한다. 하지만 성공한 사람들은 자신의 긴장을 컨트롤하고 그 감정을 겉으로 드러내지 않는 법을 알고 있다. 미국의 대통령 에이브러햄 링컨도 대중 앞에서 연설할 때면 항상 긴장했다. 그러나 그에게는 긴장을 숨기는 자신만의

연설법이 있었다. 그래서 그가 긴장했다는 사실을 알아차리는 사람은
아무도 없었다.

O 초조

언뜻 보면 초조해하는 사람은 아주 활력이 넘치고 적극적인 것처럼
보인다. 하지만 이야기를 나누다 보면 그들이 단지 초조해하는 것뿐이
라는 사실을 알아채게 될 것이다. 그들은 겉으로 활기차고 적극적인
모습을 보여 자신의 텅 빈 마음을 가리려고 한다. 이런 사람은 아는 것
이 많지 않고 깊이가 없다. 자신이 한 말도 돌아서면 잊어버리고, 계획
이 없고, 논리도 부족하다. 그래서 큰일을 맡으면 아주 열심히 일하는
것 같지만 결코 완성하지 못한다. 그들은 적극적이고 활기찬 겉모습으
로 다른 사람뿐만 아니라 자기 자신까지 속인다. 그래서 자신이 초조
함에 휩싸였다는 사실을 인지하지 못하기도 한다. 초조함은 우울함과
정반대의 극단적인 감정, 바로 극단적인 흥분 상태라고 할 수 있다. 어
떤 감정이든 극단에 이르면 좋지 않다. 초조해하는 사람은 절대 성공
할 수 없다. 초조함은 우울함과 마찬가지로 성공으로 나아가는 당신을
방해할 뿐 아니라 이미 이룬 성공도 하루아침에 무너뜨릴 수 있다.

O 의심

아무리 견고한 우정이라도 의심이 드는 순간 금이 가 결국에는 무너
지게 마련이다. 의심은 가장 순수한 우정을 파괴할 수 있고, 연인을 헤

어지게 하고, 손만 뻗으면 잡을 수 있을 만큼 가까이 다가온 성공의 기회를 날려버릴 수 있다.

나쁜 짓을 하려는 사람은 대부분 상대방의 마음속 어딘가에 있는 의심을 이용하려고 든다. 하지만 의심이 들기 시작할 때 냉철한 이성으로 상황을 분석하면 그 상황에 얼마나 허점이 많은지 알 수 있다. 의심에 휩싸이면 머릿속이 혼란 상태에 빠져서 자신이 무슨 일을 하는지도 모르게 된다. 그러므로 성공하고 싶다면 의심이 당신의 마음을 집어삼키지 못하도록 해야 한다.

비이성적인 감정이 당신의 일을 방해하는 것으로 판단하여 그것을 없애고자 마음먹었다면, 이성과 행동을 결합해서 해결해야 한다. 이성으로 비이성적인 감정을 인지하는 순간 그와 반대되는 행동을 하는 것이다. 앞서 설명한 것처럼 행동은 감정에 직접적인 영향을 줄 수 있으므로 당신이 감정과 반대로 행동하는 순간 비이성적인 감정은 수그러들 것이다. 그러고 나서 긍정적인 마음가짐에 집중한다.

이때 자기암시가 가장 효과적인 방법이 될 수 있다. 긴장될 때 스스로 격려하거나 명령을 내려보자. 자신이 추구하는 모습을 큰소리로 말하는 것이다. "나는 할 수 있다!" 이렇게 몇 번 외치고 행동에 나서면 방금 전의 긴장이 사라진 것을 깨닫게 될 것이다. 어떻게 행동하느냐에 따라 결과가 달라진다는 점을 명심하자.

집중하면
난관을 헤쳐 나갈
모든 방법이 보인다

| 성공의 열쇠, 집중

집중은 성공의 중요한 요소다. 집중하면 외부의 불필요한 요소에 영향을 받지 않고 자신의 세계에 파묻힐 수 있으며, 환경의 좋고 나쁨에 관계없이 얼마든지 평정심을 유지할 수 있다. 집중이란 의식을 하나의 특정한 목표에 모으는 것이다. 그리고 특정한 목표를 실현하기 위한 것이므로 행동에 반영되어야만 한다. 이 행동이란 바로 자기암시와 습관이다.

어느 한 가지에 집중하면 상황이 어떠한지에 관계없이 할 일을 할 수 있다. 일에 집중한다면 그 무엇도 당신을 방해할 수 없다. 어떤 사람 혹은 어떤 상황이 일에 집중하는 것을 방해할 때는 그런 외부 요소를 없애려고 하지 말고 자신의 일에 더 집중하면 된다. 집중하지 못하면 불안으로 이어질 수 있다. 불안은 긴장을 불러오고, 긴장은 당신을 소극적으로 만든다. 이런 감정은 숨기려고 할수록 더 드러나게 마련이다.

집중하면 효율을 높이고 환경에 대한 반응을 줄일 수 있다. 하지만 안타깝게도 많은 사람이 자신의 일 혹은 지금 하는 일보다 다른 사람들에게 더 신경을 많이 쓴다. 집중력을 끌어모아 온 마음을 다해서 일에 집중한다면 분명히 목표를 이루어낼 것이다.

성공하는 사람들은 심리에 대해 잘 알고 있다. 다시 말해 각종 심리를 자극해서 긍정적인 효과를 내는 방법을 정확하게 파악하고 있다. 제1차세계대전 때 활약한 프랑스 장군 페르디낭 포슈Ferdinand Foch, 1851~1929는 병사들의 성격과 생활 습관을 정확하게 파악하면 전투력을 더욱 높일 수 있다고 생각했다. 그는 사람을 연구해서 전쟁에 승리하는 법을 밝히려 한 것이다. 포슈는 예상치 못한 위기와 재난을 맞닥뜨렸을 때 병사들이 실제로 어떻게 행동하는지, 무엇이 그런 행동을 하도록 이끄는지에 관해 연구하고 분석했다. 이 덕분에 포슈는 19세기를 대표하는 군가 사상가로 높이 평가되고 있다.

돌발적인 상황이 생겼을 때 자신이 어떻게 대처하는지 생각해 볼 필요가 있다. 포슈처럼 평소 자신이 하는 행동을 떠올려보고, 왜 그런 행동을 하는지 분석한 다음, 문제가 되는 부분을 개선해보자. 그러면 수

많은 사람이 당신에게 주목한다고 해도 집중력을 잃지 않고 자기 자신과 당신이 하는 일에 집중할 수 있을 것이다.

자신이 하는 일에 집중하는 것과 자신에게 지나치게 집중하는 것은 구별해야 한다. 자신에게 지나치게 집중하는 것은 오히려 일을 방해할 수 있다. 예를 들어 사람들 앞에서 연설할 때는 당신이 아니라 연설 내용과 청중에 집중해야 한다. 그러면 긴장은 자연스럽게 사라질 것이다.

어떤 일을 하면서 그것이 가져올 이득과 손해에 지나치게 신경을 쓴다면 오히려 일을 그르칠 수 있다. 이럴 때는 하는 일 자체에 집중하는 것이 큰 도움이 된다. 새로운 동료나 친구를 만났을 때 자신이 어떻게 보일지가 아니라 그들에게 집중한다면 금세 우정을 쌓을 수 있다.

사람들은 모두 자신을 사랑하고 자신이 세상의 중심이라고 생각한다. 모든 사람이 자신을 주목할 것이라고 생각하지만 그것은 착각이다. 사람들은 모두 각자 바쁘기 때문에 낯선 사람에게 오랫동안 집중하지 않는다. 예를 들어 새 옷을 입고 거리를 걸으면 지나가는 모든 사람이 당신을 보는 듯하지만 사실은 전혀 그렇지 않다. 혹시 정말로 주목받는다면 그것은 그렇게 착각한 당신이 우스꽝스럽게 행동하기 때문이지 절대 새 옷 때문이 아니다.

이 점을 기억한다면 사람들의 시선에서 더욱 자유로워지고 불안을 느끼지 않을 것이다. 또 사람을 대할 때 평정심을 유지하며 자신이 아닌 상대방에게 집중한다면, 당신은 상대방에게 매우 유쾌하고 친절한 사람으로 기억될 수 있다.

| 어떻게 하면 집중할 수 있을까?

일하는 도중에 자신의 생각과 능력, 감정, 자제력을 이성적으로 점검해보는 것이 중요하다. 지금 하는 일이 궁극적인 목표와는 관계가 없다고 느낀 적이 있을 것이다. 그때 그 점을 알면서도 그 일에서 손을 떼고 중요한 일에 집중하지 못한다는 사실에 더욱 당황할 수도 있다. 아니면 지금 하는 일의 결과가 좋지 않을까 봐 초조해진 적이 있을 것이다. 그럴 때 일을 더 엉망으로 만들지 않으려면 냉철한 이성을 유지해야 한다. 집중력을 발휘하여 이성적인 사고로 문제를 파악하고 원하는 결과를 얻도록 한다.

○ 집중력 분산을 막아라

한 가지 일에 100% 집중하는 사람은 많지 않다. 대부분 사람은 이 일을 하면서 동시에 저 일을 생각한다. 인간의 두뇌는 무척 신비해서 끊임없이 의식의 흐름을 만들고, 심지어 잘 때도 쉬지 않는다. 지금 당신은 이 책, 이 페이지에 얼마나 집중하는가? 지금 당신의 머릿속에서는 얼마만큼의 생각이 진행되고 있는가? 또 어떤 이야기가 만들어지고 있는가?

생각을 컨트롤하지 못해서 지금 해야 할 일에 집중하지 못한다면, 무슨 일이든지 잘해낼 수 없다. 보통 집중을 방해하는 것은 대부분 예전에 겪은 안 좋은 일이거나 그와 관련하여 미래에 생길 수 있는 일이다. 이런 생각들은 점점 확대되어 부정적인 마음가짐을 불러오고 잘못된 결정을 하도록 이끈다. 그러면 집중력은 더욱 분산되어서 절대 지금 하는 일을 제대로 완성할 수 없다. 이런 상황은 서로 영향을 주며 계속 돌고 돈다. 당신은 이 악순환에 갇혀서 헤어 나오지 못한 채 발버둥칠 수밖에 없다.

그러니 일상생활에서부터 집중력이 분산되지 않도록 훈련해야 한다. 스트레스를 없애서 지금 하는 일에 완전히 집중해야 한다. 항상 자신의 생각을 컨트롤하고, 집중하고, 이성적으로 생각하는 습관을 기르자. 집중력 분산을 방지하는 훈련을 계속하면 일을 더 쉽고 훌륭하게 완성할 수 있으며 효율도 더 높아질 것이다. 아울러 주변의 모든 사물을 이성적으로 바라볼 수 있고 쓸데없는 스트레스를 받는 일이 줄어들수 있다.

○ 무엇을 선택할 것인가?

긴장과 스트레스가 계속되면 일에 집중할 수 없다. 생각이 뒤죽박죽으로 뒤섞이고 이성적으로 사고하지 못해서 일을 제대로 완수하지 못한다. 그럴 때는 당신이 고를 수 있는 두 가지 선택지가 있다.

첫 번째 선택지는 현 상황을 유지하는 것이다. 그러면 이미 발생한 혹은 앞으로 발생할 가능성이 있는 실패만 바라보게 될 것이다. 스스로 스트레스를 초래해서 이성적인 생각이 중단되고 해결 방법을 찾을 수 없게 되는 것이다. 그런 상태에서는 어처구니없는 결정을 내리게 되고, 어쩌면 아예 결정을 내리지 못할 수도 있다.

두 번째 선택지는 집중이다. 당신을 뒤덮은 소극적인 생각에서 벗어나 지금 해야 하는 일에 뛰어들어라. 이성적인 사고와 냉철한 태도를 유지해 일의 효율을 높이고 창의력을 자극해야 한다. 그러면 더 높은 수준의 결과를 가져오는 결정을 내릴 수 있다.

당신은 두 선택지 중 어떤 것을 선택할 것인가?

○ 두뇌를 쉬게 하라

온종일 쉬지 않고 뇌를 사용하면 곧 속도가 느려지거나 고장 날 것이 분명하다. 열심히 일한 다음에는 짧게라도 쉬는 시간을 두자. 잠시 쉬는 시간을 보내고 나면 뇌는 더 활발하고 빠르게 움직일 것이다. 그러면 스트레스는 줄어들고 일의 효율은 더욱 오를 수 있다. 현명한 사람은 휴식을 이용하여 일을 더 빠르게 완성할 줄 안다. 생각이 느려지고 뇌의 움직임이 둔해진 것 같으면 오히려 잠시 다른 곳에 주의를 돌리는 것이 효과적이다.

뇌를 쉬게 하려면 지금 하는 일을 멈추면 된다. 컴퓨터 앞에 너무 오래 앉아 있었다면 주변 사람들과 가벼운 대화를 나누거나, 일어나서 조금 걷는다. 시원한 물 한 잔을 마시거나 창문을 열고 잠시 먼 곳을 바라보며 신선한 공기를 마시는 것도 좋은 방법이다. 아니면 아주 편안한 자세로 재미있는 책을 읽거나 잠시 잠을 청하는 것도 좋다. 지금 하는 일과 전혀 관계없는 것을 생각하다 보면 더욱 창의적인 아이디어가 떠오를 수도 있다.

사무실 책상 앞에 오래 앉아 있어서 피곤해졌다면 잠시 눈을 감고 편안한 마음으로 천천히 심호흡해보자. 가능하다면 잠시 짬을 내어 사무실이나 복도에서 간단한 운동을 한다. 이런 단순한 동작으로도 스트레스가 사라지고 머릿속이 맑아진다. 또 더 활기차게 일하기 위한 에너지가 생길 것이다. 그뿐만 아니라 어쩌면 시야가 넓어져서 방금 전에는 생각나지 않던 새로운 아이디어가 떠오르기도 한다.

○ 지친 자신에게 보상을 주자

일에 지쳤을 때 잠시 떠올릴 만한 것들을 미리 생각해두면 좋다. 거창할 필요는 없고 자신이 편안하고 즐거움을 느낄 수 있는 것이면 된다. 전원의 아름다운 풍경을 그린 유화 한 폭일 수도 있고, 은은한 피아노곡일 수도 있다. 아니면 사연이 담긴 멋진 장식품일 수도 있고, 즐거웠던 여행의 기억일 수도 있다. 당신이 좋아하는 유명 인물의 사진이나 시 한 편도 좋다. 이런 것들을 감상하거나 떠올리면 일에 지친 몸과 마음이 치유되고 머리도 맑아지는 느낌이 들 것이다. 그리고 잠시 후에 다시 일을 시작하면 전보다 더욱 집중할 수 있다.

사람이 무언가에 집중하는 시간에는 한계가 있다. 그 한계에 가까워지면 매우 피곤함을 느끼고 집중력이 흩어지며 스트레스를 받는다. 그런데 이런 상태를 무시하고 계속 일하면 몸과 마음이 모두 병들 것이다 이럴 때 자신을 편안하고 즐겁게 하는 무언가를 미리 생각해두었다면 매우 유용할 것이다.

좋아하는 것을 잠시 머릿속에 떠올려보는 것도 좋은 방법이다. 무언가를 생각하다 보면 붕 떠버린 마음이 다시 가라앉을 수 있다. 그러면 다시 이성적인 사고와 냉철함을 유지할 수 있을 것이다. 이를 통해서 일에 더욱 집중할 수 있으며, 자신의 생각과 감정을 아주 쉽게 컨트롤할 수 있다. 또한 부정적인 감정을 없애고 지금 필요한 것이 무엇인지 파악할 수 있다.

○ 일에 관해 생각할 시간을 두어라

"너무 바빠서 생각할 시간이 없어"라고 말하는 사람이 많다. 하지만 그렇게 바쁜 사람이야말로 시간을 내서 해야 하는 일과 그 해결 방안에 대해 깊이 생각해야 한다. 그러면 감정을 컨트롤하고 창의성을 극대화할 수 있다. 그러므로 아무리 상황이 복잡하고 긴박해도 자신의 일에 대해 차분히 생각하는 시간이 필요하다.

가장 편한 자세로 앉아서 두 손을 깍지 끼고 머리 뒤에 둔 채 크게 심호흡해보자. 그러면 지쳐버린 당신의 뇌가 천천히, 조용히 활력을 되찾고 움직이기 시작할 것이다. 창문 앞에 서서 먼 곳을 바라보는 것도 좋은 방법이다. 사무실이나 창밖에 감상할 만한 경치가 없다면 다른 방법이 있다. 빈 회의실이나 도서관의 열람실을 이용하거나, 혹은 동네를 한 바퀴 돌면서 생각에 잠길 수도 있다.

○ 한 번에 한 가지 일을 하라

하고 싶은 일과 해야 하는 일을 한꺼번에 완벽하게 해낼 수는 없다. 동시에 많은 일을 한다고 해서 일을 잘한다고 착각해서는 안 된다. 성공하고 싶다면 한 번에 한 가지씩 일해야 한다. 긍정적이고 적극적인 태도로 전심전력을 다해서 지금 하는 일에 집중해야 한다. 해야 하는 일이 두 가지라고 해서 동시에 시작하면 아무 일도 성공하지 못할 것이다. 괜히 집중력을 분산시키지 말고 먼저 해야 하는 일 한 가지를 선택해서 해야 한다. 모든 일을 한꺼번에 다 하려고 하다가는 몸과 마음이 모두 지칠 뿐이다.

어떻게 하면 먼저 해야 할 일을 정확하게 판단할 수 있을까? 앞에서 설명한 것처럼 자신이 해야 하는 일에 대해 생각해보며 일의 중요도를 정확히 파악한 후에 시간과 에너지를 덜 쓰면서 더 높은 효율로 할 수 있는 일을 선택해야 한다. 그러면 일하면서 더 큰 즐거움을 얻고 집중력이 분산되는 것도 피할 수 있다.

○ 시간과 에너지의 분산을 막아라

빨리 성공하고 싶다면 절대 에너지를 분산해서는 안 된다. 에너지는 케이크를 자르는 것처럼 나눌수록 분량이 줄어든다.

토머스 에디슨은 성공할 수 있었던 가장 큰 이유가 무엇이냐는 질문을 받고 이렇게 대답했다. "그것은 나만의 능력입니다. 생각과 몸을 오직 하나의 일에만 집중하고, 싫증을 느끼지 않는 거죠. 내가 좀 특별한 점이 있다면, 다른 사람들은 깨어 있는 동안에 여러 가지 일을 하지만 나는 오로지 한 가지밖에 못한다는 겁니다. 다른 사람들도 나처럼 모든 시간을 한 가지 일에만 쏟아부었다면 성공했을 겁니다."

○ 현재에 충실하라

다른 사람과 이야기를 나누면서도 머릿속으로는 방금 전에 한 말을 다시 떠올리거나, 이어서 무슨 말을 할지, 혹은 지금 나누는 대화와 전혀 관계가 없는 것을 생각한 적이 있을 것이다. 이것은 정말 잘못된 행동이다. 모든 생각과 감정을 지금 하는 일에 집중한다면 빠른 속도로 목표를 달성할 수 있다. 목표는 마치 발전기처럼 우리를 끊임없이 자극해서 에너지를 만들어내고 숨어 있던 잠재 능력을 끄집어낸다.

잠재 능력은 두 가지 형태로 드러난다.

• 플로우 *flow*

플로우 상태란 심리적으로 완전하게 '몰입'한 상태, 어떤 것에 완전히 빠져들어 열중한 상태를 가리킨다. 어떤 일에 온전히 집중해서 극도의 기쁨과 만족감을 느끼는 상태를 의미하며 심리학자 칙센트미하이*Csikszentmihalyi, 1934~2021*가 창안한 이론에서 소개되었다. 그는 한 사람의 능력이 어떤 일을 해결하기 위해 필요한 능력과 거의 동일할 때 플로우 상태가 발생한다고 주장했다. 해야 하는 일이 너무 쉽고 간단하면 싫증을 느끼고, 반대로 너무 복잡하고 까다로우면 몸과 마음이 모두 피곤을 느끼기 때문이다.

플로우 상태에 들어선 사람은 감각을 느끼지도 못하고 시간 개념마저 없어진다. 그래서 평소에는 어렵던 일도 몰입한 상태에서 거뜬히 해낸다. 시합에 나선 운동선수가 평소보다 뛰어난 활약을 하는 것이 플로우의 가장 대표적인 예다.

• 열광과 탐닉

칙센트미하이가 말한 플로우 상태에 빠져야만 성공에 다다를 수 있는 건 아니다. 다만 확실한 것은 성공한 사람들은 보통 사람들이 상상하지도 못하는 노력을 기울이고 용감하게 시도한다는 것이다. 그렇게 자신의 목표와 일에 열광하고 그 즐거움을 탐닉하는 사람만이 성공하는 법이다.

포드 자동차를 창업한 헨리 포드_Henry Ford, 1863~1947_는 자신의 인생에 대해 "단 한 번도 일을 떠나본 적이 없다. 성공하고 싶다면 자신의 일에 빠져들어야 한다. 심지어 꿈꿀 때조차"라고 말했다. SF 3대 거장이라 불리는 공상과학소설 작가 아이작 아시모프_Isaac Asimov, 1920~1992_는 글쓰기를 멈추는 것이 가장 힘들다고 고백했다. 그는 자신의 일과 관련되지 않은 것은 이야기하고 싶어 하지 않았다. 언제나 키보드를 두드리던 그는 몇 년 동안 매달 책을 한 권씩 완성했다. 창작 활동을 멈추고 싶지 않아서 휴가를 떠나서도 타자기 앞에 앉았다. 그렇게 하면서 그는 계속해서 작품을 발표했다.

모든 시간과 에너지를 일에만 투자한다면 인생을 낭비하는 것이라고 생각할지도 모른다. 하지만 진정으로 좋아하는 일에 빠져서 자신의 모든 것을 바치는 것은 즐거운 일이지 희생이 아니다.

HAVING FUTURE

6장

똑똑한 사람들의 합리적인 생각법

성공은 경험과 훈련이 결합하여 만들어진다. 안타깝게도 이런 단순한 방법을 모르는 사람이 많다. 그들은 실패를 무서워하고 몸을 사리지만, 결국 더 심한 실패를 겪는다. 성공하고 싶다면 당장 생각을 바꾸고 실패를 의연하게 마주해야 한다. 실패라는 다리 저쪽에 성공이 기다리고 있다는 것을 절대 잊지 말자.

수십 개의 일 중
단 하나의
가장 중요한 일

| 가장 중요한 것에 주목하라

"저 사람과 나는 환경이나 조건이 비슷한데, 어째서 그는 성공한 기업인이고 나는 평범한 회사원일까?"

아마 그 사람은 언제나 가장 중요한 것에 주목하고 그다지 중요하지 않은 것과는 거리를 두었다는 점이 당신과 다를 것이다. 성공하는 사람은 어떤 일을 하기 전에 먼저 일의 중요성과 관계에 대해 생각한다. 그리고 최종 목표를 달성하는 데 도움이 되는 일을 판단해서 그 일을 가장 먼저 해결한다. 그런 사람이 보통 사람과 다른 점은 수많은 일 중에서 가장 중요한 일을 찾아내는 능력이 탁월하다는 것이다. 성공하는 사람은 이 능력을 바탕으로 남들보다 쉽게, 효율적으로 일한다.

또한 그들은 가장 중요한 일 안에서 가장 중요한 부분을 찾는다. 그래서 당신이 온 힘을 다해도 해결하기 어려웠던 일을 그들은 별다른 힘을 들이지 않고도 해결할 수 있다. 가장 중요한 일을 찾아내고 또 그 안에서 가장 중요한 부분을 찾아내는 능력을 기른다면 당신도 엄청난 추진력과 높은 효율을 발휘할 수 있을 것이다. 이러한 능력을 갖춘 사람과 그렇지 않은 사람이 하는 일의 차이는 10톤짜리 망치와 1파운드짜리 망치의 힘의 차이에 비유할 수 있다. 이 능력은 성공하는 사람들의 가장 큰 장점이다.

| 사실에 근거해서 생각하라

판사는 사건과 관련된 모든 사실과 증거를 종합해서 판결을 내려야 한다. 한쪽의 말만 듣고 내린 판결은 분명히 불공정할 것이며 무고한 사람에게 죄를 뒤집어씌울 수도 있다. 하지만 사건과 관련된 모든 사실을 찾는 것이 어려울 때도 있다. 그럴 때 판사는 일단 알고 있는 사실들을 토대로 삼아 사건 당사자들의 이익을 해치지 않는 선에서 가설을 세워보고, 그것을 근거로 하여 판결을 내린다.

판결을 내리는 판사처럼 우리는 모든 사실을 고려해서 일을 처리해야 한다. 하지만 안타깝게도 자신의 이익만 생각하고 상대방이 받을 상처는 고려하지 않는 사람이 많다. 이런 사람들은 어떤 일을 할 때 객관적인 사실이 아니라 그 일을 함으로써 자신에게 생기는 이익과 손해만을 판단 기준으로 삼는다. 그들은 자신에게 유리한 일을 할 때 무척 '성실'해 보이지만, 그렇지 않은 일을 할 때는 '불성실'할 뿐만 아니라 일을 하지 않으려고 온갖 이유를 찾는다.

성공하는 사람은 객관적인 사실에 근거해서 생각하고 원칙을 지킨다. 당장은 이익이 생기지 않을 수도 있고 심지어는 불리한 상황이 될 수도 있다. 하지만 성공하는 사람은 끝까지 원칙을 고수한다면 결국 예상한 결과를 얻을 것이며 최종 목표에 도달할 수 있다고 믿는다.

일할 때 자신의 신념을 끝까지 지키다 보면 이익은커녕 일시적으로 타격을 받을 수도 있다. 이때 심리적으로 안정된 사람은 이러한 타격도 받아넘긴다. 끝까지 해냈을 때 더 큰 보상을 받을 것을 믿기 때문이다.

| 실패에 동요하지 마라

누구나 실패를 경험한다. 성공을 향해 가는 여정에서 만나는 난관, 좌절, 실패 뒤에는 다른 방식으로는 절대 얻을 수 없는 교훈이 숨어 있다. 그리고 이 교훈을 잘 받아들인 사람만이 성공할 수 있다. 성공하는 사람은 실패를 정면으로 마주하고, 큰 타격을 연거푸 받아도 의연하게 버텨낸다. 이와 반대로 성공하지 못하는 사람은 실패를 겪었을 때 다른 이의 화려한 성공을 부러워하면서 자신의 처지를 한탄한다. 그리고 자신은 도대체 행운의 여신을 언제쯤 만날 수 있을지 궁금해한다. 그들은 이런 마음가짐이 이미 성공의 기회를 날려버렸다는 사실을 절대 깨닫지 못한다.

언제나 실패를 잊지 않고 그 실패의 교훈은 잘 받아들이는 사람만이 성공한다. 그래서 성공하는 사람은 실패를 마주해도 항상 담담하게 받아들이며, 정면으로 실패에 맞서 싸워 결국에는 이긴다. 성공은 이렇게 끊임없이 노력하는 중에 찾아온 기회가 절묘하게 결합하여 만들어지는 것이다.

용기와 지혜가 모두 없는 사람은 단 한 번 실패를 겪으면 그대로 무너져서 다시는 일어나지 못한다. 용기는 있지만 지혜가 없는 사람은 실패를 마주하고도 의연하게 나아가지만, 그것에서 아무런 교훈을 얻지 못해 결국 똑같은 실패를 겪을 것이다. 이런 사람들은 혼신의 힘을 다하지만 성과는 적기 때문에 성공하는 데 매우 오랜 시간이 걸린다.

용기와 지혜를 모두 갖춘 사람은 실패를 마주했을 때 자신의 잘못을 돌아보고 그로부터 교훈을 얻어낸다. 또한 항상 준비하고 있다가 기회가 찾아오면 주저 없이 그것을 잡는다. 그리고 마침내 성공한다.

성공은 경험과 훈련이 결합하여 만들어진다. 안타깝게도 이런 단순한 방법을 모르는 사람이 많다. 그들은 실패를 무서워하고 몸을 사리지만, 결국 더 심한 실패를 겪는다. 성공하고 싶다면 당장 생각을 바꾸고 실패를 의연하게 마주해야 한다. 실패라는 다리 저쪽에 성공이 기다리고 있다는 것을 절대 잊지 말자.

실패를
이겨내는
절대적인 공식

| 공식1: 실패를 두려워하면 성공할 수 없다

살다 보면 이런저런 불행을 만나게 된다. 다치거나 슬픈 일이 생길 수도 있고, 아무리 노력해도 성공하지 못할 수도 있다. 아니면 거의 이루어졌다고 생각한 일이 어느 날 갑자기 물거품이 될 수도 있다. 그러나 아무리 큰 불행을 만나더라도 그것이 포기의 이유가 될 수는 없다.

실패 자체는 결코 무서운 것이 아니다. 우리가 두려워해야 할 것은 실패를 인정하지 않는 것이다. 자신의 잘못을 인정하지 않은 채 반복하는 사람들이 있다. 그러면서 시간이 많으니 곧 문제를 해결할 수 있다고 떠들어대지만, 끊임없이 실패할 뿐이다. 어떤 일에 종사하든 단번에 성공할 수는 없다. 하루아침에 이루어내는 업적은 없는 법이다.

끈기와 인내심을 발휘하고 실패에서 교훈을 얻어 그것을 토대로 방법을 개선하는 사람만이 성공할 수 있다.

농부는 마른 가지나 낙엽, 그리고 동물의 배설물을 천연 비료로 활용한다. 우리도 실패를 다음의 성공을 위한 자양분으로 삼을 수 있다. 자신이 겪은 실패를 잘 활용하는 사람만이 그 일을 시간 낭비였다고 여기지 않으며, 실패로 생긴 부정적인 마음을 떨쳐낼 수 있다.

난관은 이성과 감정을 훈련하는 기회가 될 수도 있지만, 한 사람을 자기 비하에 빠지게 할 수도 있다. 실패를 두려워하지 않고 잘 활용하는 사람만이 난관에 부딪혔을 때 절대 흔들리지 않을 수 있다. 어떤 실패를 겪든 신은 당신을 저버리지 않는다. 실패에 놀라 무너지지만 않는다면 당신은 그 실패에서 다른 곳에서는 절대 배울 수 없는 교훈을 얻게 될 것이다.

| 공식2: '할 수 없어서' 실패하는 것이 아니라 '포기'하기 때문에 실패한다

실패했는지 하지 않았는지는 그 사람의 태도에 달렸다.

토머스 에디슨은 한 젊은 기자에게 이러한 질문을 받았다. "지금 연구 중인 발명품이 벌써 만 번이나 실패했다고 들었습니다. 어떻게 된 거죠?" 그러자 에디슨은 이렇게 답했다. "대답 드리죠. 저는 한 번도 실패한 적이 없습니다. 다만, 작동하지 않는 만 가지 방법을 찾아낸 것뿐이에요."

에디슨은 전구를 발명할 때 만 번이 넘는 실험을 했고, 이를 통해 작동하지 않는 수많은 방법을 발견했다. 그는 끝까지 자신이 실패했다고 여기지 않고 더욱 열심히 연구에 매진해서 결국 '작동하는 방법'을 찾아냈다.

물론 실패를 겪고 나서 의연하게 일어나 다시 성공을 향해 나아가는 것은 말처럼 쉬운 일이 아니다. 그래서 이럴 때는 자신에게 "다시 일어나!" "나는 반드시 성공할 거야!"라고 자기암시의 말을 끊임없이 해야 한다. 안락한 환경은 사람을 점점 무능하게 한다. 매번 떠먹여 주는 밥만 먹는 아이는 숟가락을 사용하는 법을 배우지 않으면 결국 굶어 죽고 말 것이다.

미국의 제30대 대통령 캘빈 쿨리지*Calvin Coolidge, 1872~1933*는 이렇게 말했다. "성공한 사람의 수많은 장점 중에서 가장 중요한 것은 바로 의지다. 재능과 교육은 의지에 비하면 별로 중요한 것이 아니다. 의지가 있는 사람만이 모든 것과 싸워 이길 수 있다."

실패했다고 해서 쉽게 포기해서는 안 된다. 끝까지 해낸다는 각오로 자신에게 속삭이자. "한 번만 더 기회가 온다면 반드시 해내겠다"라고.

| 공식3: 끝까지 해내겠다고 마음먹는다

사람들은 할 수 있다는 믿음과 이전의 경험을 토대로 일을 시작한다. 그러다가 스스로 생각하기에 많은 시간과 노력을 쏟아부었는데도 성공하지 못하면 의심이라는 부정적인 감정이 생기기 시작한다.

신약성경 마태복음 제17장 제20절에는 예수의 이런 말이 있다. "너희에게 겨자씨 한 알만한 믿음이라도 있다면 이 산더러 '여기서 저기로 옮겨져라'라고 말해도 그대로 될 것이다. 믿음이 있다면 너희가 못 할 일은 하나도 없다."

믿음이 있는 사람은 창조적인 에너지가 강하다. 이런 사람은 항상 새로운 삶을 살며, 눈앞의 난관을 잘 극복해 성공을 이룰 수 있다. 사람의 마음을 움직이는 것은 언제나 믿음이다. 그러므로 믿음이 강한 사람은 절대 좌절하지 않는다.

농부는 수확에 대한 믿음을 품고 씨를 뿌린다. 하지만 씨를 뿌리기만 해서는 아무것도 수확할 수 없을 것이다. 씨가 싹을 틔우고 더 성장하려면 시시때때로 너무 적지도 많지도 않은 물과 비료를 주어야 한다. 또 튼튼하게 자랄 수 있도록 계절에 따라 다른 방식으로 보살펴야 한다. 꽃이 피고 떨어진 후 과일을 맺으면, 적당한 때를 보아 수확해야 한다. 이 모든 과정은 농부의 믿음, 다시 말해 물과 비료의 양에 대한 믿음, 작물을 보살피는 방법에 대한 믿음, 적당한 수확 시기에 대한 믿음을 통해 이루어진다.

| 공식4: 실패하기 전에 실패해서는 안 된다

하는 일이 좀처럼 생각만큼 잘되지 않더라도 미리 실패했다고 단정
지어서는 안 된다. 마음속에서 이미 자신의 실패를 인정해버리면, 부
정적인 감정이 커지고 이에 따라 소극적으로 행동하게 되어 정말 실패
를 불러올 수 있기 때문이다.

하지만 많은 사람이 일이 잘 안될 때마다 '이번에는 실패하겠군'이
라고 생각한다. 그러고는 그 일을 점점 두려워하면서 끝까지 하려고
하지 않는다. 그러므로 일이 잘 안 풀릴 때는 이렇게 생각해 보자. "모
든 것은 끊임없이 변화해. 지금 순조롭지 않은 것도 변화할 거야. 어쩌
면 곧 좋은 기회가 생길지도 모르지."

이렇게 생각하는 사람의 인생에 실패는 없을 것이다. 실제로 만물
은 시시각각 변화한다. 따라서 실패는 영원한 것이 아니며, 오늘의 좌
절은 내일 사라질 것이다. 지금은 실패처럼 보이는 것도 나중에 생각
해 보면 기회일 수 있다. 그래서 우리 인생에 실패는 없다. 단지 성공
을 향해 가는 길에 조금 가파른 계단이 있을 뿐이다.

인생을 뒤바꿀
혁신은
상상에서 시작한다

| 상상력은 기적을 창조한다

미국 조선업계의 대부 헨리 J. 카이저*Henry J. Kaiser, 1882~1967*는 "내가 이룬 성공은 모두 전에 상상했던 것이다"라고 말했다. 혁신은 상상력에서 시작된다. 성공한 사람들을 살펴보면 상상력이 아주 뛰어나다는 것을 발견할 수 있다. 상상력은 적당한 기회를 만났을 때 구체화되어 성공의 밑거름이 될 수 있다. 그래서 상상력을 잘 활용한다면 전에 겪은 실패와 오류들도 매우 가치 있는 자산으로 만들 수 있을 것이다.

대뇌 안의 신경 계통은 실제 경험과 시시때때로 하는 상상을 명확히 구분하지 못한다. 그래서 어떤 방식으로 행동하는 자신을 계속 상상하다 보면 마치 그것이 실제인 것처럼 여겨진다. 실제로 심리학자들의 연구에 의하면 매일 과녁에 화살을 명중시키는 상상을 한 사람은 그렇지 않은 사람보다 활을 쏘았을 때 명중률이 더 높았다고 한다. 그러므로 상상력은 우리가 성공까지 도달하기 위한 지름길이라고 할 수 있다.

미국의 잡지 〈계간 아메리칸American Quarterly〉도 상상력이 성공에 끼치는 영향에 대해 비슷한 실험 결과를 보도했다. 연구자는 우선 실험에 참여한 학생을 세 조로 나누었다. 첫 번째 조는 20일 동안 하루도 빠짐없이 농구 슛을 연습했으며 매일 골을 넣은 횟수를 기록했다. 두 번째 조는 첫날과 20일째 날에만 슛을 하고 횟수를 기록했으며, 그 사이에 전혀 연습하지 않았다. 세 번째 조의 학생들은 첫 번째 조와 똑같이 하면서 매일 20분 동안 골이 들어가는 상상을 했다. 그 결과, 첫 번째 조는 매일 연습한 덕분에 슛의 성공률이 24% 상승했다. 두 번째 조는 첫째 날과 20일째의 성공률이 전혀 달라지지 않았다. 세 번째 조는 슛의 성공률이 26% 상승했다. 이 실험은 상상 연습이 실제 성공률 상승에 긍정적인 효과를 일으켰음을 의미한다.

물론 상상은 단순히 생각에서만 끝나서는 안 된다. 그것을 모방해서 실천했을 때 비로소 당신의 것이 될 수 있다.

| 기대 상상력을 키워라

상상력은 이렇게 중요한 효과를 발휘한다. 어떻게 하면 상상을 더욱 잘할 수 있을까? 아직 정확히 알지 못하는 사물, 미래의 있을 법한 상황을 상상한다고 해보자. 대신 이에 대해 정확하게 기대하고 예견할 수 있어야 한다. 이를 위해 다음의 방법을 시도해 보자.

> · 먼저 현재 상황을 전면적으로 분석하고, 그 결과를 토대로 앞으로 나타날 것 같은 어떤 변화를 예측해본다. 모든 상황은 변할 수 있다는 것을 명심하자.
> · 예측한 변화에서 당신이 할 수 있는 일, 해야 하는 일을 생각해 본다. 그리고 그런 상황과 행동이 자신에게 얼마나 유리할지 예측해본다.
> · 현재 상황이 안정적이라고 할지라도 그에 만족해서는 안 된다. 자신이 확보한 정보를 바탕으로 가능한 모든 상황을 상상해야 한다. 모든 상황이 긍정적인 효과를 내게 할 방법을 생각해야 한다.

이와 같이 현상에 대한 정확한 파악을 거쳐 구체적인 예견과 기대를 담아 상상하는 것을 '기대 상상력'이라고 해보자. 기대 상상력이 뛰어난 사람은 언제나 다른 사람보다 먼저 출발하므로 성공도 빠르다. 반대로 기대 상상력이 부족한 사람은 대개 잘못된 결정을 하고 그 때문에 실패한다. 기대 상상력이 우리의 일과 생활에 미치는 영향은 무척 크다.

현재 컴퓨터의 초기 형태를 개발한 하인츠 닉스도르프_Heinz Nixdorf, 1925~1986_는 기대 상상력이 무척 뛰어난 사람이었다. 그가 한 기계 회사의 인턴 직원이던 당시, 닉스도르프가 아무리 좋은 아이디어를 내도 누구도 주의 깊게 보지 않았다. 그는 하는 수 없이 회사를 나가서 자신의 아이디어를 받아줄 회사를 찾기 시작했다. 정말 운이 좋게도 노르트라인베스트팔렌의 한 발전소에서 그의 아이디어에 관심을 보였다. 발전소 측은 닉스도르프에게 3만 마르크를 계약금으로 주고 결제용 컴퓨터 두 대를 제작해 달라고 했다.

그의 재능은 이때부터 날개를 펴기 시작했다. 얼마 후 닉스도르프는 820형 소형 컴퓨터를 세상에 선보였다. 그의 발명은 전 세계를 뒤흔들었다. 한 기자가 어떻게 이런 컴퓨터를 만들 생각을 했느냐고 묻자 그는 이렇게 대답했다. "그동안 사용하던 거대한 컴퓨터는 대기업에서나 사용할 수 있었죠. 나는 작은 기업과 개인들도 이런 컴퓨터가 필요하고, 미래에는 집마다 컴퓨터가 있을 거라고 상상했어요. 그렇다면 내가 만들어야 할 것은 바로 소형 컴퓨터라는 결론을 내린 겁니다." 그는 뛰어난 기대 상상력으로 사무실 책상마다, 집마다 컴퓨터를 사용하는 모습을 상상했다. 그러자 지금 시장에 부족한 것이 무엇인지 알게 된 것이다. 그는 이 기회를 놓치지 않았고, 실제 행동에 나서 엄청난 성공을 거두었다.

기대 상상력을 기르는 위의 방법 외에도, 기업 경영자들에게 유리한 또 다른 연습 방법이 있다.

> · 얻을 수 있는 모든 정보를 충분히 파악하라. 언뜻 보기에 무관하거나 중요하지
>   않다고 생각되는 것들도 무시해서는 안 된다. 확보한 정보를 가치 있게 만들
>   어라.
> · 정보의 진위를 구분할 수 있어야 한다. 그리고 그것이 당신의 목표에 미치는
>   영향을 정확하게 판단하라.
> · 기회가 보인다면 즉시 계획을 세우고 최대한 빠르게 실행하라.

당신이 기업가라면 현재 확보한 정보를 바탕으로 어떤 기회가 언제 올지 예측해야 한다. 치열한 경쟁 사회에서 발 빠른 사람만이 먼저 목적을 달성할 수 있기 때문이다. 이 경쟁에서 주도권을 장악하고자 한다면 항상 이성적으로 냉철하게 판단해야 한다는 점을 잊지 말자.

필립 댄포스 아머*Philip Danforth Armour, 1832~1901*는 바로 이 방법으로 식품 회사 아머앤드컴퍼니를 성공으로 이끌 수 있었다. 어느 날 아머는 신문에서 멕시코에 급성 전염병이 발생했다는 기사를 읽었다. 멕시코가 미국 최대의 육류 공급지인 캘리포니아, 텍사스와 매우 가깝다는 사실을 떠올린 그는 전염병이 분명히 이 두 곳까지 퍼질 것이며 그 결과 육류 가격이 크게 오를 것으로 예측했다. 아머는 곧바로 직원을 멕시코에 파견해서 이 뉴스가 사실인지, 상황이 얼마나 심각한지 파악하도록 했다. 그리고 그 정보에 따라 동원할 수 있는 자금 대부분을 이용해서 캘리포니아와 텍사스의 소와 송아지를 사들이고 동부로 이동시켰다.

얼마 후, 아머의 예상대로 미국 서부의 몇 개 주에서 전염병이 발생했다. 이때부터 이 지역의 모든 식품과 가축의 유통이 금지되었다. 그러자 육류 가격은 몇 배로 뛰어올랐고, 아머는 이를 기회로 불과 몇 개월 사이에 900만 달러를 벌어들일 수 있었다.

아머가 얻은 정보는 아주 간단한 뉴스 한 토막이었지만, 그는 다른 사람들과 달리 그것을 읽고서 그냥 보아 넘기지 않았다. 아머는 뉴스를 읽고 그 소식이 미칠 영향을 예측하고, 직원을 파견해서 정보의 신빙성을 파악했다. 그는 예리한 통찰력으로 정보를 확보하고 그 정보들을 종합해서 기회가 왔을 때 놓치지 않고 잡았다.

성공한 사람들을 살펴보면 아머와 비슷한 사례가 무척 많다. 보통 사람들은 기회가 항상 특정한 사람의 주위에만 맴돌고 자신의 인생에는 기회가 없었다고 투덜거린다. 그러나 그들은 기대 상상력이 없었기 때문에 기회가 눈앞에 있어도 잡지 못했던 것이다. 그러면서 다른 사람이 기회를 잡는 것을 멍하니 바라볼 뿐이다. 상상하면 할수록 상상력은 더욱 발전할 것이다. 상상력이 성공으로 가는 지름길이라는 것을 잊지 말자.

논리·비판·창조가
만들어내는
성공의 가능성

상상은 크게 논리적 상상, 비판적 상상, 창조적 상상으로 나누어볼 수 있다. 이 세 가지를 모두 잘 활용하는 사람이 성공하는 데 더욱 유리하다.

○ 논리적 상상

'겨울이 오면 봄도 멀지 않으리.' 영국 낭만주의의 초석을 다진 시인 중 하나인 윌리엄 워즈워스*William Wordsworth, 1770~1850*의 유명한 시구다. 이것이 바로 논리적 상상이다. 논리적 상상은 이미 아는 것에서부터 모르는 것을 추론하는 것, 현재에서부터 미래를 추론하는 것이다. 주로 경영자들이 이 상상력을 널리 활용한다. 논리적 상상력을 이용해 사업을 성공으로 이끈 예는 수없이 많다.

독일에 머리가 무척 좋았던 한스라는 농부가 있었다. 그는 항상 다른 사람들보다 적은 노력을 들여 더 많은 수익을 얻을 방법을 생각했다. 독일 농부들은 감자를 수확하는 시기에 가장 바빴는데, 그들은 감자를 캐서 크기에 따라 세 종류로 분류하고 도시로 팔러 나갔다. 보통 감자는 일찍 팔수록 좋은 가격을 받을 수 있기 때문에 농부들은 모두 감자를 최대한 일찍 팔고 싶어 했다. 그래서 그들은 아침 일찍 일어나서 밤늦게까지 쉬지 않고 감자를 캐고 분류하기를 반복했다. 한창 바쁠 때는 집에 돌아오면 씻지도 못하고 쓰러져 잠들 지경이었다. 그러나 한스는 이렇게 하지 않았다. 그는 감자를 크기에 따라 분류하는 과정을 없앴다. 그런데 어찌 된 일인지 다른 농부들보다 좋은 값에 감자를 팔 수 있었다.

그는 이런 방법을 썼다. 감자를 트럭에 싣고 도시로 가는 길이 고르지 않다는 사실을 떠올렸다. 그래서 큰 포대에 감자를 모두 넣고 가다 보면 트럭이 흔들리면서 작은 감자는 자연히 포대 아래쪽으로 갈 것이라고 생각했다. 그의 생각은 정확했다. 한스는 도시의 시장에 도착한 후에 감자를 크기별로 상자에 담았다. 이 방법으로 한스는 시간을 절약해서 다른 농부들보다 빨리 감자를 팔아 많은 수익을 얻을 수 있었다.

한스는 논리적 상상을 사용해서 시간과 노동력을 절약했다. 우리도 한스처럼 여러 방면에서 논리적 상상력을 발휘해 불필요한 번거로움을 줄임으로써 성공에 더 빨리 도달할 수 있다.

○ 비판적 상상

프랑스의 한 그릇 회사는 비판적 상상을 통해 떨어져도 깨지지 않는 그릇을 개발했다. 그들은 사람들이 실수로 그릇을 깨뜨리기도 하지만, 그릇을 던질 때 묘한 쾌감을 느낀다는 사실에 주목했다. 그래서 기술적 개선을 통해 아무리 던져도 깨지지 않는 튼튼한 그릇을 만들어 냈다.

그리고 이런 광고 문구를 내세웠다. "이제 고민할 필요도 스트레스를 받을 필요도 없습니다. 상사가 괴롭혀도, 배우자가 미울 때도 감정을 숨기지 마세요! 우리의 접시와 그릇이 도와드릴 수 있습니다. 힘껏 던지세요! 행복해질 거예요!" 독특하고 자극적인 이 문구는 사람들의 흥미를 불러일으켰고 그 결과 회사는 크게 성공했다.

비판적 상상력은 다음의 몇 가지 방법을 활용할 수 있다.

첫 번째는 '종합'이다. 현대 기술은 대부분 이 방법으로 이룬 것이다. 일본의 가전제품 회사 파나소닉은 세계 각국의 기술 400여 개를 종합해서 텔레비전을 만들었다. 여러 가지 방법, 혹은 여러 가지 사물을 결합해서 새롭고 더욱 경쟁력 있는 무언가를 창조해낸 예는 무척 많다. 예를 들어 전화와 무전기를 결합해서 무선 전화를 만드는 식이다. 매우 획기적인 발전은 아니었지만 사람들의 수요에 부응하는 발명품이었다. 그래서 매우 큰 시장이 형성되었고 사업은 큰 성공을 거두었다.

두 번째는 '이식'이다. 당신이 무언가 새로운 것을 만들 때 현재 존재하는 비슷한 사물을 참고할 수 있다. 그것의 특징을 당신의 생산품에 옮기는 것이다.

세 번째는 '변형'이다. 이미 존재하는 물건의 형태와 사용법을 변화시켜 새로운 사물을 만들 수 있다. 이러한 변형을 통해서 새로운 소비집단의 반응을 얻을 수도 있고, 새로운 시장을 만들 수도 있다. 예를 들어 녹음기의 형태를 사각형에서 원형으로 바꿀 수도 있고, 냉장고 칸막이를 다양하게 디자인해서 손을 뻗는 위치에 변화를 줄 수도 있다. 이런 간단한 변화는 사람들에게 새로운 느낌을 줄 수 있다.

네 번째는 '재편성'이다. 어떤 두 가지 사물에 아무런 연관이 없다고 하더라도 그 안의 어떤 속성, 한 부분을 잘 조합한다면 무언가 새로운 것을 생산해낼 수도 있다. 그 예로 탱크와 배를 조합한 수륙 양용 탱크, 피아노와 오르간이 결합한 아코디언 등이 있다.

O 창조적 상상

모든 부와 성공은 하나의 관념, 바로 '하고 싶은 것'에서부터 시작한다. 그리고 '하고 싶은 것'은 창조적 상상을 통해 만들어진다. 우리는 창조적 상상으로 새로운 생각과 방법, 생활에 필요하지만 현실에 아직 존재하지 않는 것을 만들 수 있다.

전 세계에서 사랑받는 음료 코카콜라도 창조적 상상에서부터 탄생했다. 백 년 전 어느 날, 한 시골의 늙은 의사가 마차를 몰고 읍내에 갔다. 그는 자주 가는 약국에 가서 젊은 약사와 한 시간 정도 이야기를 나누었다. 약사는 의사의 마차에서 구식 구리주전자 하나를 내려 그 안의 음료수를 찬찬히 살펴본 후, 의사에게 자신의 저축금인 500달러를 주었다. 그러자 의사는 이 음료수의 재료와 배합 비율이 적힌 종이를 건넸다. 주전자 안에 있던 음료수는 그때까지 없던 새로운 맛으로, 마시면 금세 갈증이 풀리는 것 같았다.

이 음료수도 그 늙은 의사의 상상력이 만들어낸 것이지만 젊은 약사는 여기에 자신의 창조적 상상을 더했다. 그는 의사에게 받은 배합 방법을 연구하고 수정했으며, 수많은 실험을 거쳐 자신만의 비밀 성분을 첨가했다. 이것이 바로 코카콜라다. 창조적 상상력을 발휘한 이 젊은 약사는 이후 엄청난 부를 얻었다.

이제 '코카콜라'의 상표를 볼 때 단순한 음료수가 아닌 상상력의 힘을 떠올려보자. 당신은 상상력으로 평범한 사물의 새로운 면을 발견할 수 있다. 상상력은 당신의 삶을 더욱 나아지게 하고 당신이 성공으로 나아가는 지름길이다. 그러므로 상상력을 강화하고, 더욱 창조적인 상상을 할 방법을 꾸준히 찾아야 한다. 그리고 상상한 것을 마침내 실현할 방법을 연구해야 한다. 상상이 상상에 그친다면 아무런 효과도 없다. 천 가지 생각이 한 가지 행동에 미치지 못한다는 점을 명심하라.

미국의 과학자이자 사이버네틱스의 제창자로 유명한 노버트 위너 *Norbert Wiener, 1894~1964*는 이렇게 말했다. "과학자가 어려운 문제를 해결하고자 할 때, 그런 태도만으로 근본적인 변화가 일어난다. 해결하려고만 하면 이미 절반은 성공한 것이나 마찬가지다." 그의 말처럼 당신에게 창조적 상상력이 있다면, 당신의 성공은 이미 시작된 것이다. 그저 손을 뻗어 그것을 꽉 잡기만 하면 된다.

당신을 속박하는 낡은 생각을 버려라

| 마음을 열고 새로운 상상을 시작하라

창의적인 사람이 되고 싶다면, 전통과 습관에서 벗어나야 한다. 이두 가지가 당신을 속박한다면 태어나면서부터 지니고 있던 발전의 가능성은 절대 싹을 틔우지 못한다. 창의적이고 참신한 생각을 하고 싶다면 다음의 내용을 기억하자.

○ 새로운 것을 즐겁게 받아들여라

보험 업계에서 능력을 인정받은 사람이 그의 친구에게 이렇게 말했다. "나는 사실 재치가 있거나 노력하는 사람은 아니야. 내 장점이라면 스펀지 같다는 거지. 나는 받아들일 수 있는 모든 좋은 생각과 방법을 최선을 다해서 받아들여." 무언가를 시도하기도 전에 그 일을 하는 것이 아무 소용없다고 생각해서는 안 된다. 새로운 것을 기꺼이 받아들이려는 긍정적이고 적극적인 마음가짐이 있다면 당신은 곧 놀라운 기쁨을 맛보게 될 것이다! 성공한 사람들은 단 한 번도 자신 또는 다른 사람의 새로운 생각을 쉽게 무시하지 않았다.

○ 실험 정신을 발휘하라

생활이 단조롭게 반복되는 것을 피하고 새로운 무언가를 경험하는 기회를 만들어야 한다. 예를 들어 처음 가는 식당에서 식사하거나, 새로운 분야의 책을 읽거나, 아니면 그동안 싫어하던 공포 영화를 보는 것을 시도해보자. 그 과정에서 당신은 새로운 친구를 만날 수도 있고, 한 번도 가보지 않은 길을 걸을 수 있다. 새로운 방식으로 주말을 즐기거나 여행을 계획할 수도 있다. 직장인이라면 퇴근 후에 학원에 가서 회계나 재무 같은 것을 배워 업무 능력을 올릴 수도 있다.

○ 끊임없이 발전하라

세계 최대의 글로벌 인프라 기업 제너럴 일렉트릭에서는 "여러분의 발전이 곧 성공입니다"라는 말로 직원들을 격려한다. 성공한 사람들은 자신을 위해 항상 더 높은 기준을 세우고, 그 기준에 도달하기 위해 끊임없이 발전하고자 한다. 그들은 언제나 더 적게 투자해서 더 많은 성과를 거둘 방법을 찾으려고 한다. 그들처럼 "나는 더 잘할 수 있어"

라는 태도로 일한다면, 실제로 좋은 결과가 당신을 기다리고 있을 것이다.

매일 아침 일을 시작하기 전에 10분 동안 생각해보자. "어떻게 하면 오늘 일을 더 잘할 수 있을까?" "어떻게 하면 더 효율적으로 일할 수 있을까?" "어떻게 하면 직원들의 열정을 북돋을 수 있을까?" "고객들에게 더 나은 서비스를 제공하려면 어떻게 해야 할까?" 이런 질문들은 아주 단순하지만 큰 효과를 발휘한다. 당신이 마음속으로 어떤 능력을 발휘하겠다고 결정하는 순간, 잠재의식이 당신을 더욱 발전하도록 재촉한다. 이렇게 자극받은 당신은 더욱 창조적인 방법을 생각해내고, 그 방법을 이용해서 큰 성공을 이루어낼 수 있다. 잊지 말자. 더욱 발전하고자 할 때 더 많은 성과를 거둘 수 있다.

○ 더 많은 영감을 받아라

영감은 순간적으로 떠오른다. 지금 소개하는 두 가지 방법으로 영감이 더욱 자주 떠오르게 할 수 있다.

첫 번째, 동종 업계의 모임에 참여하라. 이런 모임에 참여하는 사람들은 대부분 활기가 넘치고, 그 분야에서 성공하려 할 것이다. 이렇게 발전 가능성이 있는 사람들과 교류하는 것만으로도 번뜩이는 영감이 떠오를 수 있다. 실제로 주변의 많은 사람이 이렇게 말한다. "그 회의에서 아이디어가 떠올랐어요." "그 모임에 참여하면서 일에 대한 열정이 생겼어요." 가능한 한 많은 모임에 참여하는 것이 좋다. 위축되고 폐쇄된 마음가짐으로는 자신뿐만 아니라 상대방을 절대 만족시키지 못한다. 많은 사람과 접촉하는 것은 당신의 정신을 더욱 풍요롭게 할 수 있다.

두 번째, 동종 업계에 종사하지 않는 사람들과 만나라. 다양한 분야에 종사하는 사람들과 만나면 그들에게서 세상을 바라보는 새로운 시각을 배우거나 깨달을 수 있다. 자신의 일에서 승승장구하거나 실패를 겪은 사람, 무언가 특별한 기술이 있는 사람 등 어떤 사람이든 좋다. 그들을 통해서 더 나은 미래를 위한 아이디어를 얻을 수도 있다.

| 창의력을 키우는 효과적인 방법

생각의 원천인 창의성은 매우 정성껏 관리받을 때 효과를 낼 수 있다. 창의성이 있지만 그것을 활용하지 않는다면 아무런 가치가 없다. 아래의 다섯 가지 방법으로 자신의 창의성을 관리하고 발전시키자.

첫 번째는 기록이다. 창의적인 영감과 아이디어는 예고 없이 언제 어디서든 떠오른다. 버스를 기다릴 때, 저녁 식사를 준비할 때, 자려고 누웠을 때 등 언제든지 한순간에 머릿속을 스쳐 지나간다. 이럴 때, 하던 일을 다 해결하고 나서 아까 생각났던 것을 정리하려고 한 적이 있을 것이다. 하지만 그때는 이미 아이디어가 홀대받은 손님처럼 화를 내며 멀리 떠나가 버렸을 것이다. 우리는 이 예고 없이 찾아오는 손님을 두 팔 벌려 환영하고 그 모습을 재빨리 기록해야 한다. 창조적인 예술가들은 모두 아이디어와 영감의 중요성을 알고 있기에 영감이 떠올랐을 때 바로 스케치를 하거나 악보를 쓰는 것이 습관화되어 있다.

두 번째는 점검이다. 대뇌에는 우리가 미처 알아차리지 못한 수많은 영감과 아이디어가 숨어 있다. 우리가 그것을 자극해서 일깨운다고 해도 금세 사라지거나 새로운 다른 것으로 가려지는 일이 비일비재하다. 그러므로 우리는 그것을 끊임없이 자극하고, 기억하고, 잊은 것을 다시 떠올리고 점검해야 한다. 그래서 불필요한 것은 없애고 가치 있는 것은 머릿속에 잘 저장해두어야 한다.

세 번째는 완성을 위한 노력이다. 훌륭한 화가들은 작품이 마음에 들지 않으면 얼마나 많은 시간과 노력을 들였든 상관없이 단번에 찢어버린다. 조각가들도 스스로 만족할 때까지 끊임없이 작품을 다듬고 문지른다. 우리도 그들처럼 창의력을 다듬어야 한다. 창의력의 깊이와 넓이를 조금이라도 더 크게 하려고 노력하며 여러 관점에서 살피고 연구해야 한다. 그래야만 기회가 왔을 때 그 능력을 충분히 발휘할 수 있다. 건축가는 영감이 떠오르면 재빨리 대강의 스케치를 완성한다. 광고 기획자는 고객의 소비 욕구를 자극할 좋은 문구가 생각나면 바로 그것을 기록한다. 그리고 작가는 대강의 스토리가 떠오르면 작품을 쓰기 시작한다.

영감이 떠올랐을 때 그것을 매우 구체적이고 명확하게 표현하자. 그런 다음에 부족한 점을 찾아서 차츰 메우며 완성해나가는 것이다.

그리고 이렇게 개선되고 발전한 영감을 인정받도록 다른 사람들에게 선보이자. 직원, 상사, 친구, 고객, 동료 등 누구든지 당신의 영감을 인정한다면 가치 있는 것이 된다.

네 번째는 관찰이다. 과학자들의 위대한 발견 중에는 우연히 일어난 것이 많다. 오랜 연구와 실험 중에 일어난 단 한 번의 예상치 못한 일이 인류의 삶을 바꾼 것이다. 하지만 누구나 이 우연의 가치를 알아차리는 것은 아니다. 해당 사물을 정확히 이해하는 사람만이 우연히 일어난 일을 위대한 발견으로 만들 수 있다.

인류 역사상 가장 위대한 업적을 남겼다고 평가받는 영국의 미생물학자 알렉산더 플레밍Alexander Fleming, 1881~1955은 1928년에 강한 독성이 있는 포도상구균을 연구하고 있었다. 어느 날 그는 잘 자라던 포도상구균이 모두 죽은 것을 발견했다. 깜짝 놀라서 자세히 관찰한 결과, 푸른곰팡이가 포도상구균에 조금 떨어진 것을 발견했다. 독성이 강한 포도상구균을 푸른곰팡이가 없애버린 것이다. 이 우연한 발견에 플레밍은 몹시 흥분했다. 이후 그는 푸른곰팡이와 항균 물질을 계속 연구해서 페니실린을 발명해냈고, 그의 발명은 인류의 의학 역사에서 큰 전환점이 되었다.

이런 일은 마치 별로 노력하지도 않았는데 운이 좋아 생긴 것처럼 보인다. 그러나 결코 쉬운 일이 아니다. 장시간의 몰두와 연구, 수많은 경험이 바탕이 될 때 일어나는 것이며, 새로운 사물에 대한 주의 깊은 관찰력, 통찰력이 필요하다. 아무런 노력도 기울이지 않는 사람은 눈앞에 기적이 있어도 알아보지 못한다. 성공하기 위해 끊임없이 발전하고자 하는 사람만이 기적을 알아볼 수 있다.

창의력을 키우기 위한 마지막 방법은 일상에서도 영감을 찾는 태도를 갖는 것이다. 킹 C. 질레트*King C. Gillette, 1855~1932*는 아주 사소한 우연을 통해 오늘날 거의 모든 남성이 사용하는 안전면도기를 발명했다. 이 우연은 그의 인생을 바꾸어놓았다.

질레트는 원래 병뚜껑 제조 회사의 직원이었다. 그는 쉬는 날이면 언제나 자신이 좋아하는 발명을 하고자 노력했지만, 그렇게 20년이 흘렀는데도 발명가로서 아무런 성과도 거두지 못했다. 그러던 1985년 여름, 보스턴에 출장을 간 질레트는 돌아오던 날 아침에 늦잠을 잤다. 급하게 면도하느라 바쁘게 손을 움직이던 그는 그만 면도날에 입술을 베었다. 피범벅이 된 입 주위를 휴지로 닦으면서 그는 '면도할 때 피부를 상하게 하지 않는 면도날이 있으면 편리할 텐데'라고 생각했다. 질레트는 집으로 돌아오자마자 면도날에 대해 연구하기 시작했다. 그리고 수많은 실패를 겪은 끝에 마침내 안전면도기를 발명했다.

일상생활에서 착안한 이렇게 작은 아이디어로도 큰 성공을 거둘 수 있다. 성공을 위해 가장 먼저 할 일은 관찰이다. 그리고 관찰을 바탕으로 깊이 생각해야 한다. 현재의 것을 답습하고 안주하려는 사람은 절대 기회를 알아보지 못한다. 오랫동안 모든 성인 남자가 면도를 했지만 안전면도기를 발명한 사람은 질레트 한 명뿐이었음을 기억하자.

HAVING FUTURE

7장

협동은
성공에 이르는 시간을
절반으로 줄여준다

인간관계에서 가장 중요한 것은 존중이다. 다른 사람의 생각, 감정, 마음, 관점, 정신세계를 존중할 줄 아는 사람은 자신의 부족한 점도 정확하게 알고 있다. 이런 사람은 상대방의 의견과 관점을 중시하고, 소통으로 더 많은 지식을 받아들여 스스로 발전한다. 또 언제나 다른 사람과 협동해서 많은 지식과 즐거움을 얻어 자신에게 이롭게 한다.

기러기는
언제나
V 자로 비행한다

| 우리는 왜 협동해야 할까?

사람이 성장한다는 것은 사회성이 커짐을 의미한다. 사회성이란 환경에 맞추어 자신을 변화시키는 것으로 부와 권력, 성공에 대한 욕망도 외부 환경에 따라 변화할 수 있다. 우리는 살면서 끊임없이 환경에 적응하여 그 속에서 살아나가는 법을 배워야 한다. 그리고 함께 사회를 구성하는 사람들과 원만히 지내도록 사교 능력을 훈련해야 한다.

성공하려면 다른 사람을 이용하거나 밟고 일어서야 한다고 생각하는 사람이 많다. 그러나 이렇게 행동하면 반대로 성공에서 멀어질 뿐이다. 타인과 협동하면서 상대방이 목표를 이루도록 돕는다면, 그들도 당신을 도울 것이다. 그래서 당신이 다른 사람을 많이 도울수록 당신이 얻는 것도 많아진다.

기러기 무리가 언제나 알파벳 'V' 자 형태로 비행한다는 사실은 널리 알려져 있다. 그러나 가장 앞에서 비행하는 기러기가 바뀐다는 점은 모르는 사람이 많다. 가장 앞에서 날며 무리의 리더가 되는 기러기는 양쪽으로 뒤따르는 다른 기러기들보다 바람의 저항을 많이 받는다. 조류학자들의 연구에 따르면 뒤에서 비행하는 기러기는 가장 앞에 있는 기러기보다 체력을 약 20% 정도 덜 쓴다고 한다. 그래서 맨 앞에서 비행하는 기러기가 지치면 다른 기러기와 자리를 바꾸는 것이다. 이렇게 기러기도 협동의 의미를 정확히 알고 있는 한편 우리 주변에는 협동이 무엇인지 정확히 모르는 사람이 많다. 또 이런 사람은 자신이 협동하지 않기 때문에 성공의 기회를 놓친다는 사실을 깨닫지 못한다.

가장 효과적이지만 쉽게 인지하지 못하는 것이 바로 가족의 협동, 특히 부부의 협동이다. 남편과 아내가 서로 지지하고 도우면 두 사람 모두 원하는 것을 얻고 인생이 더욱 행복해질 것이다. 딱히 특별한 일을 하지 않아도 같은 취미 생활을 하는 것만으로 긍정적인 효과를 얻을 수 있다. 처음에는 배우자가 심드렁해할 수도 있다. 이럴 때는 부부의 협동이 얼마나 중요한지 열정적으로 이야기해보자. 살면서 맺게 되는 다양한 대인 관계에서 배우자와의 관계는 무엇보다 중요하다.

| 협동의 힘

나무젓가락 한 개는 한 번에 쉽게 부러뜨려도 열 개를 한꺼번에 부러뜨리기는 어렵다. 이와 마찬가지로 여러 사람이 협동하면 무한한 에너지를 발휘할 수 있다. 협동할 때 가장 중요한 요소는 모든 구성원이 전심전력을 다하는 것이다.

성공한 기업은 내부에 협동 체계가 매우 탄탄하게 자리 잡혀 있다. 반대로 실패한 기업은 대개 협동 체계가 없다. 기업 같은 조직 안에서 협동이 잘 이루어지려면 각 구성원이 서로 다른 능력을 갖추어야 한다. 다시 말해 구성원이 모두 엘리트나 해당 분야의 전문가라고 해서 반드시 성공적으로 협동할 수 있는 것은 아니다.

그러므로 성공하고 싶다면 조직을 구성할 때 다양화를 염두에 두어야 한다. 그러면 서로 다른 능력을 갖춘 구성원들이 협동하여 일을 처리하면서 한편으로 자신의 능력도 더욱 확대, 발전시킬 수 있다.

지능이 뛰어난 인재만 뽑는 기업은 없다. 회계 직원에게는 영업사원의 열정과 개방적인 태도가 없고 영업사원은 회계 직원의 이성적이고 보수적인 성향, 신중함 등이 없다. 그러나 둘 중 어느 한쪽이 더 낫다고 할 수는 없다. 기업이 성공하려면 이 두 유형의 인재가 모두 필요하기 때문이다.

| 협동, 성공의 필수 요소

경쟁의 원인이 무엇이든 어떤 결과가 나왔든 간에, 이와 별개로 경쟁에 참여하는 사람들은 모두 어느 정도 손실을 본다. 손실은 일시적일 수도 있고 오래 지속되기도 한다. 이 손실을 최소화하고 어서 성공하고 싶다면 협동이 답이다. 아무리 뛰어난 계획과 방법을 마련해도 다른 사람의 도움이 없으면 절대 성공할 수 없다. 다른 사람이 만들어낸 사물을 사용하는 것도 일종의 협동이라고 할 수 있다. 사람이 살지 않는 황무지에서도 살아가려면 어떤 사물을 이용해야 한다. 그러므로 어느 곳에서든, 어떤 상황에서든 우리는 협동해야만 살아갈 수 있다.

어떤 분야든 경쟁이 아니라 '우호적으로 협동'하기로 한다면 그 자체로 마음이 편안해질 것이다. 이런 변화는 종종 전에는 느껴보지 못한 놀라움과 기쁨을 줄 수도 있다. 경쟁을 즐기는 사람들은 절대 이런 감정을 누릴 수 없다.

우리는 시간과 에너지 대부분을 생존하고 부를 쌓는 데 사용한다. 성공하고자 하는 것은 인간의 본성이므로 없앨 수 없으나 성공에 이르는 방법은 선택할 수 있다. 경쟁, 의심, 모략 등으로 얻은 부와 안락함은 심리적인 상처, 두려움, 불안을 가져올 것이 분명하다.

반대로 우호적인 협동으로 얻은 부와 안락함은 우리의 마음을 더욱 편안하게 해준다. 다시 말해 협동한다면 원하는 목표를 달성할 뿐만 아니라 마음의 평안도 얻을 수 있다. 협동은 참여한 사람들의 지혜를 모으고 잠재 능력을 발휘하게 하여 큰 효과를 일으킨다. 그래서 다른 사람과 협동하면 당신은 반드시 성공할 수 있다.

사람은 동물과 달리 스스로 생각을 모으고 활용하며 잠재 능력을 자극해서 발휘할 수 있다. 수가 같다고 할 때, 다양한 종류의 나무가 자란 숲이 한 종류의 나무만 자란 숲보다 훨씬 무성하다. 서로 다른 나무의 뿌리가 뒤엉키면 같은 종류의 뿌리만 있는 것보다 토양의 영양 상태가 더 좋아진다. 그래서 나무들이 더욱 크고 무성하게 자랄 수 있는 것이다. 같은 이치로 서로 다른 사람들이 협동해서 만들어내는 성과는 구성원 각자가 이룰 수 있는 성과의 합보다 크다. 다시 말해, 협동하면 1+1이 2보다 클 수 있다. 과감하게 타인과 협동하는 것을 시도하고 새로운 것을 탐구하는 사람만이 더 나은 세상을 맞을 수 있다.

모든 일을 혼자서
해낼 수 있을 거란
거대한 착각

| 소통의 세 단계

사회에서 자신의 가치를 드러내려면 차이를 존중하고 다양한 생각을 받아들이는 동시에 자신의 의견을 내는 데 두려움이 없어야 한다. 어떤 사람들은 자신과 다른 생각을 받아들이면 목표를 이룰 수 없다고 생각한다. 또 소통하다 보면 다른 사람이 자신을 좌지우지할지도 모른다고 생각하기도 한다. 그러나 이는 정말 잘못된 생각이다.

모든 상황을 완벽하게 컨트롤할 수는 없다. 이럴 때 타인과 소통하면 그 과정에서 안정과 자신감을 얻고 목표에 한 발 더 다가설 수 있다.

사람들은 대부분 자신을 작은 공간에 가두고 혼자서 무언가를 해내려 하지만, 이것은 시간과 재능을 낭비할 뿐이다. 안타깝게도 매우 극

소수의 사람만이 소통과 협동의 즐거움을 느끼고 있다.

스포츠 경기는 집단의식을 이끌어 내고, 재난은 민족을 단결시킨다. 이런 소통, 협동, 단결은 종종 일시적으로 '기적'을 일으키기도 한다. 다른 사람들과 열심히 소통하고 긴밀하게 협동한다면, 살아가면서 감동과 기적을 자주 맛볼 수 있다.

다른 의견에도 이유가 있고, 다른 관점에는 내가 미처 생각하지 못한 요소가 있다. 그러므로 항상 다른 사람과 소통하고, 이해해야 한다.

이러한 소통은 세 단계로 나눌 수 있다.

첫째는 가장 낮은 단계의 소통이다. 이는 참여하는 사람들의 신뢰도가 가장 낮아서 서로 자기 입장만 내세우고 조금도 물러서려고 하지 않는 상태다. 이런 소통은 서로 자기 입장을 지키려고만 하기 때문에 효과적일 수 없다.

둘째는 서로 존중하는 소통이다. 상대방의 입장을 어느 정도 이해하지만 타인과 특별히 접촉하지 않으며 또한 접촉해야 할 이유를 찾지 않는 상태다. 그저 서로 예의를 지키며 자기 의견만 내세우지는 않을 뿐이다. 소통 과정에서 문제를 해결하는 방법을 찾지 못하고 결국 타협하는 수밖에 없다. 그러나 타협은 최선의 결과가 아니다.

셋째는 받아들이는 소통이다. 이는 모든 사람이 자기 의견을 말하고 깊이 있게 문제를 탐구하는 가장 높은 수준의 소통이다. 평등하게 소통하는 과정에서 모두 성과를 거둘 수 있다.

그러나 사람들은 대부분 자기 의견만 내세우며, 다른 사람의 의견을 잘못 이해하고 심지어 비판하기도 한다. 그러면 논쟁하느라 많은 시간을 낭비하게 된다. 이렇게 의견이 충돌할 때는 바로 해결 방법을 찾아서 논쟁거리를 없애야 한다. 하지만 대부분 사람은 이런 상황에서 자신이 옳은 이유를 내세우기만 하는데, 이는 오히려 불난 데 기름 붓는 격일 뿐 상황을 개선하는 데는 아무 효과가 없다. 협동을 통해 목표를 달성하고 싶다면, 이기적인 마음가짐에서 상대방을 비난하는 것처럼 성숙하지 못한 행동을 해서는 안 된다.

단결이란 의견의 일치가 아니다. 서로 다른 의견을 융합하여 하나로 만드는 것이며, 차이를 존중하고 함께 해결 방법을 찾는 것이다. 인간관계에서 가장 중요한 것은 바로 자신과 다른 의견과 관점을 받아들이는 것이다. 그러나 언제나 자기중심으로 생각하는 사람은 고집스럽게 다른 사람이 자신의 의견을 받아들이기만을 바란다.

상상력이 필요한 작업에는 논리적이고 이성적인 좌뇌보다 감성을 담당하는 우뇌가 중요한 역할을 한다. 이때 좌뇌가 우뇌를 지원한다면 문제를 더욱 잘 해결할 수 있을 것이다. 마찬가지로 높은 수준의 소통을 바탕으로 한 협동은 더 나은 인간관계를 만들 뿐만 아니라 개인의 목표를 달성하는 데도 큰 역할을 할 수 있다.

| 차이를 존중해야 모든 이가 소통에 참여할 수 있다

인간관계에서 가장 중요한 것은 존중이다. 다른 사람의 생각, 감정, 마음, 관점, 정신세계를 존중할 줄 아는 사람은 자신의 부족한 점도 정확하게 알고 있다. 이런 사람은 상대방의 의견과 관점을 중시하고, 소통으로 더 많은 지식을 받아들여 스스로 발전한다. 또 언제나 다른 사람과 협동해서 많은 지식과 즐거움을 얻어 자신에게 이롭게 한다. 이와 반대로 언제나 자기 자신을 객관적인 기준으로 여기는 사람도 있다. 이런 사람은 자신과 의견이 다른 사람이 틀렸다고 여기지만, 그렇게 생각함으로써 스스로 세상과 점차 격리하는 것이다.

자신과 다른 의견이라고 해서 그것이 비논리적, 비합리적인 것은 아니다. 모든 의견에는 그 자체만의 논리가 있다. 의견이나 관점이 비슷한 사람과 함께 있으면 얻을 것이 없다. 나와 다른 환경에서 나에게 부족한 것을 얻을 수 있는 법이다.

사람은 모두 사회 안에서 서로 의존하며 살아간다. 그러므로 단결할수록 불리한 영향을 미치는 외부 요소를 쉽게 제거할 수 있다. 서로 다른 개인으로 구성된 사회에서 얼마나 많은 사람이 단결하는가는 사회의 발전에 큰 영향을 미치는 요소다. 개인은 사회의 문제를 해결하는 데 적극적으로 참여할수록 사회에서 더 많이 인정받을 수 있다.

그래서 성공하고자 할 때 가장 효과적이면서 정확한 방법은 상호 협동과 공동 발전이다. 물론 모든 사람이 협동에 참여하게끔 할 수는 없다. 그 대신 소통으로 그들을 협동의 장으로 이끌어낼 수는 있다. 마치 좌뇌와 우뇌가 각자 잘하는 분야의 일을 하고 그것을 결합하여 효과를 발휘하는 것처럼 말이다. 끊임없이 소통하며 당신의 장점으로 다른 이의 단점을 보완하고, 동시에 다른 이의 장점으로 당신의 단점을 보완해야 한다. 소통을 계속하면 아무리 안 좋은 상황이라도 결국 해결 방법을 찾을 수 있다.

방해꾼을
내 편으로 만든
벤저민 프랭클린

| 성공적인 협동을 위한 조언

○ 내 일이라고 느끼게 하라

사람들은 누구나 자기 자신을 가장 중요하게 생각한다. 당신이 자기 이야기만 끊임없이 늘어놓는다면 가장 친한 친구라도 옆에 있고 싶지 않을 것이다.

한 철학자는 이렇게 말했다. "적을 만들고 싶다면 당신이 그보다 뛰어남을 드러내라. 반대로 친구를 만들고 싶다면 그가 당신보다 뛰어남을 드러내면 된다."

대화의 주도권을 차지했을 때 또는 여러 면에서 상대방보다 뛰어남을 느낄 때 당신은 일종의 우월감을 느끼게 된다. 대신에 당신과 친구가 되고 싶어 하는 사람은 점점 줄어들 것이다. 친구를 사귀고 싶다면 겸허한 자세로 사람과 사물을 대해야 한다. 상대방을 존중하고 관심을 보이며 자기 의견을 편하게 드러내도록 돕고 공격하는 말은 줄여야 한다. 좋은 인간관계를 쌓는 데 이보다 중요한 것은 없다.

강압을 좋아하는 사람은 없다. 그러므로 상대방의 신뢰를 얻고 협동하고자 한다면, 정중한 태도로 상대방의 의견을 구해야 한다. 동시에 협동이 상대방을 위한 것이라고 느끼도록 해야 하며, 절대 명령받는다는 기분이 들게 해서는 안 된다.

○ 상대방의 입장에서 생각하라

상대방의 입장에서 생각한다면 문제를 해결할 새로운 방법을 찾아낼지도 모른다. 명백한 잘못을 저질렀음에도 상대방이 그것을 인정하지 않는다면, 책망하기보다는 우선 상대방의 입장에서 생각해보자. 이럴 때 현명한 사람은 '만약 나였다면 어떻게 했을까?'라고 생각한다. 그러면 잘못이 생긴 원인을 찾을 수 있고 해결 방법도 떠오를 수 있기 때문이다. 그뿐만 아니라 갈등 상황을 해결할 시간을 절약하고 상대방과의 마찰을 줄일 수도 있다. 무엇보다 중요한 것은 이렇게 함으로써 상대방의 호의와 신뢰를 얻을 수 있다는 점이다. 따라서 상대방의 입장에서 생각해보는 것은 좋은 인간관계를 쌓는 데 큰 도움이 된다.

현명하지 못한 사람은 잘못한 사람에게 모든 책임을 지운다. 협동이 성공적일지 아닐지는 당신이 진정으로 상대방의 입장에서 생각할 수 있는가에 달렸다. 사람들은 자신의 일에 많은 관심을 보이고 집중하는 반면 다른 사람의 일에는 그다지 큰 관심을 보이지 않는다. 이것은 누구나 그러하고 매우 당연한 일이다. 이 점을 명심한다면 다른 사람의 입장을 이해하는 데 큰 도움이 될 것이다. 성공적인 인간관계를 쌓으려면 진심으로 다른 사람의 입장에서 문제를 바라보고 그들의 생각을 받아들이려고 해야 한다.

한쪽이 다른 한쪽의 관점과 마음을 중요하게 생각할 때 순조롭고 효과적으로 대화할 수 있다. 다른 사람과 대화를 시작할 때는 상대방이 먼저 의견과 감정을 말하도록 유도한다. 그리고 상대방의 말을 듣는 동안에는 적절한 반응을 보이는 것이 좋다. 그러고 나서 당신이 말할 때는 상대방의 의견과 관점을 얼마나 잘 이해했는지를 먼저 이야기하고 자기 의견을 말한다. 그러면 상대방도 기꺼이 당신의 의견과 감정을 받아들이려 할 것이다.

상대방의 입장에서 문제를 분석하면 갈등을 피할 수 있다. 다른 사람에게 어떤 일을 하라고 요구하려면 먼저 상대방의 입장에서 생각해보자. 왜 상대방이 그 일을 해야 하는지, 그 일을 했을 때 서로에게 어떤 서로 어떤 효과를 얻게 되는지를 생각해보는 것이다. 그러면 상대방과 이야기할 때 갈등을 빚을 가능성이 줄어들 것이다. 그래서 우호적인 분위기를 유지하면서 목적을 달성할 수 있다.

하버드 경영대학원 학장이 이렇게 말했다. "어떤 사람을 만나기 전에 나는 약 두 시간에 걸쳐 생각을 정리한다. 그렇지 않으면 무슨 말을 해야 할지 어떻게 말해야 할지 모를뿐더러 상대방이 대답하는 내용을 명확히 이해하기가 어렵기 때문이다."

○ 상대방에게 도움을 요청하라

사람들은 자신의 목표를 이루기 위해 최선을 다한다. 그러나 아무리 노력해도 혼자 힘으로는 어려운 일이 있게 마련이다. 그래서 목표를 이루어 성공하려면 종종 다른 사람의 도움이 필요하다.

미국 '건국의 아버지'이자 피뢰침 등 위대한 발명품을 남긴 벤저민 프랭클린은 자신을 방해하던 사람을 가장 좋은 친구로 만들었다. 젊은 시절에 그는 전 재산을 투자해서 작은 인쇄 공장을 인수해 경영했다. 여러 가지 상황을 고려했을 때 짧은 시간 안에 이윤을 많이 올리는 가장 좋은 방법은 프랭클린이 시 의회의 문서 인쇄를 맡는 것이었다. 그러면 의회의 모든 문서를 그의 공장에서 인쇄할 수 있기 때문이었다.

그런데 의원 중 한 명이 프랭클린을 별로 좋아하지 않았다. 이 의원은 심지어 공개된 장소에서 프랭클린을 모욕하기까지 했다. 프랭클린은 물론 무척 화가 났지만, 오해를 풀어 그 의원이 자신을 좋아하도록 하는 수밖에 없었다. 이런 경우에 사람들은 보통 뇌물을 주어서 관계를 개선하려고 한다. 하지만 프랭클린은 뇌물을 주면 그 의원이 자신을 더 깔보고 그러면 상황은 더욱 심각해질 뿐이라고 생각했다. 오랫동안 깊이 생각한 끝에 프랭클린이 생각해낸 방법은 의원을 기쁘게 하는 것이었다. 이 방법에 대해 프랭클린은 이렇게 이야기했다.

"나는 그 의원이 아주 희귀한 책을 소장하고 있으며 그 사실을 무척 자랑스러워한다는 이야기를 들었습니다. 그래서 그에게 편지를 한 통 썼지요. 편지에서 내가 그 책을 얼마나 좋아하는지, 또 얼마나 보고 싶은지를 이야기했습니다. 그리고 내가 그 책을 읽고 보물 같은 지식을 얻기를 간절하게 바란다고 했지요. 그러니 부디 너그러운 마음으로 며칠 동안만 빌려주길 간청한다고 덧붙였습니다. 편지를 보내고 며칠 후에, 그 의원은 정말 나에게 책을 보내주었어요. 나는 책을 읽고 나서 또 감사 편지를 썼지요.

얼마 후 의회에서 우연히 만났을 때 그 의원은 아주 예의 바른 태도로 나에게 안부를 물었습니다. 전에는 상상할 수도 없는 일이었지요. 그 후 우리는 서로 자주 왕래하고, 서로의 일을 돕고, 무엇보다 가장 친한 친구가 되었습니다."

프랭클린은 상대방이 자신을 인정하게 했다. 그의 방법은 지금의 우리에게도 분명히 효과적일 것이다. 상대방에게 도움을 요청하라. 그러면 당신은 적을 없애고 친구를 얻을 수 있다. 사람들은 모두 상대방에게 중요한 존재가 되고 싶어 한다. 그러므로 간절히 상대방의 도움을 바란다고 이야기하면 기꺼이 당신을 도와줄 것이다.

○ 갈등을 협동의 기회로 만들어라

갈등은 분열을 일으키고 협동은 성공을 부른다. 모든 사람과 사물에는 차이가 존재하는데, 이 차이를 강조하면 갈등을 빚고 차이를 드러내지 않거나 줄이면 협동할 수 있을 것이다. 다른 사람과 소통하는 것이 어려울 때는 소통의 기교를 생각해 보자. 아래로 소개할 방법들은 당신이 알고 있거나 이미 실행하고 있을 수도 있지만, 이를 실천하는 데 더욱 주의를 기울여서 긍정적인 효과가 효과를 얻도록 해야 한다. 잘 활용한다면 주변 사람들의 신뢰를 얻을 수 있다.

• 동화와 전환

왜 모든 사람과 잘 지낼 수 없을까? 어떤 사람과는 쉽게 친해졌는데 다른 사람과는 왜 이렇게 친해지는 것이 어려울까? 어째서 나를 좋아하는 사람도 있지만 싫어하는 사람도 있을까?

이런 상황을 해결하고 싶다면, 다른 사람과의 차이를 줄이고 공통점을 찾는 데 주력해야 한다. 그러면 사람을 대하는 것이 더욱 쉬워질 것이다. 오랜 친구와도 갈등이 생겼을 때 친구의 입장에서 생각해보면 금세 갈등이 해결될 것이다. 그러나 낯선 사람, 대하기 어려운 사람과 갈등을 빚으면 쉽게 해결되지 않는다. 그런 상황에서는 최선을 다해서 소통에 노력하고 공통의 관심거리를 찾아야 한다. 이때 가장 필요한 것이 바로 동화와 전환이다. 동화란 서로의 차이를 줄이고 다른 사람의 입장에서 문제를 해결하는 것이다. 그리고 전환이란 동화로 형성한 우호적인 관계를 바탕으로 서로 발전하도록 하는 것이다.

동화는 일상에서 많이 일어나고 있다. 어떤 사람과 친해지고자 할 때나 자신의 관심을 표현할 때 사람들은 동화를 사용한다. 기차에서 옆자리에 앉은 사람과 이야기를 나누다가 목적지가 같은 것을 알게 되면 그곳에 관해 더 이야기하면서 소통의 폭을 넓힐 수 있다. 이것이 동화다. 친구와 식당에 갔을 때 "넌 뭐 먹고 싶어?" 하고 물어본 적이 있을 것이다. 정말로 궁금해서일 수도 있지만 이런 질문으로 상대방과 친근한 관계를 더욱 심화할 수 있다. 아이가 밖에서 놀다가 넘어져서 피가 나거나 울음을 터뜨린다면 엄마는 금방 아이를 꼭 끌어안아 준다. 그리고 무릎을 꿇고서 피가 나는 곳을 쓰다듬고 약을 발라준 다음 부드러운 목소리로 "이제 안 아플 거야"라고 말해주기도 한다. 고향이 아닌데도 그 지역에 오래 살아서 사투리를 자연스럽게 사용하는 사람이 있다. 이것은 해당 지역의 사람들에게 동화되었음을 의미한다.

이처럼 일상에는 수많은 동화가 존재한다. 동화는 상대방의 표정, 동작, 반응에 따라 그 정도가 결정된다. 동화하고 싶은 대상과 말투가 비슷해질 수도 있고 어떤 일에 같은 반응을 보일 수도 있다. 개방적인 사람, 공통의 관심사가 있는 사람과는 동화되기 쉽지만, 대하기 어려운 사람과는 동화는커녕 어색함을 느끼는 것이 당연하다. 이럴 때는 상대방과 차이를 줄이는 데 노력한다. 그렇지 않으면 갈등이 생기게 마련이다.

• 편안한 사람

아는 사람들을 편안한 사람과 편안하지 않은 사람으로 분류할 수 있다. 그 중간에 해당하는 사람은 없다. 편안하지 않은 사람과 당신은 공통점이 하나 있다. 상대방 역시 '저 사람도 나와 같이 느낄까?'하고 생각한다는 점이다.

앞에서 설명했듯이 관계가 전환되려면 먼저 동화되어야 한다. 적극적이고 효과적인 소통으로 우호적인 관계를 쌓아서 동화하면 더욱 관계가 좋아지고 나아가 공동의 목표를 달성할 수도 있다.

친한 사람들끼리는 표정과 몸짓이 비슷하고 종종 동시에 같은 말을 하기도 한다. 누워 있는 친구와 말하다 보면 자신도 모르게 누워서 이야기를 나누고 있을 것이다. 미소 지은 채 말하는 사람과 이야기를 나누면서 얼굴을 찌푸리고 있는 것은 거의 불가능하다. 또 대화에 열중하다 보면 자신도 모르게 속마음을 털어놓을 수 있다.

물론 행동의 동화가 인간관계에 만병통치약일 수는 없다. 예를 들어서 상대방이 당신에게 예의 없게 행동했는데 그와 똑같은 방법으로 대응하면 갈등이 더욱 커질 것이다. 또 어떤 사람이 당신에게 "정말 멍청하군!"이라고 말했을 때 똑같은 말로 대꾸한다고 해서 동화라고 할 수는 없다. 이럴 때는 동화의 또 다른 형태, 바로 대화를 시작해야 한다.

효과적으로 대화하려면 상대방이 말하는 속도와 음량에 동화되어야 한다. 대화를 나눌 때 상대방과 동화되지 못하면 분위기는 어색해지고 자칫하면 오해가 생길 것이다. 어색한 관계일지라도 먼저 말의 속도와 음량부터 상대방과 동화한다면, 비교적 효과적인 소통을 할 수 있다.

• 경청

 사람들은 누구나 상대방이 자신의 이야기를 잘 들어주길 바란다. 또 어떤 감정이든지 자신의 마음을 털어놓았을 때 상대방이 그에 적절한 반응을 보이고 맞장구를 쳐주길 바란다. 심지어 이야기하는 자신도 명확히 이해하지 못하는 감정까지 상대방이 이해해주길 기대한다. 그러나 안타깝게도 대화에 참여하는 사람은 모두 이렇게 생각한다. 모두 상대방이 자신의 이야기를 잘 들어주기만을 바라기 때문에 갈등을 빚거나 다투거나 혹은 무시하는 상황이 일어나는 것이다.

 경청의 중요함을 아는 사람만이 대화로써 상대방과 효과적으로 소통할 수 있다.

 소통하고 싶다면 누가 자신의 이야기를 들어주길 바라는 마음은 잠시 접어두어야 한다. 물론 쉬운 일이 아니지만, 일단 그렇게 하면 얻는 것이 적지 않다는 사실을 깨닫게 될 것이다. 자신의 생각과 감정을 완전히 표현하고 충분히 이해받았다고 느끼면 상대방은 이제 기꺼이 그것에 대해 보답하려고 한다. 그래서 당신의 말을 듣고, 당신을 이해하고자 할 것이다.

 경청으로 칭찬, 인정, 우정, 그리고 성공의 기회를 얻을 수도 있다. 석유 산업의 발전과 석유 정제 기술 혁신의 중요한 역할을 해 일명 석유왕이라 불리는 존 데이비스 록펠러*John Davison Rockefeller, 1839~1937*는 경청의 중요성을 강조하며 이렇게 말했다. "인내심 있게 상대방의 이야기를 잘 듣는 것, 그리고 허심탄회하게 이야기를 나누는 것을 원칙으로 삼으십시오. 그렇게 하다 보면 당신이 원하는 결과를 얻을 수 있습니다." 실제로 그는 아무리 바빠도 직원들의 이야기를 경청했으며 한 번도 서둘러 결정을 내리지 않았다.

매일 조금씩 경청을 연습해보자. 상사의 이야기를 잘 듣고 원하는 것이 무엇인지 파악하면 맡은 일을 한 번에 해낼 것이다. 그러면 승진 기회는 그만큼 더 많아질 것이다. 경험이 많은 사람의 이야기를 경청하면 잘못된 방향으로 일을 진행하지 않을 수 있다. 또 고객의 이야기를 경청하면 고객이 진정으로 원하는 것을 제공할 수 있다. 경청하지 않으면 상대방의 의도를 파악하기 위해 몇 번이고 되물으며 반복해서 들어야 한다. 하지만 경청하면 그 시간을 절약해 다른 의미 있는 일을 할 수도 있다.

타인의 마음을
끌어당기는
단 한마디

| 마음을 녹이는 한마디

사람들은 모두 다른 사람에게 칭찬받고 싶어 한다. 당신이 건네는 칭찬 한마디는 듣는 사람에게 열정을 불러일으키고 긍정적인 마음가짐을 강화한다. 진심이 담긴 칭찬 한마디는 상대방의 긴장을 풀거나 적극적인 태도를 끌어낼 수도 있다. 적당한 방식과 단어로 칭찬하면 칭찬을 듣는 상대방뿐만 아니라 칭찬하는 당신도 즐겁게 한다.

칭찬은 반드시 진심에서 우러나온 것이어야 한다. 건성으로 아무렇게나 툭 내뱉는 말은 칭찬의 내용을 담고 있더라도 역효과를 낼 수 있다. 예를 들어서 친구가 새 치마를 입었을 때 "예쁘네"라고 말하는 것은 성의가 없는 태도다. "넌 정말 안목이 뛰어나! 너한테 정말 잘 어울리는 치마야"라고 말하는 것처럼 약간의 흥분을 동반해서 칭찬한다면 친구는 무척 기뻐할 것이고 우정은 더욱 돈독해질 것이다. 만일 동료나 상사에게서 '당신이 회사에서 가장 우수하다'는 칭찬을 들은 직원은 큰 만족감을 느낄 것이다. 그리고 이때부터 그 칭찬에 부응하기 위해 더욱 활기차고 적극적으로 일할 것이 틀림없다.

한편 칭찬과 아부는 정확히 구분되어야 한다. 칭찬은 하는 사람이나 받는 사람에게 모두 즐겁고 유익하다. 반면에 아부는 두 사람에게 모두 좋을 것이 없다. 당신이 아부하는 데 익숙해진다면 진심을 담아 칭찬해도 사람들은 믿지 않을 것이다.

다른 사람의 칭찬을 받고서 당연하다는 듯한 태도를 보이거나 아무런 반응도 하지 않는 것은 좋지 않다. 저녁 모임에서 넥타이가 잘 어울린다는 칭찬을 받으면 그저 좋아하기만 해서는 안 된다. 바로 상대방에게도 같은 수준의 미소와 칭찬을 건네야 한다. 예를 들어 손목시계가 무척 고급스럽다든지 헤어스타일이 잘 어울린다는 정도의 말이 적당하다. 아니면 직접 칭찬하지 않고 상대방의 친구나 배우자에게 상대방을 칭찬하는 말을 할 수도 있다. 이렇게 다른 사람의 말을 빌려서 칭찬을 전하는 것도 큰 효과가 있다.

칭찬할 때는 지나치거나 상투적이지 않도록 주의해야 한다. 예를 들어 "정말 말씀 많이 들었습니다"라거나 "이렇게 도와주시니 어떻게 감사드려야 할지 모르겠군요"와 같은 말은 듣는 사람에게 별 감흥을 불러일으키지 않는다. 귀한 물건을 많이 소장한 사람에게는 "들어만

봤지 본 적은 없던 것인데 덕분에 보게 되었네요"라거나 "댁은 작은 박물관이라고 해도 손색이 없겠어요" 같은 칭찬이 적합하다. 강아지를 키우는 사람에게는 "정말 귀엽고 말을 잘 듣네요. 정말 잘 훈련시키셨어요" 정도의 칭찬을 건네면 된다.

이렇게 진심에서 우러난 칭찬은 아부나 상투적인 칭찬보다 훨씬 효과적일 수 있다. 이런 말들은 상대방의 노동과 열정을 인정하는 동시에 상대방의 허영심도 충족시킬 수 있기 때문이다. 칭찬을 받은 사람은 분명히 자연스레 기분이 좋아질 것이며, 당신은 금세 목적을 달성할 수 있을 것이다.

다른 사람들이 잘 모르는 것을 칭찬하는 것도 좋은 방법이다. 성공한 기업가에게 시를 쓰는 취미가 있다면, 그 사람의 사업적 성공보다 시에 대한 재능을 칭찬해보자. 그러면 그 기업가는 정말 기뻐할 것이다. 기업가로서의 자질과 성공을 칭찬하는 사람은 많지만 그 사람의 시를 칭찬하는 사람은 많지 않기 때문이다. 그 기업가의 시구 한두 개를 말해보면 더욱 좋다. 그러면 그 사람은 당신과 오랫동안 이야기를 나누고 싶어 하고, 그러면서 사이는 더욱 돈독해질 것이다. 이렇게 알아주길 바라지만 잘 알려지지 않은 부분을 칭찬하는 방법은 유명인을 칭찬할 때 더욱 효과적이다. 상대방은 약간 쑥스럽다고 느끼면서도 무척 기뻐할 것이다.

마지막으로 꼭 기억할 것은 알맞은 언어와 방식으로 칭찬해야 한다는 점이다. 중언부언하거나 상대방이 약점이라고 생각하는 일을 칭찬해서는 안 된다. 그러면 상대방은 자신을 놀린다고 판단하거나 당신을 무척 무지하다고 생각할 것이다.

| 성공을 부르는 미소

미소는 인간관계를 부드럽게 한다. 힐튼 호텔의 창업자 콘래드 힐튼은 미소로 사업을 성공시켰다. 그는 제대한 후 아버지가 남겨준 재산과 자신의 저축을 전부 호텔 사업에 투자했다. 사업 수완이 좋았던 그는 얼마 후 투자금의 몇 배나 되는 수익을 올렸다. 힐튼은 어머니에게 자신의 성공을 알리면 분명히 기뻐할 것이라고 생각했는데 그의 어머니는 이렇게 말했다.

"재산이 조금 늘어난 것 외에 너는 달라진 것이 없구나. 네가 정말 변하고 싶다면 몇천, 몇만 달러보다 큰 가치가 있는 것을 얻어야 해. 성실하게 일하는 게 전부가 아니란다. 고객들이 힐튼 호텔이 아니라면 그 어떤 곳에서도 묵고 싶지 않게끔 만들어야지. 더 많은 고객이 오랫동안 그렇게 생각하도록 해야 해. 그런 호텔이 바로 진짜 성공한 호텔이 아닐까?"

그때부터 힐튼은 어떻게 하면 어머니가 말한 '진짜 성공한 호텔'을 만들 수 있을지 고민했다. 아무리 생각해도 답을 얻지 못한 그는 힌트라도 얻을 수 있길 기대하며 시내의 상점가를 둘러보러 나갔다. 고객의 입장에서 계속 가고 싶은 가게는 어떤 곳인지를 알아보기 위해서였다. 그리고 마침내 어머니가 말한 성공을 이룰 방법을 찾아냈다. 그것은 바로 미소였다. 힐튼의 호텔은 이날부터 '미소 서비스'를 시작했다.

힐튼은 우선 직원들이 "오늘 고객들에게 미소를 지었습니까?"라는 말을 항상 떠올리도록 했다. 그리고 절대 부정적이고 소극적인 마음이 얼굴에 드러나지 않도록 주의하라고 지시했다. 내일 당장 호텔이 문을 닫는다고 하더라도 업무 시간에는 줄곧 미소를 짓도록 했다. 그래서 얼마 후 대공황을 맞아 경제적으로 큰 손실을 입었을 때도 힐튼 호텔의 직원들은 끝까지 미소를 잃지 않았다. 불경기로 전국의 호텔 80%가 도산하는 가운데 마지막까지 버틴 힐튼 호텔은 힘든 시간을 이겨낸 후 최고의 호황을 맞이했다.

미국의 유력 경제 주간지 〈비즈니스 위크Business Week〉에 실린 글을 한번 보자.

"기업을 경영할 때는 고객의 문제가 가장 기본적이고 중요한 문제여야 한다. 기업은 시시각각 고객과 접촉하여 그들에게 다가가야 한다. 그래야만 지금 필요한 것을 얻을 수 있을 뿐만 아니라 앞으로 필요한 것들을 예측할 수 있기 때문이다. 그러나 안타깝게도 한 조사에 따르면 대부분 기업이 이 점을 인지하지 못하는 것으로 밝혀졌다. 또 같은 조사에서 성공한 기업은 모두 고객에게 친근하게 다가선다는 결과가 나왔다. 여기에 가장 쉽고 효과적인 방법이 바로 미소 서비스다. 미소가 부족한 서비스는 햇볕과 토양을 잃은 식물과 같다. 지금 당신이 바로 그러하다면 당장 힐튼 호텔의 미소 서비스를 배워야 한다!"

어느 날 철강왕 앤드류 카네기가 인간관계에 대해서 강연할 때 프랑스 여학생이 손을 들고 장난치는 듯한 말투로 질문했다. "존경하는 카네기 선생님, 프랑스 여성이 좋으세요? 아니면 미국 여성이 좋으세요?" 어느 쪽으로 대답해도 다른 한쪽을 실망시키므로 대답하기가 어려운 질문이었다. 이때 카네기는 바로 미소를 띠며 "저를 좋아해 주는 사람이라면 어느 나라 사람이든지 좋아합니다"라고 대답했다. 그는 재치를 발휘하여 미소와 함께 합리적인 대답을 내놓아 어색한 분위기를 피할 수 있었다.

미소는 종종 말보다 효과적이다. 그러므로 복잡하고 해결하기 어려운 상황에서도 끝까지 미소를 잃지 않아야 한다. 그러면 사람들이 곧 당신에게 도움의 손길을 내밀 것이다. 마치 모나리자의 미소가 사람들을 끌어당기는 것처럼 말이다.

또한 대답하고 싶지 않거나 응하기 어려운 요구를 받았을 때도 미소가 큰 역할을 할 수 있다. 미소를 띤 채 거절한다면 상대방의 기분을 나쁘게 하지 않는 동시에 더 이상의 질문도 피할 수 있다.

HAVING FUTURE

8장

또 다른 미래를 만들고 싶다면 변화하라

'강한 마음'이란 확고한 의지와 신념이다. 마음이 강한 사람은 아무리 큰 실패와 좌절을 만나도 용감하게 딛고 일어선다. 이런 의지와 신념은 말로 떠들어대는 것이 아니라 마음속 깊은 곳에서 나오는 것이며, 자신감으로 드러난다. 자신감이 있는 사람은 스스로 부족한 점을 인정한다. 그래서 자신과 다른 의견을 들어도 걱정하거나 초조해하지 않고 받아들일 줄 안다.

백만장자와
빈털터리의
결정적 차이

| 강한 마음이 있어야 성공한다

성공하는 사람은 '강한 마음'으로 눈앞의 난관과 실패를 헤쳐 나간다. 여기에서 말하는 '강함'이란 많은 권력과 부, 높은 지위를 뜻하는 고전적인 의미와 다르다. 고전적 의미의 '강함'으로는 사람들의 존경과 흠모를 받을 수 있고 스스로 심리적 우월감을 느낄 수도 있다. 그러나 이런 것들로 자신의 약한 부분을 덮으려고 하면 시간이 흐를수록 마음은 약해질 뿐 절대 강해질 수 없다.

왜 어떤 사람은 백만장자인데 어떤 사람은 빈털터리일까? 모두 똑같은 사람인데 왜 어떤 사람은 행복하고 다른 사람은 인생이 고달프기만 할까? 이런 차이를 결정하는 것은 두 가지다. 하나는 기회가 왔을 때 잡았는가이고, 다른 하나는 강한 마음이 있는가다.

강한 마음은 어떤 것과도 비교할 수 없을 만큼 중요하다. 강한 마음이 있는 사람은 겸허하고 안정적이며 관용을 베푸는 생활을 한다. 자신의 목표를 정확히 알고 목표를 이루기 위해 최선을 다해서 노력한다. 또한 외부의 영향에 휘둘리지 않고 자신의 이상과 목표만 바라볼 줄 안다. 이런 사람은 다른 무언가에 마음이 불안해지는 일이 거의 없으며 항상 진실한 마음으로 사람을 대한다.

이런 사람은 강한 마음, 바로 확고한 의지와 신념이 있다. 마음이 강한 사람은 아무리 큰 실패와 좌절을 만나도 용감하게 딛고 일어선다. 이런 의지와 신념은 말로 떠들어대는 것이 아니라 마음속 깊은 곳에서 나오는 것이며, 자신감으로 드러난다. 자신감이 있는 사람은 스스로 부족한 점을 인정한다. 그래서 자신과 다른 의견을 들어도 걱정하거나 초조해하지 않고 받아들일 줄 안다. 그런 다음 날카로운 이성과 지혜로 상대방의 다른 의견을 냉철하게 분석하고 그 안에서 좋은 것만 받아들여 자신을 완성해나간다.

마음이 강한 사람은 언제나 긍정적이고 당당하다. 이런 사람은 미래에 대한 희망이 가득하고 끝까지 자신은 할 수 있다고 믿는다. 주변 사람들이 걱정하는 난관과 실패는 마음에 담아두지 않으며 그 경험에서 부정적인 영향을 받지 않는다. 또한 언제나 자신의 인생을 결정하는 것은 자기 자신이라는 것을 알기에 노력하면 분명히 성공할 수 있다는 것을 믿어 의심치 않는다. 자신이 무엇을 하고 싶은지 또 무엇을 해야 하는지 정확히 알며, 끝까지 노력해서 목표를 이루고자 한다.

이런 사람이 실패하는 것은 불가능하다.

| 성공하고 싶다면 마음을 단련하라

성공하는 사람은 난관과 고통, 실패, 좌절을 겪으면서 자신의 마음을 단련한다. 성공하고 싶다면 자신의 마음을 단련해야 한다. 그러니 주변의 문제나 불리한 점들을 마음에 담아두지 말자. 또 어떤 일을 하든지 그 일이 가장 필요한 일이라는 마음가짐으로 즐겁게 하자. 비록 지금은 당신에게 별로 이익이 되지 않는 일일지라도 당신이 그 일을 함으로써 원하는 것을 이루고 기뻐하는 사람이 있을 것이다. 그러면 나중에 당신에게 도움이 필요할 때 그 사람이 나타나서 기꺼이 도와줄지도 모른다. 도움을 받은 사람은 이기적인 마음을 버리고 열정적이고 친절한 태도로 당신의 도움에 꼭 보답하고자 할 것이다.

적극적이고 긍정적인 마음가짐으로 모든 사물과 일을 대하고, 곤경에 부딪히더라도 언제나 미소를 잃지 말자. 이런 마음가짐은 성공으로 가는 길의 통행증과 같다. 다른 사람의 잘못을 너그러이 받아들이고 자신과 다른 관점도 받아들이면 이를 통해 많은 것을 얻어낼 수 있다.

이른바 강한 마음이 있는 사람은 자신만의 신앙이 있다. 이 신앙은 장애물이 존재하지 못하게 하는 힘으로, 일반적인 종교와는 아무런 관련이 없다. 이 힘으로 우리는 자신을 지탱할 수 있으며 어려운 문제를 만나도 헤쳐 나갈 수 있다.

자신의 마음을 강하게 단련하고 싶다면 날카로운 이성과 지혜, 명석한 사고로 분석하는 능력을 길러야 한다. 누구나 살다 보면 얻는 것도 있고 잃는 것도 있다. 그러므로 자신은 잃기만 한다고 속상해할 필요 없다. 그 대신 왜 잃었는지를 생각해 보고, 현재 가진 것에 감사해야 한다. 강한 마음으로 단련하고 싶다면, 좋은 일이 많이 생기길 바라기보다는 골치 아픈 일을 줄여야 한다.

프랑스에 이런 속담이 있다. "자신을 사랑하기만 한다면 온 세상이 천국일 것이다."

큰 실패를 겪고 빈털터리가 될 수도 있지만, 텅 빈 주머니가 곧 텅 빈 마음을 의미하지는 않는다. 그 경험으로 무척 고심하거나 실의에 빠질 수는 있지만 마음마저 텅 비게 해서는 안 된다. 환경이 어떤가는 중요하지 않다. 자신의 마음이 얼마나 강한지가 가장 중요하다.

| 다른 사람을 돕는 것이 곧 자신을 돕는 것이다

조지 버트는 작은 호텔의 종업원이었다. 폭우가 내리던 날 밤, 노부부가 호텔에 들어와 방을 달라고 했다. 하지만 그날 호텔에는 빈방이 없었고 근처의 모든 호텔도 마찬가지였다. 조지는 노인들을 다시 폭우

속으로 내보낼 수는 없다고 생각해서 잠시 고민하다가 이렇게 말했다.

"선생님, 날씨가 안 좋으니 다시 나가실 수는 없습니다. 괜찮으시다면 제 방에 묵으셔도 됩니다. 호텔 방처럼 호화롭지는 않지만 깨끗하답니다. 저는 오늘 야근이니까 편히 쉬실 수 있습니다."

두 사람은 정말 미안하고 감사하다고 거듭 말하고 조지의 호의를 받아들였다. 다음 날 아침, 남편이 방값을 내려고 하자 조지는 한사코 거절했다. 조지는 밝게 미소 지으며 "어제 저는 야근 수당을 받은걸요. 어차피 방은 비어 있었을 테니까 방값은 받지 않아도 괜찮습니다"라고 말했다. 그러자 노신사는 이렇게 말했다. "젊은이, 당신은 정말 모든 호텔에 필요한 사람이군요. 언젠가 내가 당신에게 멋진 호텔 하나를 지어줄 수 있기를 바랍니다." 조지는 그의 칭찬과 농담을 웃으면서 받아들였다.

몇 년 후, 여전히 그 호텔에서 일하던 조지에게 편지가 도착했다. 바로 그 노신사에게서 온 편지였다. 그는 편지에 자신을 만나러 와 주었으면 좋겠다고 쓰고, 비행기표를 함께 보냈다. 조지는 얼마 후 무척 화려한 건물 앞에서 노신사와 만났다.

노신사는 건물을 가리키며 말했다. "그때 내가 호텔을 지어주고 싶다고 한 말을 기억합니까? 드디어 완성했습니다." 조지는 깜짝 놀라서 말했다. "농담이시죠? 어떻게 이런 일이……. 실례지만 왜 이런 일을 하시는지요?" 그러자 노신사는 이렇게 대답했다. "당신이 우리 부부에게 보여 준 친절에 정말 감동했습니다. 나는 당신이 이 호텔을 경영하는 데 가장 적합한 사람이라고 생각해요"라고 말했다.

조지가 베푼 단 한 번의 친절이 몇 년 후 이렇게 큰 보답으로 돌아올지 당시에는 그 누구도 생각지 못했을 것이다. 세상에는 돈으로 살 수 없는 것이 많다. 바로 이해관계와 상관없이 타인에게 건네는 위로, 친절, 배려 등이다.

다른 사람에게 박수를 보내면 곧 사방에서 당신을 위한 박수 소리가 들릴 것이다. 다른 사람에게 기회를 주는 것은 당신의 성공에 한발 다가서는 것과 같다. 다른 사람을 돕는 것이 곧 자신을 돕는 일이라는 것을 절대 잊지 말자.

진심과 강한 마음에서 우러나오는 친절을 베풀어 그에 대한 보답으로 얻게 되는 기회는 다른 방법으로는 절대 얻을 수 없다. 그러므로 타인에게 진심을 다하고 강한 마음을 단련해야 한다.

사물은 끊임없이 변화하여 우리 곁에 영원히 머물지 않는다. 영원히 우리와 함께하는 것은 오직 단 하나, 자신의 영혼뿐이다. 그러므로 자신의 영혼을 가장 소중히 다루고 온 마음을 다해서 보호해야 한다. 성공하는 데 필요한 적극적이고 긍정적인 마음가짐, 자신감, 관용 등은 모두 건강한 영혼에서 비롯된다.

어떻게 하면 영혼을 건강하게 할 수 있을까? 먼저 자아 인식을 명확하게 해야 한다. 여러 면에서 자신이 어떤 사람인지 인식하고, 그 내용을 종합해서 자아를 정확히 인식해야 한다. 누구든지 태어날 때부터 부족한 점이 있다. 그 점을 정확하게 파악하고 강한 마음을 바탕으로 개선해나가야 한다. 자신에 대한 다른 사람의 평가를 듣고 날카로운 이성과 지혜로 그것을 분석하여 좋은 평가는 에너지로 삼고 좋지 않은 부분은 교훈으로 삼아 자아를 완성해나가도록 한다.

건강한 영혼은 적극적이고 긍정적인 마음가짐, 자신감, 관용, 유머를 만들어낼 수 있다. 그리고 이러한 것은 모두 그 사람이 세상을 바라보는 방식으로 드러난다. 두 사람이 창밖을 바라볼 때, 한 사람은 진흙탕을 보고 다른 한 사람은 별을 본다.

건강한 영혼은 건강한 신체에서 비롯된다. 몸이 허약하고 병에 걸리면 우울해지고 무슨 일을 하든 비관적이고 소극적인 사람이 된다. 이런 감정은 다시 병을 더 깊게 한다. 이런 악순환에 빠지지 않으려면 영혼을 건강하게 하는 동시에 신체 건강에도 힘써야 한다. 건강한 영혼과 건강한 신체는 성공의 기초라는 것을 명심하자.

투자하고
또
투자하라

| 부자가 되고 싶다는 생각은 나쁜 걸까?

많은 돈을 벌 기회가 오면 대부분 사람은 두 팔 벌려 환영하며 최선을 다해서 기회를 잡으려 한다. 반면에 '재물은 모든 악의 근원'이라며 끝까지 거부하는 사람도 있다. 이런 사람은 《성경》의 '재물을 탐하는 것은 모든 악의 근원'이라는 가르침으로 자신을 대변한다. 그러나 '재물'과 '재물을 탐하는 것'은 전혀 다르다.

미국의 작가 로버트 테이트 마일러Robert Tate Miller는 자신의 저서에 돈의 긍정적인 효과 열두 가지를 썼다. 그가 말한 열두 가지를 여기에 소개한다.

· 부유해질 수 있다.	· 친구를 많이 사귈 수 있다.
· 즐거움을 얻을 수 있다.	· 자신감이 생긴다.
· 교육받을 수 있다.	· 편한 생활을 누릴 수 있다.
· 여행할 수 있다.	· 자유롭게 자신을 표현할 수 있다.
· 질병을 치료받을 수 있다.	· 더욱 노력하게 한다.
· 일하지 않아도 편히 살 수 있다.	· 타인을 도울 수 있다.

빈털터리였다가 백만장자가 된 후에도 슬픈 기색으로 고개를 숙인 채 활력 없이 사는 사람은 없다. 이런 사람은 분명히 모든 일에 자신만만하고 활력이 넘치는 생활을 할 것이다. 물질적으로 풍족한 것만큼 사람을 안심하게 하는 것도 없다. 정당한 경로로 돈을 벌었다면, 다른 사람들이 어떻게 생각하든 자신감이 넘치게 마련이다. 돈만 있으면 어떤 형태의 소비든 할 수 있다. 상상하는 모든 것을 가질 수 있는 것이다. 얼마나 흥분되는 일인가?

돈이 많을수록 자신감이 강해지는 것을 증명하는 사례는 우리 주변에서 흔히 찾아볼 수 있다. '재물이 크면 기골이 장대해진다'라는 중국의 속담은 돈과 자신감의 관계를 나타낸 말이다. 두 개로 이루어진 감각 기관에서 어느 한쪽의 기능이 떨어지면 다른 한쪽의 기능도 연쇄적으로 쇠하듯이 자신감과 긍정적인 마음가짐도 함께 약해질 것이다.

여기 한 소년이 있다. 고아였던 그는 다른 아이들이 부모님에게 매달리며 어리광을 부릴 때 살 곳과 먹을 것을 구하기 위해 온갖 고생을 해야 했다. 그는 우연히 영국의 유명 작가이자 사회개혁가인 새뮤얼 스마일스Samuel Smiles, 1812~1904의《자조론》를 읽었다. 이 책의 내용은 소년과 마찬가지로 고아였던 스마일스가 찾은 성공의 비결에 관한 것이었다. 소년은 책을 읽고 매우 감명하여 자신도 스마일스처럼 더 나은 삶을 살고자 노력해야겠다고 마음먹었다.

성인이 된 후 그는 호텔을 네 개나 운영하는 성공한 사업가가 되었다. 그는 스마일스의 책이 자신에게 영향을 준 것처럼 삶을 힘들어하는 사람들에게 희망과 용기를 주고자 책을 쓰기로 했다. 그래서 잠시 호텔 경영을 다른 사람에게 맡기고 글 쓰는 일에 매달렸다. 그는 원고에 자신의 좌우명을 이렇게 썼다.

"단 일 초라도 지금 이 순간을 중요하게 생각하자. 운명은 항상 나를 시험하고 새로운 곳으로 데려간다."

그가 책을 완성하고 기뻐할 때, 이번에도 운명은 그를 시험했다. 호황이 끝나고 대공황이 시작되자 그의 호텔은 하나씩 도산하기 시작했다. 그는 모든 것, 심지어 글을 쓴 원고마저 잃었다. 그러나 그는 당황하지도, 슬퍼하지도 않았다. 여전히 적극적인 마음가짐과 냉철한 사고로 나라의 경제 상황과 자신을 둘러싼 환경을 관찰하고 분석했다. 그리고 사람들의 공포가 대공황을 만들었다고 결론을 내렸다.

달러화의 가치 하락, 주가 하락, 산업의 불안정, 파산에 대한 공포로 주가는 더욱 떨어지고 금융과 철도 회사들이 파산했다. 실업자는 점점 많아졌고 여기에 자연재해까지 더해져서 농작물 생산량도 줄어들었다. 이에 사람들의 생활은 나날이 곤궁하고 비참해졌다.

사람들은 그에게 다시 호텔을 일으켜보라고 권했지만, 여러 상황을 분석한 그는 그렇게 하지 않았다. 대신에 더욱 가치 있는 일을 하기로 했다. 그는 실의에 빠진 청년들에게 희망을 주어야 한다고 생각하고 다시 글을 쓰기 시작했다. 그는 "매 순간이 중요해"라고 중얼거리면서 스스로 자신을 격려하며 열심히 글을 써나갔다. 그는 모든 것을 잃었기에 마구간에서 글을 써야 했다. 어려운 환경에서 최소한의 돈으로 생활하며 밤낮없이 글을 써 내려간 그는 마침내 원고를 완성했다.

책은 출간되자마자 전국에서 엄청난 인기를 끌었다. 각계의 유명 인사, 회사 직원, 정치가, 상인, 교사, 기업인들이 모두 그의 책을 읽었고 교과서로 사용하는 학교도 있었다. 그의 책은 사람들의 기운을 북돋우고 적극적이고 긍정적인 마음가짐을 불러일으키는 최고의 책이라 평가받았다.

다시 백만장자가 된 그는 바로 자기계발 전문가 오리슨 스웨트 마든 *Orison Swett Marden, 1848~1924*으로 그가 쓴 책은 자지계발서의 시초라 불리는 《선두를 향하여*Pushing to the Front*》다.

성공의 기본은 바로 건강한 영혼이다. 재물을 쫓는 것도 성공의 원동력이 될 수 있다. 건강한 영혼이 재물을 추구하는 것은 재물을 탐하는 것과 결코 같지 않다. 재물을 탐하여 가정과 건강을 버리고 명예마저 잃는다면, 아무리 돈을 많이 벌어도 결국 실패자가 될 뿐이다.

| 스스로에게 투자하라

투자를 잘하면 큰 이득을 볼 수 있다. 이는 자신에게 하는 투자도 마찬가지다. 그리고 자신에게 하는 투자 중에 가장 효과가 큰 것은 바로 교육이다. 학교의 교육 과정을 말하는 것이 아니다. 졸업장이나 수료증의 개수가 성공을 보장하는 것은 아니기 때문이다.

토머스 에디슨이 설립하여 현재는 세계 최대의 글로벌 인프라 기업이 된 제너럴 일렉트릭에서 1950년대에 회장직을 맡았던 랠프 코디너 *Ralph Cordiner, 1990~1973*가 간부급 직원들의 학력에 관해 말했다. "우리 회사에서 가장 유능한 팀장 두 명은 대학 교육을 받아본 적이 없습니다. 팀장 이상의 직원 중에는 박사 학위를 받은 사람도 있지만 3분의 1 정도는 대학 졸업장도 없습니다. 우리 회사가 보는 것은 그 사람의 능력이지 그 사람이 가져온 얇은 종잇장 한 장이 아니기 때문입니다."

교육의 진정한 목적은 두뇌에 많은 지식과 자료를 저장하는 것이 아니다. 단순히 저장만 한다면 기계와 다를 바가 없으며, 이런 사람은 금세 도태되고 만다. 우리에게 필요한 것은 재능과 지혜를 발휘하도록 도와주는 교육이다. 교육을 잘 받았는지를 평가할 때는 얼마나 효율적으로 사고하고 일을 추진하느냐를 기준으로 삼아야 한다. 살면서 여러 가지 경로와 방법으로 이런 교육을 받을 수 있다. 물론 학교도 그중 하나다.

여기까지 읽었다면 당장 학교로 달려가 무언가를 배우고 싶은 생각이 들 것이다. 실제로 대학에 가보면 경영인, 회사원, 기술자, 교사 등 일하면서 공부하는 사람이 무척 많다. 생각보다 많은 사람이 낮에는 일하고 저녁 시간에 공부한다. 그들이 많은 돈과 에너지, 시간을 들여 공부하는 것은 결코 졸업장이라는 얇은 종이 한 장 때문이 아니다. 그들이 원하는 것은 두뇌를 단련할 기회다. 이것은 미래를 위한 가장 중요하고 믿을 만한 투자다.

교육은 효율이 높은 투자다. 일정한 돈을 투자하고 필요한 교육을 받았을 때, 그 결과 얻을 수 있는 수입을 비교해보면 이를 알 수 있을 것이다. 교육을 통해 얻을 수 있는 것은 당신의 상상을 훨씬 뛰어넘는다.

약간의 돈과 시간을 교육에 투자하면 당신은 금세 적극적이고 활력이 넘치는 생활을 하게 될 것이다. 그리고 시대의 흐름에 뒤처지지 않을 수 있다. 그뿐만 아니라 교육 현장에서 만나는 긍정적이고 적극적인 사람들이 모두 당신에게 큰 자극이 될 수 있다. 교육은 각종 돌발 상황에 적절히 대처할 수 있도록 두뇌를 영민하게 단련해주며, 이를 바탕으로 문제를 더욱 치밀하게 분석하고 각종 어려움을 해결하여 성공에 다가설 수 있다.

좋은 책을 읽는 것도 같은 효과를 일으킨다. 책을 읽으며 가치 있는 생각들을 얻을 수도 있고, 일에 필요한 자료를 찾을 수도 있다. 또 좋은 글은 우리의 영혼을 맑게 한다. 독서는 아주 적은 비용으로 자신을 발전시키는 방식이다. 되도록 책이 많은 곳, 도서관이나 서점에 자주 가

자. 매달 적어도 좋은 책 한 권을 사서 읽거나 유익한 잡지 몇 종류를 정해서 읽는 것도 좋다.

무너진 건강 위에 성공의 깃발을 꽂을 수 없다

건강은 모든 일의 기본이며, 어떤 것으로도 대체할 수 없다. 이렇듯 건강은 살아가는 데 가장 중요하지만 또한 가장 소홀히 하기 쉽다. 행복한 인생을 살려면 영혼뿐만 아니라 신체도 건강해야 한다.

인생을 숫자 '10,000'에 비유하면 '1'이 건강, 나머지 '0'은 각각 돈, 지위, 명예, 가정이다. 사람들은 뒤의 '0'들을 다른 숫자로 바꾸어 더 큰 숫자가 되려고만 하고 거의 앞의 '1'에는 그다지 주의를 기울이지 않는다. 하지만 앞의 '1'이 사라진다면 뒤의 숫자들은 몇이 되어도 이전의 가치와 같지 않다.

사람의 건강은 영혼과 신체의 건강 두 가지로 나눌 수 있고 이 중 한 가지만 부족해도 건강하다고 할 수 없다. 영혼과 신체가 모두 건강한 사람은 언제나 적극적이고 긍정적이다. 이런 사람만이 인생에서 진정한 성공을 이룰 수 있다.

지금 당장 가진 것이 없어도 건강하다면 백만장자와 다를 바가 없다. 그 건강함을 바탕으로 곧 원하는 모든 것을 이루어낼 수 있기 때문이다. 아무것도 없을 뿐만 아니라 건강하지도 않다면 정말 가난한 것이다.

건강은 행복의 기초다. 경쟁이 치열한 현대 사회에서는 소홀히 하는 경향이 있지만, 건강은 성공하고자 한다면 가장 중요한 요소다. 특히 건강은 가족의 행복에 정말 중요하다. 가족 중 한 명이 병에 걸리면 그 가정은 경제적으로 큰 타격을 받을 뿐만 아니라 구성원들이 모두 많은 에너지를 소모하게 되고 정신마저 무너지기 쉽다. 그래서 건강한 신체는 무엇과도 바꿀 수 없는 최고의 보물이다.

| 건강은 성공을 보장한다

건강은 성공의 밑거름이다. 어떤 분야든 체력과 에너지가 없으면 성공하기 어렵기 때문이다. 건강이 밑받침되어야만 원하는 것을 이루고, 그것을 토대로 성공에까지 다다를 수 있다.

신체의 건강과 영혼의 건강은 서로 영향을 주고받는다. 신체는 건강하지만 영혼이 건강하지 않은 사람은 항상 소극적이고 부정적이어서 무슨 일을 해도 성공 확률이 0에 가깝다. 아무리 좋은 기회가 눈앞에 있어도 절대 이용하지 못한다. 주의력이 온통 나쁜 일에만 집중되기 때문이다. 그러다가 심지어 사회 규율을 무시하고 법에 위배되는 행동을 하기도 한다.

신체와 영혼이 모두 건강하지 않은 사람은 더 심각하다. 성공에 가장 필요한 요소, 바로 용기와 자신감이 부족해 창조적인 사고를 하지 못한다. 긍정적인 마음가짐이 있어도 항상 병상에 누워서 앓기만 한다면 마음가짐이 행동에 반영되지 못하므로 역시 성공할 수 없다.

온 힘을 다해 쉬지도 않고 사업에 열중하는 사람이 있었다. 열심히 노력한 끝에 그의 사업은 성공을 거두었다. 이로써 그는 백만장자가 되고 많은 사람에게서 존경과 흠모를 받았다. 이제 그가 돈으로 사지 못하는 물건은 없다. 하지만 그는 성공의 대가로 건강을 잃었다. 현대 의학 수준으로는 병상에 누운 그의 병을 치료할 방법이 없다. 죽음이 임박했을 때 그는 주변 사람들에게 이렇게 말했다.

"지금 나에겐 거리를 돌아다니며 구걸하는 거지도 무척 부러운 사람이라네."

| 신체와 영혼을 건강하게 유지하는 방법

건강은 자신과 사회의 발전을 결정하는 중요한 요소다. 신체와 영혼을 건강하게 유지하고 싶다면 몇 가지를 명심하자.

○ 명확한 목표를 세워라

목표는 나아갈 방향을 제시한다. 그래서 명확한 목표를 세우지 않으면 쓸데없이 돌아다니기만 하고 좀처럼 앞으로 나가지 못해서 결국 원하는 삶을 누릴 수 없다. 무언가를 갈망하는 것은 인간의 천성이고, 이 세상에는 갈망할 만한 것이 수도 없이 많다. 그러나 우리의 능력과 환경은 제한적이므로 단 하나의 목표를 명확하게 정해야 한다. 모든 것을 다 가지려고 하다가는 아무것도 이루지 못할 것이다.

목표를 명확하게 정하면 그 목표에 도달하기 위해 끝없이 노력할 수 있다. 그러면 더욱 충실하고 열정적인 삶을 살 수 있다. 항상 활력이 넘치고 외부의 좋지 않은 영향을 쉽게 차단할 수 있다. 그러면 신체와 영혼을 건강하게 유지할 수 있다. 큰 성공을 거둔 사람들은 대부분 한 가지 일에 집중했다.

○ 관용을 베풀어라

다른 사람에게 베푸는 관용은 자신의 젊음과 건강을 유지하게 하는 '보조제' 같은 역할을 한다. 즐거운 마음으로 다른 사람을 위해 봉사하고 너그럽게 대하는 것은 자신이 건강한 삶을 살기 위한 비용이라고 생각하자. 목표를 명확하게 정하고 그 목표에 도달하기 위해 전심전력을 다하는 것은 건강을 유지하는 한 방법이다. 그리고 타인에게 관용을 베풀며 즐겁게 돕는 것은 건강의 필수 조건이다.

'뿌린 대로 거둔다'라는 말이 있다. 관용을 베풀고 사심 없이 다른 사람을 돕는다면, 곧 귀한 보답, 바로 사랑과 감사를 얻을 것이다. 많이 도울수록 당신이 얻을 수 있는 사랑과 감사도 그만큼 많아진다. 그리고 이렇게 얻은 것은 우리가 눈앞의 난관과 역경을 이겨내는 데 큰 도움이 될 것이다. 어려움에 부딪혔을 때는 전에 받은 사랑과 감사를 떠올려보자. 그러면 세상은 아름답고 곧 모든 일이 잘될 것이라는 생각이 들면서 용기와 자신감이 생길 것이다.

타인에게 당신의 도움이 필요하다면 스스로 매우 가치 있는 사람이라는 생각이 들 것이다. 이로써 즐거움을 느낀다면 당신의 신체와 영혼은 더욱 건강해질 수 있다.

○ 항상 유머를 잃지 마라

유머는 긴장감을 줄이고 스트레스를 해소하며 힘든 일을 잊게 한다. 재미있고 낙천적인 성격은 신체와 영혼을 건강하게 하는 데 큰 도움이 된다. 또 유머로 인간관계를 개선하고 더욱 넓힐 수도 있다. 재미있게 말하는 사람은 어디서나 환영받는다. 말 한마디를 통해 다른 사람들의 박장대소를 이끌어 냈다면 그들에게 좋은 인상을 준 것이다.

이때 유머는 누구에게나 즐거운 것이어야 한다. 상대방을 공격하는 내용의 유머는 좋은 효과를 얻기 어렵다. 타인 혹은 어떤 상황에 대해 냉소적이고 조롱하는 내용의 유머는 삼가는 것이 좋다. 어떤 일이나 타인의 고통과 어색함을 즐거움으로 삼아서는 안 된다.

HAVING FUTURE

9장

어떻게든
성공해내고야 마는
사람의 비밀

모든 사람은 끊임없이 자신을 초월해야 한다. 작은 성공의 만족감에 빠져서 안주하지 말고 그것을 자신을 초월하는 발판으로 삼자. 작은 성공이 당신을 현재에 얽매는 굴레가 되게 해서는 안 된다. 그것이 가져다준 재물과 명예에 도취하지 않아야 더 큰 성공을 얻을 수 있다. 끊임없이 자신을 초월해야 한다는 점을 명심하자.

목표를 달성해내는 사람들의 공통점

| 자기 초월 능력

"나는 능력이 있고 성공할 수 있다!" 성공하고 싶다면 항상 머릿속에 이 말이 맴돌아야 한다. 자기암시의 위대한 힘은 앞에서 설명했다. 자신의 능력을 인정하고 어떤 일을 해낼 수 있다고 믿는다면 추구하는 목표를 이룰 수 있다.

이상과 목표를 세우고 그것을 향해 끊임없이 나아가는 사람에게 강한 자신감과 용기까지 있다면, 성공의 기회는 반드시 올 것이다. 그리고 이런 사람은 성공의 기회를 절대 놓치지 않는다. 좀 더 빠르게 성공하려면 본받을 인물을 한 명 정하고 항상 떠올리면서 그 인물과 같이되고자 최선을 다해서 노력하자.

사람들과 만나도 침묵을 지키는 사람들이 있다. 그들은 마음속으로 '내 생각은 별로 중요하지 않으니까 말을 안 하는 게 낫겠어. 괜히 말했다가 사람들이 비웃을 수도 있잖아. 무지하다고 조롱받는 건 정말 싫어. 아무 말도 하지 않으면 다른 사람들은 모를 거야'라고 생각한다. 그리고 '다음에 준비를 잘해서 그때 말하면 돼'라고 스스로 위로한다. 하지만 그 스스로 이미 다음번에도 말하지 못하리라는 것을 잘 알고 있다. 이런 일이 반복되면 점점 자신감과 문제를 해결할 기회를 잃는다. 이런 사람은 어떤 일에도 성공하지 못할 것이다. 성공에 대한 강한 신념이 없기 때문이다.

성공하고 싶다면 우선 '스스로 성공한 사람'이 되어야 한다. 이 말은 곧 자신을 이겨낸 사람만이 외부 환경의 공격을 막아낼 수 있다는 의미다. 자기 내면의 문제점을 극복하면 당신은 더욱 강해져서 주변의 진정한 성공을 거둘 수 있다.

많은 재물과 높은 지위를 얻는 외적인 성공만으로는 자신을 초월할 수 없다. 그러나 자신을 초월한 사람은 외적인 성공을 이룰 수 있다.

| 강한 신념

'역사상 성공한 사람들은 모두 정신적으로 훌륭한 사람이었다. 어떤 영역에서든 뛰어난 성공을 거둔 사람은 모두 높은 인격과 깊은 지혜가

있었다.'

여기에서 '정신적으로 훌륭하다'는 말은 무슨 의미일까? 그것은 바로 강한 신념을 가리킨다. 강한 신념이 있다면 어떤 난관도 헤쳐 나갈 수 있다. 물론 강한 신념이 있다고 해서 꼭 성공할 수 있는 것은 아니지만, 신념이 없는 사람은 절대 성공할 수 없다.

강에서 수영하던 사람이 갑작스러운 소용돌이에 휩쓸려 점점 아래로 가라앉았다. 포기하려던 순간 그는 손닿는 곳에 나무의 굵은 가지가 뻗어 있다는 사실을 깨닫고 필사적으로 손을 휘저어 가지를 움켜잡았다. 나뭇가지는 이미 썩어서 그를 지탱해줄 수 없었지만, 그 나뭇가지를 잡으려고 계속 허우적거린 덕분에 다행히 사람들이 구조하러 올 시간을 벌 수 있었다. 그는 결국 안전하게 구조되어 목숨을 구할 수 있었다. 이것이 바로 강한 신념의 힘이다. 신념은 우리가 목표를 향해 끊임없이 나아가도록 한다.

단, 강한 신념이 있다고 해서 꼭 성공할 수 있는 것은 아니다. 성공을 향해 나아갈 원동력, 바로 에너지가 있어야 하고 또한 끝까지 해내겠다는 의지도 필요하다. 위대한 과학자와 혁명가들이 성공한 것은 어려운 환경에서도 끝까지 포기하지 않고 모든 노력을 다한 덕분이다. 신념, 에너지, 의지가 상호작용하여 긍정적인 영향을 일으킬 때 우리는 비로소 성공할 수 있다.

| 타인의 격려

격려란 목표를 달성하여 원하는 삶을 누리도록 북돋우는 동력과 같다. 개인의 능력을 더욱 발전시키거나 더 나은 삶을 살고 싶다면, 유익한 취미를 즐기고 싶다면, 자녀에게 귀감이 되고 싶다면, 어디서나 필요한 사람이 되고자 한다면, 그 바람을 이루도록 북돋아 주는 격려가 필요하다. 격려를 받으면 이전보다 더욱 노력하여 목표를 달성할 수 있을 것이다.

모든 사람은 목표를 이루고자 한다. 예쁜 집이나 멋진 차를 사는 등 목표를 이루어 자신을 드러내고자 하기 때문이다. 때론 목표를 이루는 과정에서 종종 해이해질 수 있는데, 이때 바로 격려가 필요하다. 또 성공하고 싶지만 어느 방향으로 어떻게 노력해야 할지 모를 때나 노력의 결과에 의심이 들 때도 격려가 큰 도움이 될 수 있다.

평범하게 살고 싶어 하는 사람은 없다. 가난해서 먹을 것과 입을 것조차 걱정해야 하는 삶을 원하는 사람도 없다. 어떻게 하면 조금 더 특별한 삶을 살 수 있을까? 이런 고민을 할 때 그 목표를 달성하기 위한 방법을 알려주는 사람이 있다면 정말 큰 도움이 될 것이다. 처음 일을 시작한 영업사원에게 고객과 거래를 시작하는 방법을 알려주면 그 방법에 자신의 노력을 더해서 실적을 올리는 것처럼 말이다.

옆에서 방법을 알려주는 것 외에 더 많은 책임을 맡겨서 격려하는 방법도 있다. 일을 많이 시키라는 것이 아니다. 부하 직원에게 지금보다 많은 지식과 능력이 필요한 일을 시킨다면 그는 분명히 더욱 노력할 것이다. 그래서 결국 그 일을 해냈을 때 부하 직원의 자신감, 가치도 더욱 높아질 것이다. 실패는 성공의 어머니이고, 성공도 또 다른 성공의 어머니라는 것을 잊지 말자.

사람들은 다른 사람의 눈에 비친 자신의 모습을 궁금해한다. 새 옷을 입고 친구에게 예쁜지 물었을 때 긍정적인 대답을 들으면 자신감이 생긴다. 그러나 부정적인 대답, 예를 들어 촌스럽다는 대답이 돌아오면 그 옷을 입고 싶지 않을 것이다. 다른 사람의 관점은 이처럼 무척 중요한 작용을 한다. 타인의 악의에 찬 말 한마디가 성공의 기회를 날려버릴 수도 있고, 반대로 격려의 말 한마디가 당신을 생사의 갈림길에서 구해줄 수도 있다. 특히 부모가 자녀에게 보내는 격려는 자녀의 일생에 큰 영향을 미칠 수 있다.

| 주변 환경

성공을 결정하는 것은 그 사람의 영혼, 마음가짐과 같은 주관적 요소이기는 하지만, 사실 객관적인 환경의 영향을 무시할 수 없다. 특히 주관적 요소가 똑같을 때 객관적 요소는 정말 큰 차이를 만들 수 있다. 그러므로 현재 상황이 당신에게 유리할지 불리할지 철저하게 분석해야 한다. 불리한 환경이라면 빨리 유리한 환경으로 바꾸어야 한다.

'근주자적 근묵자흑近朱者赤 近墨者黑'이라는 말이 있다. '붉은 인주를 가까이하면 붉게 되고, 먹을 가까이하면 검게 물든다'라는 뜻이다. 부정적이고 소극적인 사람들과 오랫동안 같이 있으면 당신도 감정이 가라앉고 아무런 목표도 투지도 없는 사람이 될 것이다. 반대로 목표가 뚜렷하고 적극적이며 긍정적인 사람과 함께하면 설령 유약하고 비관적이던 사람이라도 주변 사람들의 열정에 영향을 받아 용감하고 적극적인 사람으로 거듭날 수 있다.

그러므로 자신에게 불리한 환경은 버리고 유리한 환경을 선택한다면 성공으로 나아가는 걸음이 더욱 가벼워질 수 있다.

한계를
초월해
성공한 사람들

| 성실함과 투지를 가져라

가장 큰 걸림돌 결코 외부에 있는 것이 아니다. 자금, 협동, 환경, 동료 같은 객관적인 요소들은 절대 당신을 완전히 쓰러뜨릴 수 없다. 가장 큰 걸림돌은 바로 당신 자신이다. 당신의 영혼, 감정, 욕망, 이성, 사고, 용기……, 이러한 것이 바로 당신의 성공 여부를 결정한다.

우울함에 빠지면 성공의 기회를 놓칠 수도 있다. 목표가 없으면 현재 상황에 만족할 수밖에 없다. 자신감이 부족하면 난관과 실패를 정면으로 마주하려 하지 않는다. 그리고 자신을 극복하지 못하면 잠재능력을 발휘할 수 없다. 그래서는 절대 성공할 수 없다. 쉬지 않고 더나은 자아를 찾으려 노력한다면 분명히 이런 상황에서 벗어나 성공을 이룰 수 있을 것이다. 자신을 초월하는 데 가장 필요한 것은 바로 성실함과 투지다.

성공의 가장 큰 적은 바로 자기 자신이라는 점을 명심하자. 자신을 초월하는 것은 무엇보다 어려운 일이지만 성실함과 투지가 있다면 분명히 해낼 수 있다. 영국에 이런 말이 있다. '목표를 바라보고 끝없이 노력한다면 결국 성공할 수 있다.' 이 말처럼 끝없이 노력하려면 반드시 성실하고 투지가 강해야 한다. 좀처럼 잘 오지 않는 좋은 기회가 다가왔는데 자신에게 특별한 천부적인 재능이 없다면, 성실함과 투지를 발휘해야 한다. 이 두 가지는 어쩌면 기회와 천부적인 재능보다 성공에 이르는 데 더욱 중요할 수 있다.

1914년에 노벨 생리의학상을 받은 로베르트 바라니_Robert Barany, 1876~1936_는 어렸을 때 병에 걸려 장애인이 되었다. 그의 어머니는 큰 슬픔에 잠겼으나 곧 이런 생각을 하며 힘을 냈다. '로베르트에게 지금 필요한 건 격려와 도움이야. 장애를 입었다는 사실에 슬픔에 잠겨 있을 수만은 없어.' 그녀는 자고 있는 아들에게 다가가서 조용히 말했다. "사랑하는 로베르트야. 너는 두 다리로 걸을 수 있어!"

다음 날부터 어머니는 바라니에게 걷는 연습을 시켰다. 무슨 일이 있어도 연습을 거르지 않고 항상 그를 격려했다. 그녀의 이런 모습은 바라니에게 큰 영향을 주었다. 이뿐만 아니라 어머니의 도움과 격려 아래 성실하게 공부한 바라니는 결국 노벨상을 수상하는 성공을 이루어냈다.

신체가 건강하다면 바라니보다 훨씬 좋은 조건을 갖추었다. 여기에 성실함과 투지를 더하면 큰 성공을 이룰 수 있을 것이다.

| 세상에 대한 흥미를 잃지 마라

자신을 초월할 때 두 번째 필요한 것은 흥미다. 흥미란 외부의 어떤 것에 대한 관심, 그것을 향한 마음이다. 어떤 것에 큰 흥미를 느끼고 그것을 추구한다면 어떤 어려움을 만나더라도 강한 자신감으로 성공을 거머쥘 수 있다. 흥미는 가장 좋은 추진력이며 종종 천부적인 재능의 힘을 넘어서기도 한다.

토머스 에디슨은 흥미로 스스로를 초월한 사람이다. 그는 매일 실험실에서 열두 시간이 넘게 일했다. 아예 집에 돌아가지도 않고 며칠씩 그곳에서 숙식을 해결하기도 했다. 그러나 에디슨은 실험실에서 일하는 모든 순간에 즐거움을 느꼈다. 과학에 대한 이렇게 강한 흥미는 그가 성공에 이르는 데 강한 추진력이 되었다. 실제로 한 연구에 의하면 종사하는 일에 흥미를 느끼는 사람은 자신의 잠재 능력을 80~90% 정도 발휘한다고 한다. 또한 일의 효율이 매우 높으며 쉽게 피로를 느끼지 않는다고 밝혀졌다.

그렇다. 자신을 초월할 때 가장 좋은 추진력은 바로 흥미, 그리고 흥미가 만들어낸 의지다. 이는 모든 성공에 예외 없이 적용되는 법칙이다.

| 작은 성공에 자아도취 하지 마라

자신을 초월하여 이룬 성공은 다음 단계로 또다시 자신을 넘어서기 위한 발판이 될 수 있다. 성공했다면 '냉정하게' 스스로 축하한 다음, 다시 그것을 딛고 계속해서 높이 뛰어올라야 한다. 그러면 곧 더 높은 산봉우리에 오를 수 있을 것이다.

대부분 사람은 힘들게 노력해서 마침내 성공의 봉우리에 도착한 후 기쁨에 도취하여 오만과 자만의 늪에 빠지고 만다. 하지만 작은 성공 하나를 거두고 나서 그 상태에 발이 묶여 앞으로 나아가지 않는다면 어떻게 더 큰 성공을 얻겠는가? 현재의 성과에 만족하면 그 봉우리는 당신의 묘지가 될 뿐이다.

물론 자신감은 성공을 추구할 때 반드시 필요한 요소다. 하지만 자신의 부정적인 모습은 물론이거니와 타인의 부정적인 모습에 대해서도 말하지 않도록 하자. 우리가 말해야 할 것은 '창조적 비평'이다. 이것은 '비판'이 아니라 '건의'하는 것이다. 그러므로 상대방의 기분이 상하지 않도록 반드시 부드러운 말투로 말해야 한다. 자신과 타인에 대한 온화한 '창조적 비평'으로 의미 있는 결론을 내릴 수 있을 것이다.

진정으로 성공하고 싶다면 자신이 한 일의 방법과 결과, 그리고 그에 대한 반응과 감상 등을 되돌아보자. 자신의 행동을 평가하고, 그것이 사회 규범에 비추어 어떤지 생각해보자. 그러면 문제가 있는 부분을 조정해서 가장 적합한 방식, 가장 빠른 속도로 성공을 거둘 수 있다.

스스로에게 부족한 부분이 있다면 자신의 능력에 한계가 있다는 점을 인정하는 것도 잊어선 안 된다. 혼자서 모든 일을 해결하려고 하면 영원히 해내지 못할 것이다. 혼자서 해결할 수 없는 난관을 마주했을 때, 혹은 부정적인 감정을 들 때는 전문가의 도움을 받는 것도 좋다. 그들은 당신이 난관을 헤쳐 나가는 데 도움을 줄 것이다.

경쟁 사회에서 살아남는 빛나는 리더의 자질

치열한 경쟁 사회에서 성공하려면 강인한 성격, 환경에 대한 적응력, 과감함과 주도면밀함, 주도권을 장악하는 능력 등이 필요하다. 특히 훌륭한 지도자가 되고 싶다면 여기에 언급하는 열여섯 가지 자질을 갖추어야 한다.

○ 자신감, 열정, 용기

일에 대한 지식이 풍부하고 자신감이 있다면 행동과 말에 모두 열정이 넘칠 것이다. 자신감과 용기가 없는 지도자에게는 따르는 사람이 없다.

○ 자신을 컨트롤하는 능력

자신을 잘 컨트롤하는 지도자는 아랫사람의 모범이 될 수 있다. 자기 자신도 컨트롤하지 못하는 사람은 절대 아랫사람을 이끌 수 없다.

○ 정의감

정의로운 지도자가 권위와 존경을 얻을 수 있다.

○ 굳건한 신념

굳건한 신념이 있는 지도자는 언제나 대담하게 도전한다. 이런 사람은 자신에게 긍정적이며 다른 사람들을 잘 이끌 수 있다.

○ 구체적인 계획

일하는 데 구체적인 계획을 세우는 지도자는 그 계획을 토대로 차근차근 일을 진행할 수 있다. 그리고 이런 모습은 아랫사람에게 신뢰를 준다. 구체적인 계획이 없는 지도자는 파리처럼 이리저리 날아다니다가 벽에 부딪혀 땅에 떨어지고 만다.

○ 봉사와 헌신

아랫사람에게 본보기가 되려면 언제나 봉사하고 헌신하는 모습을 보여야 한다.

○ 모범적인 행동

무슨 일을 하든 엉망진창이고 부주의하며 세심하지 못한 사람은 절대 성공적인 지도자가 될 수 없다. 항상 아랫사람의 모범이 되어야 한다.

○ 세심함

모든 세부적인 상황을 정확하게 파악해야 한다.

○ 이해심

존경받는 지도자는 항상 상대방의 입장에서 이해하려고 해야 한다.

○ 책임감

맡은 일과 그에 따른 책임감을 다른 사람에게 떠넘기지 말아야 한다. 아랫사람의 잘못조차 자신이 책임지려는 자세가 필요하다.

○ 협동심

협동은 큰 힘을 발휘할 수 있으며 훌륭한 지도자라면 협동심이 있어야 한다. 어떻게 해야 알맞은 상대와 효과적으로 협동할 수 있을지 정확하게 파악해야 한다. 또 아랫사람에게 같이 일할 것을 먼저 권하는 자세가 필요하다.

○ 과감함

조금도 주저하지 않고 필요한 때에 과감하게 결정을 내려야 한다. 성공한 지도자들의 사례를 살펴보면 일의 중요도에 관계없이 언제나 빠르게 결정을 내리고 지시했다. 남을 따르기만 하는 사람들은 분명한 목표도 없고, 심지어 자신이 무엇을 원하는지조차 알지 못한다. 그저 맡겨진 일을 할 뿐이다. 그러면서 그것조차 제대로 하지 못할까 봐 항상 걱정한다. 이런 사람은 중요하지 않은 일에도 항상 주저하며 결정하지 못한다. 그래서는 절대 지도자가 될 수 없다.

성공한 지도자들이 빠르게 결정을 내릴 수 있는 것은 명확한 목표가 있고 그 목표를 달성하기 위한 명확한 계획이 있기 때문이다. 또한 자신이 목표를 달성할 수 있다는 강한 자신감이 있다.

○ 소통

훌륭한 지도자는 매일 다양한 사람과 소통한다. 그리고 이 과정에서 필요한 정보를 얻고 보충해서 알맞은 지시를 내린다. 또한 아랫사람과 항상 원활하게 소통하며 효율을 높이려고 애써야 한다. 물론 지도자와 아랫사람이 한마음으로 화합하는 것은 사실 쉬운 일이 아니다. 대다수 사람은 지도자를 명령을 내리는 사람으로 생각한다. 지도자의 말과 행동이 부당하다면 그 집단 내에서 분명히 큰 의견 대립이 일어날 것이다. 그래서 일을 성공으로 이끌려면 지도자는 언제나 말과 행동, 특히 말투에 주의해야 한다.

○ 칭찬

칭찬과 격려는 열정을 이끌어 내는 가장 좋은 방법이다. 특히 훌륭한 지도자가 되고 싶다면 아랫사람을 직접 격려하고 칭찬할 줄 알아야 한다. 그래서 그들이 스스로 우수하다고 믿고 기대를 받고 있다고 느끼도록 해야 한다.

대부분 사람이 권위적인 명령으로 일을 성공시키거나 권위를 더욱 강화할 수 있다고 생각한다. 그러나 이는 정말 큰 착오다. 그렇게 하면 아랫사람들이 피동적인 태도로 일하게 되어 효율이 낮아지기 때문이다. 이와 달리 명령에 직접적인 칭찬과 격려 등을 포함하면 아랫사람의 자존심을 자신감을 높일 수 있다. 그러면 효율은 바로 향상될 것이다.

○ 모험심

급격히 변화하는 현대 사회에서는 성공하려면 모험심이 필요하다. 모험심이 강한 지도자는 과감하게 모험하여 모든 부정확한 요소를 극복할 수 있다. 오늘날, 경쟁은 치열하고 우리를 둘러싼 환경은 복잡하며 세상은 초 단위로 변화한다. 그래서 무작위로 발생하는 수많은 일을 전부 깊이 파악하기란 쉽지 않다. 이런 상황에서 성공한 지도자가 되고 싶다면 모험심과 용기를 갖추어야 한다. 항상 순조롭지만은 않은 현대 사회에서 모험심은 성공의 필수 조건이다.

사업을 하는 것은 그 자체로 모험이라고 할 수 있다. 치열한 시장 경쟁 체제에서 성공적으로 사업을 일군 기업가들은 언제나 성공의 비결로 '정확하게 보고, 대담하게 행동하라'를 꼽는다. 단, 맹목적인 모험은 주의해야 한다. 모험은 언제나 객관적으로 사실을 파악하고 이를 과학적으로 분석하여 판단해야 한다. 도덕적 규율에 반해서도 안 된다. 그리고 모험심에 자신의 노력을 더한다면 성공의 기회를 잡을 수 있다.

○ 창의성

더 많이 발전하고 싶다면 아랫사람들이 자신의 장점을 발휘하도록 최선을 다해 격려해야 한다. 또한 그들이 새로운 생각을 할 수 있도록 다양한 방법으로 자극하는 것이 좋다. 지도자가 현재 상황에 안주하여 좀처럼 변화를 시도하지 않는다면, 그 집단은 절대 성공할 수 없다. 창의성은 영감처럼 갑자기 번뜩 떠오르는 것이 아니라 일정한 과정을 거쳐 발휘된다. 한 가지 일에 정신을 매우 집중하면 이를 바탕으로 창의성이 발휘될 것이다.

지도자는 크게 아랫사람의 존경을 받는 지도자와 불신을 받는 지도자로 나눌 수 있다. 전자는 정확하고 효과적인 방법으로 집단을 이끄는 창의형 지도자이고, 후자는 자신의 권위만 내세우고 융통성이 없는 권위형 지도자다. 권위형 지도자는 절대 그 자리를 오래 유지하지 못한다. 집단을 효율적이고 장기적으로 이끌 수 있는 지도자는 오직 창의형 지도자다.

진정한 성공의 의미를 재정의하라

| 당신이 이룰 진정한 성공

성공이란 무엇일까? 이에 관해 어떤 사람들은 평생, 혹은 몇 대에 걸쳐 쓸 수 있는 돈을 버는 것이라고 말한다. 또 집과 자동차를 소유하고 번듯한 사업체를 운영하는 것이라고 말하는 사람도 있다. 하지만 나는 성공이란 인생의 가치관과 영혼이 추구하는 것을 모두 이룬 상태라고 말하겠다. 더 정확하게는 그것을 이루었을 때 느끼는 만족감과 흥분이 (물질적인 것이 아니다) 바로 성공이다.

누구나 성공하고 싶어 한다. 보통 어느 정도의 재물과 지위를 손에 넣으면 그다음에는 정신적인 성공을 원한다. 그래서 다른 사람들에게 존경을 받거나 모범이 되기를 바라는 것이다. 이에 따라 어느 정도 물질적으로 성공을 거둔 사람은 자연스레 다른 사람을 돕게 된다. 경제적인 성공을 넘어 정신적인 만족을 추구하며 다른 사람을 기꺼이 돕는 것, 이것이야말로 진정한 성공이라고 할 수 있다.

타인을 도울 때 생겨나는 영향력은 타인뿐만 아니라 자신에게도 깊이 작용한다. 그러면 정신적 성공에 대한 욕구가 충족되고, 이와 함께 상대방에게서 사랑과 감사를 받게 될 것이다. 돕는 사람이 많아지면 얻을 수 있는 사랑과 감사도 그만큼 많아진다. 그리고 이것은 우리가 눈앞의 난관과 역경을 이겨내는 데 큰 도움이 될 것이다. 또한 다른 사람에게 당신의 도움이 필요하면 스스로 매우 가치 있는 사람이라고 생각하게 될 것이다. 그리고 이런 생각 하나만으로 당신의 영혼과 신체는 더욱 건강해질 수 있다.

개인은 사회 전체에서 아주 작은 존재다. 그래서 모든 문제를 혼자서 해결할 수는 없으며 일이 항상 순조롭게 풀리는 것은 아니다. 이 책을 읽는 모든 독자에게 당부하고 싶은 말이 있다.

"더 큰 성공을 거두려면 타인의 도움이 필요하다. 그 사람이 사회의 가장 낮은 계층, 거지라 할지라도 어쩌면 미래의 어느 날 당신에게 큰 힘을 보태어줄 수도 있다."

| 인생의 나비 효과

당신이 오늘 어떤 사람을 돕는다면 언뜻 '불필요한 소비'를 한 것처럼 보이겠지만, 이것은 절대 '손실'이 아니다. 그 도움은 당신의 내일을 위해 심은 씨앗이며, 이 씨앗이 싹을 틔워 얼마나 크게 자랄지는 감히 짐작할 수 없다. 당신의 도움이 그다지 큰 것이 아니거나 도움을 받은 사람이 바로 보답하지 않을 수도 있다. 그러나 나중에 몇 배, 아니 몇백 배 확대된 인맥으로 돌아온다면 타인에게 도움을 준 것을 절대 손실이라고 할 수 없다.

모든 일을 혼자서 하는 사람은 고독함을 느낄 것이 분명하다. 그 사람은 다른 사람들과 관계를 맺길 원할 것이다. 그리고 하나둘씩 만들어 나가는 인간관계 속에서 성취감과 안정을 느낀다. 다른 사람을 도우려고도, 성공을 나누려고도 하지 않는다면, 당신은 곧 사람도 살지 않고 배도 왕래하지 않는 고독한 섬이 될 것이다.

좋은 인간관계를 쌓을수록 다른 사람에게서 많은 도움을 받을 수 있다. 그리고 다른 이의 도움을 받았을 때 우리는 큰 성취감을 얻을 수 있다. 백만장자, 저명한 문학가, 유명 영화배우, 정치인 등 각 분야에서 성공한 사람들에게 가족, 친구, 동료들의 지지와 격려, 협조가 없었다면 그들은 성공의 문턱에도 다가서지 못했을 것이다.

이해관계와 상관없이 다른 사람을 칭찬하고 돕는다고 해서 당신이 바보 같아 보이지는 않을 것이다. 오히려 다른 사람을 도우면서 상대방의 장점, 선함, 아름다움을 발견하고 그 좋은 점을 당신의 것으로 흡수할 수 있다. 이것이야말로 성공한 사람이 얻을 수 있는 최고의 가치다.

다른 이의 성공을 무시하는 사람들은 언제나 "그게 뭐 얼마나 대단하다고?"라는 식으로 말한다. 자신은 할 수도 없으면서 절대 다른 사람을 위해 박수를 치지 않는다. 이런 사람은 영원히 실패자로 남을 뿐이다.

처음 미국에 갔을 때 나는 가진 돈이 얼마 없었다. 어느 날 슈퍼마켓에 가서 물건을 고르고 계산대 앞에 줄을 섰을 때, 한 노부인이 현금이 부족해서 당황하는 모습을 보았다. 그녀는 신용카드도 없었다. 종업원은 무표정한 얼굴로 노부인을 뚫어지게 바라볼 뿐이었다. 아마도 노부인이 일부러 그러는 것이라고 생각하는 것 같았다.

나는 급히 노부인에게 다가가서 물었다. "제 도움이 필요하신가요?" 나는 그녀가 대답하기 전에 가지고 있는 현금을 모두 꺼내어 건넸다. 당시에 나는 가난했지만 노부인을 곤경에서 구할 만큼의 돈은 있었다. 그녀의 감격한 눈빛은 나를 정말 기쁘게 했다. 몇 주 후, 나는 새집으로 이사했는데 뜻밖에도 이웃집에 그 노부인이 살고 있었다! 그녀는 내가 이사할 때 직접 찾아와 도와주었을 뿐만 아니라 그 후로도 계속 나에게 많은 도움과 친절을 베풀었다. 슈퍼마켓에서 건넸던 돈을 갚은 것은 물론이다. 미국에서 거주한 첫 2년 동안 그녀의 도움은 나에게 정말 값진 것이었다. 노부인 덕분에 나는 미국 사회에 빨리 적응할 수 있었고 중요한 인맥을 많이 쌓을 수 있었다. 이 모든 것은 내가 슈퍼마켓에서 그녀에게 손을 내밀어 도움을 준 데서부터 시작되었다.

영화는 주연배우만으로는 만들 수 없다. 주연뿐만 아니라 수많은 스태프가 함께 만드는 것이다. 당신이 어느 위치에 있든지 다른 이를 빛나게 해준다면 당신도 곧 빛나게 될 것이다. 타인을 위한 도움을 아까워하지 말고 선뜻 자신이 할 수 있는 일을 해보자. 분명히 그보다 큰 보답을 받을 수 있을 것이다.

저명한 문학가이자 사상가인 랠프 월도 에머슨은 이렇게 말했다. "인생의 가장 멋진 부분은 바로 성심성의껏 타인을 도우면 반드시 얻는 것이 있다는 점이다." 또한 고대 로마의 철학자 루시우스 세네카 Lucius Annaeus Seneca, B.C.4~A.D.65는 이렇게 말했다. "좋은 것을 타인에게 주는 것은 또 다른 좋은 것을 얻는 가장 효과적인 방법이다."

성공하려면 타인을 지지하고, 도와야 한다. 그러면 당신은 어둠 속에서 빛을 찾을 수 있을 것이다. 항상 다른 사람에게 "당신이 있으니 저는 해낼 수 있을 거예요"라고 말하자. 이는 우리가 반드시 갖추어야 할 태도다. 당신의 도움 덕분에 다른 사람이 성공하더라도 그것을 일일이 계산하고 상응하는 보답을 바라서는 안 된다. 그러면 당신에게 도움을 준 사람 역시 당신과 같은 생각을 할 것이다.

해빙 퓨처

초판 1쇄 발행 · 2024년 2월 29일

지은이 · 가오위안
펴낸이 · 김동하

편집 · 최선경
마케팅 · 정예원
펴낸곳 · 책들의정원
출판신고 · 2015년 1월 14일 제2016-000120호
주소 · (10881) 경기도 파주시 산남로 5-86
문의 · (070) 7853-8600
팩스 · (02) 6020-8601
이메일 · books-garden1@naver.com

ISBN 979-11-6416-196-6 (03190)